O CONSULTOR DE INVESTIMENTOS DE 1 MILHÃO DE DÓLARES

Título original: *The Million-Dollar Financial Advisor*

O consultor de investimentos de 1 milhão de dólares

1ª edição: Outubro 2025

Autor:
David J. Mullen Jr.

Tradução:
Ana Freitas

Preparação de texto:
Marcia Men

Revisão:
3GB Comunicação
Iracy Borges
Rick Silva

Projeto gráfico e diagramação:
Gabriel Silva

Capa:
Rafael Brum

Impressão:
Plena Print

DADOS INTERNACIONAIS DE CATALOGAÇÃO NA PUBLICAÇÃO (CIP)

Mullen Junior, David J.
O consultor de investimentos de 1 milhão de dólares : o guia completo para você se tornar um profissional de elite no mercado financeiro (e ganhar muito dinheiro com isso) / David J. Mullen Junior ; tradução de Ana Freitas.
— Porto Alegre : Citadel, 2025.
304 p.

Título original: The Million-Dollar Financial Advisor
ISBN 978-65-5047-551-2

1. Finanças pessoais 2. Investimentos I. Título II. Freitas, Ana

25-2953 CDD - 332.024

Angélica Ilacqua - Bibliotecária - CRB-8/7057

Produção editorial e distribuição:

CITADEL Grupo Editorial
contato@citadel.com.br
www.citadel.com.br

DAVID J. MULLEN JR.

O CONSULTOR DE INVESTIMENTOS DE 1 MILHÃO DE DÓLARES

O GUIA **COMPLETO** PARA VOCÊ SE TORNAR UM PROFISSIONAL DE **ELITE** NO MERCADO **FINANCEIRO** (E GANHAR **MUITO DINHEIRO** COM ISSO)

CITADEL
Grupo Editorial

2025

Aos meus pais: o falecido Dave, pai, e Rosemary Mullen.
Além de serem pais maravilhosos, ambos foram professores que
me inspiraram a compartilhar conhecimento com outras pessoas.

SUMÁRIO

AGRADECIMENTOS

A minha querida família, por seu amor e apoio incondicionais. Obrigado, Cynthia, Katie, John, David e Nathan.

Também gostaria de agradecer aos principais consultores com quem tive o privilégio de trabalhar e conversar sobre seus extraordinários negócios comerciais. Eles, de forma altruísta, doaram seu tempo para que meus leitores pudessem se beneficiar de suas lições conquistadas com muito esforço. Esses consultores de primeira linha estão entre os melhores modelos que o setor de serviços financeiros tem.

Gostaria de agradecer a minha agente, Wendy Keller, e à AMACOM por acreditarem neste livro. Meu editor, Bob Shuman, fez um ótimo trabalho com o manuscrito. E agradeço a Pam Liflander por ser minha parceira de edição neste livro, oferecendo seus serviços para aproveitar ao máximo meu trabalho.

PREFÁCIO

MINHA CARREIRA NO MERCADO FINANCEIRO começou como uma aposta, literalmente. Apostei cinco mil reais que ganhei dos meus pais acreditando que ficaria rico da noite para o dia. Em menos de 24 horas, perdi tudo na Bolsa.

Naquele instante, o Thiago investidor nasceu, mas o jovem que acreditava nos filmes de Wall Street morreu de vez.

Sem experiência e rejeitado pelos grandes bancos, não me restou outra saída: precisei criar meu próprio caminho. Para conquistar meus primeiros clientes, precisei fingir ser um cara sério, vestindo um terno que nunca me serviu direito. Era desconfortável, mas necessário para compensar minha juventude com credibilidade visual.

Trabalhei mais do que os outros, fazia mais de cem ligações por dia e não parava de prospectar clientes. Mas aprendi também que cuidar do dinheiro dos outros era muito mais sobre pessoas do que qualquer outra coisa. Cada cliente que eu conquistava não confiava apenas sua carteira de investimentos a mim, mas também seus sonhos, medos e esperanças. Meu papel, percebi, era transformar o dinheiro deles em tempo, liberdade e tranquilidade – coisas que não têm preço.

Essa visão me levou a fundar o Grupo Primo. Compreendi que a mudança que eu desejava para o Brasil ia muito além do patrimônio individual: era preciso despertar a consciência financeira de milhões de brasileiros, multiplicando o número de CPFs na Bolsa de Valores e mudando uma cultura inteira. Fomos de trezentos mil para mais de cinco milhões de investidores. Essa foi uma vitória coletiva.

Agora temos um novo desafio pela frente: se multiplicamos os investidores, precisamos também multiplicar os profissionais capazes de cuidar desses investidores. Existe espaço e necessidade para muitos consultores e assessores financeiros qualificados, éticos e dedicados. Por isso, este livro será a porta de entrada definitiva para quem deseja começar ou levar sua carreira no mercado financeiro para o próximo nível.

Seu papel como profissional é dar aos seus clientes aquilo que perdi na minha primeira aposta fracassada: segurança, clareza e confiança. Se você fizer isso, certamente será rico – inclusive financeiramente.

— THIAGO NIGRO

APRESENTAÇÃO

ESTE LIVRO MUDOU A MINHA VIDA. Esta é a coisa mais importante sobre a obra.

Quando o li, em 2015, ele não tinha sido publicado em português, como está sendo agora. Na época, eu não entendia uma frase inteira em inglês. Mesmo assim, comprei, abri o Google Tradutor e fui lendo, linha por linha, pacientemente. Demorei mais do que gostaria, mas a cada parágrafo que podia compreender eu via uma peça do meu trabalho se encaixar. Foi ali que a minha vida profissional ganhou um eixo de verdade.

Eu tinha começado em 2008 como assessor de investimentos. Fazia sete anos que eu estava no mercado e tinha pouco mais de R$ 20 milhões de carteira atendida. Bastante *cold call*, muitas reuniões, energia alta. E aqui, faço um ajuste importante. Não é que eu fosse desorganizado ou incapaz na função. Eu me virava bem, convertia prospects em clientes, tinha disciplina e sabia que um dia chegaria aos R$ 100 milhões de carteira, talvez até mais! O ponto crucial é que fazer isso com um método claro, já testado por quem é grande de verdade, tornou a caminhada muito mais fácil, rápida e prazerosa. Em vez de depender de esforço bruto, passei a trabalhar de uma forma que sustentava o crescimento no dia a dia.

Em 2011, durante o evento de uma corretora, ouvi algo de que nunca me esqueci. O que acontece nos Estados Unidos costuma acontecer, de forma parecida, no Brasil, alguns anos depois. Hoje, olhando em retrospectiva, isso está muito claro em várias frentes do nosso mercado. Um dos exemplos é o modelo *fee-based*, que nos Estados Unidos já era comum.

Hoje, enquanto escrevo esta apresentação, o *fee-based* cresce de forma acelerada por aqui. Veja o caso da Portfel Consultoria, que trabalha apenas nesse modelo e tem um crescimento meteórico, fenômeno que por certo jamais se viu no mercado financeiro brasileiro. Escritórios de assessoria estão pipocando na mídia, anunciando migração do *commission* para *fee-based*; centenas de profissionais estão saindo da assessoria e migrando para a consultoria. É o Brasil seguindo os passos que os EUA deram anos atrás, com as adaptações necessárias à nossa realidade.

Agora, imagine entrevistar os melhores consultores de investimentos dos EUA e entender como eles trabalham de verdade! Entender como organizam a agenda, como captam clientes cada vez mais afluentes, como conseguem que seus clientes façam indicações espontâneas e rotineiras, como aumentam a receita fazendo o bem ao cliente, como estruturam o marketing para que não soe como propaganda barata, quantos clientes atendem para manter sanidade, excelência e, ainda assim, ganhar muito dinheiro. E, principalmente, como transformar tudo isso em melhores práticas para buscar um faturamento de US$ 1 milhão por ano. Consegue imaginar? É isso que você tem nas mãos. David J. Mullen Jr. conversou com os top performers, fez perguntas específicas e controladas e destilou os padrões para você ler, capítulo a capítulo, e aplicar sem rodeios.

Bem, como dizia, até então eu tinha lido de tudo sobre vendas, negociação, objeções, psicologia do cliente. Esses livros me ajudaram, claro. Só que nenhum deles falava exatamente da minha dor no nicho em que estava. Talvez você sinta algo parecido. Talvez já esteja bem comercialmente, saiba conversar, saiba apresentar a sua profissão – mas falta a confiança de um método testado e validado na temperatura, pressão e grau do mercado financeiro, com a mesma complexidade que você enfrenta no dia a dia. Quando finalmente terminei a leitura do livro em inglês, tive essa sensação. Era como encontrar alguém que falava a minha língua profissional. No idioma, confesso, foi no modo dicionário, com direito a riscar a página e colar tradução no canto da folha. Até hoje, lembrar do esforço que fiz para decifrar alguns termos me dá arrepios, mas valeu a pena.

O que aconteceu depois foi objetivo e mensurável. Em 2015, eu estava na casa de R$ 20 a 30 milhões sob atendimento. Entre 2015 e 2017, aplicando o que você está prestes a ler, passei dos R$ 100 milhões. Em dois anos, mais do que tripliquei o que tinha feito nos sete anos anteriores. Não foi sorte, não foi um único negócio fora da curva. Foi uma forma diferente de trabalhar todos os dias. Agenda com blocos protegidos para prospecção, atendimento profundo e follow-up. Cadências de contato que mantêm o relacionamento vivo entre as reuniões. Revisões periódicas padronizadas que, de fato, acontecem, com pauta, registro e próximos passos. Aumento do meu ticket médio atendido que elevou a barra sem afastar as oportunidades certas. Pipeline qualificado, para decidir onde investir energia com critério.

Também mudei o que acompanhava. Parei de olhar só para o resultado e passei a medir indicadores que mexiam o ponteiro de fato. Quantidade de conversas certas por semana, reuniões com pauta estratégica, revisões necessárias por cliente, percentual do funil qualificado, conversões em cada etapa etc. Esses números me guiaram, tiraram a ansiedade e mostraram onde ajustar antes de eu chegar ao fim do ano e perceber que a meta que estipulei no começo não foi alcançada, sem saber responder ao porquê. Parece simples, e é, desde que se tenha um método claro e ele seja executado.

Outra virada veio na construção de confiança. Não é simpatia; é confiabilidade. Cada contato precisa ter propósito claro. Cada reunião começa com objetivo e termina com compromisso. Cada indicação segue um caminho definido. Você aprende a pedir do jeito certo. Depois de um tempo, o mais poderoso acontece: indicações espontâneas. O cliente fala de você porque o serviço é consistente, porque a experiência é boa, porque você aparece quando precisa e explica sem complicar. E nisso há um detalhe que o livro ensina muito bem: transformar a confiança, que é invisível, em rituais e processos visíveis.

Há ainda o trabalho de bastidor que quase todo mundo deixa para depois. Notas bem-feitas, materiais simples e diretos para explicar o que você faz, diferentes para cada perfil de cliente. Relacionamento com contadores e advogados que se tornam um fluxo de oportunidades, e não um favor. Eventos que realmente convertem. Presença em organizações sem fins lucrativos feita do jeito certo, que conecta você com quem decide. Tudo pensado para a nossa realidade brasileira, com as peculiaridades de praça, cultura e timing que a gente conhece.

E, se me permite, quero dar um conselho prático. Leia cada capítulo e vá executando. Não espere o final do livro para agir. Anote os insights, liste as tarefas, bloqueie na sua agenda e execute. Conhecimento só transforma quando se torna prática. Saber, por si só, não muda nada. Trinta dias assim já alteram a dinâmica da sua carteira. Sessenta dias consolidam novos hábitos. Noventa dias deixam evidente que você está trabalhando com outro padrão.

Quero reforçar uma coisa que, para mim, fez diferença na cabeça. Eu não precisei me reinventar como pessoa. O método não apaga a sua identidade. Ele te ajuda a estar mais tempo no seu melhor, te coloca onde o valor é criado, te dá previsibilidade. Você vai manter os clientes que já tem e maximizar o que funciona, sem ter que se tornar outra pessoa para isso.

Se você está há muitos anos no mercado e acha que não há nada de novo, eu entendo. Eu também já pensei assim. O que faltava não era alguma novidade, era organização aplicada ao que interessa. Este livro oferece justamente isso: uma estrutura clara para que você trabalhe com consistência e cresça de forma composta, em qualquer ciclo, sem depender do humor do dia ou da manchete da manhã.

Escrevo esta apresentação com uma empolgação sincera por um motivo muito simples. Você vai ler em português, sem a maratona de tradução que eu precisei encarar. Vai implementar mais rápido do que eu e vai colher mais cedo. Naturalmente, tem tudo para ir mais longe do que fui e do que muitos nomes conhecidos do nosso mercado já chegaram. Isso porque o método encurta caminho!

Se você procura atalhos mágicos, não é aqui que irá encontrar. Se procura um método que cabe na sua rotina e transforma relacionamentos em clientes, está no lugar certo. Vire a página com a sua agenda, caneta e caderno por perto. Escolha duas ou três ações por capítulo e execute-as. O conteúdo que me ajudou a triplicar, em dois anos, está a alguns minutos de começar a trabalhar a seu favor.

Boa leitura e bons negócios!

— RICK SILVA

INTRODUÇÃO

SEMPRE TIVE uma curiosidade insaciável sobre os métodos que as pessoas bem-sucedidas usam para alcançar o auge de seu setor. Sou particularmente interessado no setor de serviços financeiros, pois foi nessa área que fiz minha carreira. Quando comecei a trabalhar no ramo, em 1980, minha meta era criar meu próprio escritório de US$ 1 milhão, mas não tinha a menor ideia de como fazer isso. Na época, li toda a literatura sobre como ser bem-sucedido, mas não parecia haver nenhum plano para eu seguir. Embora estivesse motivado a ter sucesso, eu sabia que as probabilidades estavam contra mim: apenas 1% das pessoas que começam a trabalhar nesse ramo chegam ao nível de negócios de US$ 1 milhão.

Assim começou a longa e desafiadora jornada rumo ao meu objetivo. Passei os primeiros seis anos de minha carreira como consultor financeiro, começando em 1980 com uma grande empresa nacional de serviços financeiros em minha cidade natal, Athens, na Geórgia. Eu tinha 25 anos e nenhuma ideia de como criar uma empresa de serviços financeiros ou uma carteira de clientes. Não conhecia ninguém que tivesse mais de US$ 20 mil para investir e nunca havia vendido um produto intangível antes. Eu era o mais inexperiente possível, mas tinha um alto nível de motivação para obter sucesso. Logo percebi que esse negócio era muito mais difícil do que eu esperava e que seria o maior desafio de minha vida. Por meio de trabalho árduo, perseverança e um pouco de sorte, comecei a construir meu negócio, aumentando-o a cada ano.

Ao desenvolver minha empresa, percebi que queria ajudar outras pessoas a prosperarem também. Tive minha primeira oportunidade de ajudar outros consultores financeiros em 1984, quando fui promovido ao cargo de gerente de produção em uma grande empresa nacional de serviços financeiros em Atlanta. Levei comigo minhas melhores contas e me lancei ao desafio. Eu estava encarregado de motivar um grupo de consultores financeiros desavisados. O que me faltava em experiência de gestão eu compensava com energia e entusiasmo. Comecei a ensinar as lições que havia aprendido àqueles que se reportavam a mim, com ótimos resultados. Em apenas dois anos, o escritório cresceu cumulativamente quase 30%.

Então, em 1986, passei na avaliação da empresa para gerentes, e meu sonho de ter uma carreira em tempo integral ajudando outros consultores financeiros se tornou realidade. Nos vinte anos seguintes, tive responsabilidades gerenciais em Denver, Newport Beach, Minneapolis, Nova York e Atlanta. Em todos os locais para onde fui enviado, observei a mesma coisa: percebi que havia muito a ser aprendido, mas vi que pouco era compartilhado. Assim, comecei a coletar e refinar um conjunto de práticas comerciais recomendadas para esse setor. Essas lições são apresentadas em meu primeiro livro, *The Million-Dollar Financial Services Practice* (A prática de serviços financeiros milionários), que fornece os fundamentos para orientar qualquer consultor financeiro a ter um negócio milionário, independentemente de onde você esteja em sua carreira de serviços financeiros.

Aprendendo com os mestres

Se meu primeiro livro equivale a um diploma universitário em serviços financeiros, este novo é o curso de pós-graduação. O primeiro livro foi projetado para ser um plano tático para o sucesso, mas o passo seguinte foi o foco nas lições comprovadas que poderiam ser aprendidas com alguns dos principais consultores do setor. A combinação desses dois livros deve fornecer instruções, bem como a motivação necessária para ajudá-lo a atingir suas metas. Essas lições podem ser incorporadas em qualquer estágio de sua carreira financeira; de fato, quanto antes elas forem compreendidas e seguidas, melhor.

Durante meus vinte anos de carreira administrativa, tive o privilégio de conhecer alguns dos melhores e mais brilhantes do setor de serviços financeiros. De fato, recrutei, contratei e, por fim, trabalhei com mais de cem pessoas que eram consultores financeiros de "milhões de dólares". Por meio dessa experiência, pude observar as práticas recomendadas desses consultores financeiros de primeira linha e compará-las com aquelas que eu havia desenvolvido. Fiquei surpreso ao ver o quanto ainda tinha a aprender. Então, percebi o desafio que a maioria dos consultores enfrenta: eles simplesmente não têm acesso a pessoas com quem possam aprender. Há pouco fluxo de informações para baixo porque os principais consultores estão extremamente concentrados em seus próprios negócios.

No entanto, consegui entrevistar quinze profissionais que exemplificam pessoalmente o que é preciso para estar no topo. Por meio de meus relacionamentos pessoais e profissionais com eles, pude observá-los e entrevistá-los, fazendo-lhes as perguntas que eu sei que você gostaria de fazer sobre como exatamente eles conseguiram se tornar tão bem-sucedidos. Também trabalhei diretamente com a maioria desses consultores durante anos e pude observá-los, em muitos casos, praticando essas lições "ao vivo". A combinação das entrevistas, minhas interações pessoais com esses profissionais e meu conhecimento e experiência é o que diferencia este livro de todos os outros.

O consultor de investimentos de 1 milhão de dólares oferece um raro vislumbre das melhores práticas que tornam esses grandes investidores tão bem-sucedidos. Todas as informações contidas neste livro foram obtidas por meio de entrevistas aprofundadas e, em muitos casos, de anos de observações durante o trabalho com esses consultores de primeira linha. Tenho certeza de que essa riqueza de informações torna este livro único.

As conquistas de cada um desses grandes consultores foram além de uma carreira. Em todos os casos, esses homens e mulheres excepcionais se tornaram bem-sucedidos "à moda antiga". Ninguém lhes entregou um livro de negócios nem deu tratamento especial: todos eles começaram de baixo e construíram seus negócios multimilionários do zero. Em todos os casos, eles começaram sem nada. Sem nenhuma experiência relacionada, cometeram os mesmos erros que todos os novatos cometem; tiveram que reinventar a roda. Em cada caso, porém, sua motivação, determinação, foco no objetivo e trabalho árduo os levaram a superar cada obstáculo que enfrentaram para chegar ao próximo nível. Meu objetivo era descobrir os princípios de sucesso que todos eles tinham em comum e traduzi-los em "lições" para os leitores levarem seus negócios ao próximo nível.

Agora você tem acesso a esses grandes consultores. Todos eles compartilharam suas percepções de forma graciosa e aberta. Você aprenderá com os erros deles e com seus sucessos. E, embora isso não garanta um negócio multimilionário, certamente pode elevar seu nível de produtividade. Por exemplo, muitas vezes eu mandava os consultores multimilionários dos escritórios que eu gerenciava visitarem os maiores produtores da mesma empresa, e sempre ficava satisfeito com o aumento significativo dos retornos que isso resultava.

O consultor de investimentos de 1 milhão de dólares foi escrito para consultores financeiros que desejam levar sua carreira comercial para o próximo patamar. As informações que obtive em minhas extensas entrevistas foram organizadas em treze lições distintas que esses consultores de primeira linha seguiram. As diretrizes devem ser usadas como um checklist para se comparar com os melhores do ramo. Em alguns casos, as lições devem ser uma confirmação do que você está fazendo certo no momento; em outros casos, elas identificarão uma lacuna em sua carreira que precisa ser desenvolvida. Além disso, este livro fornece as etapas específicas que você pode seguir para implementar as lições.

As carreiras de nossos principais consultores se estenderam de sete a quarenta anos. Eles prosperaram durante os mercados em alta e sobreviveram durante os mercados em baixa. Suas lições resistiram ao teste do tempo e são aplicáveis em qualquer ambiente de mercado. Como vimos nos recentes eventos econômicos, os mercados mudaram e sempre mudarão, mas as lições desses grandes consultores permanecem as mesmas. As lições desses grandes consultores também o guiarão até o topo, independentemente das condições atuais do mercado.

Também incluí dois estudos de caso completos que são de particular interesse. Primeiro, você conhecerá Taylor Glover, que considero ser o consultor financeiro mais bem-sucedido que já conheci. Em minha entrevista com ele, você saberá como o "melhor dos melhores" construiu seu negócio e como ele passou de consultor recém-formado a maior produtor de sua empresa. Esse estudo de caso também ilustra como todas as lições funcionam juntas e quais podem ser os resultados.

Um segundo estudo ilustra um consultor financeiro único que deu uma guinada na carreira. Henry Camp nos ensina o valor do trabalho árduo e da incrível perseverança e deve servir de inspiração para qualquer pessoa que queira se tornar uma consultora financeira multimilionária, independentemente do estágio da carreira em que se encontre.

O capítulo final oferece um desafio específico: usar essas lições e levar seu negócio ao sucesso financeiro. Ao implementar essas lições, você entenderá como aumentar significativamente seus ativos e seus negócios. O Desafio dos Ativos serve como um exemplo do que a implementação das lições do início pode produzir. Alguns consultores ultrapassarão a meta e outros talvez não a alcancem, mas os consultores que seguirem de forma consistente as estratégias táticas delineadas neste capítulo levarão sua carreira de negócios a um patamar cada vez mais alto.

Conheça os principais consultores

Este livro não foi criado apenas com uma compilação de dados. Conheço todos e cada um de nossos principais consultores há anos e observei suas melhores práticas de um lugar na primeira fila. Trabalhar com esses homens e mulheres foi simplesmente o melhor e mais eficaz treinamento disponível para mim, e agora posso passar essas informações para você.

Os critérios para ser incluído como um consultor de primeira linha eram simples: sua empresa precisava gerar mais de US$ 3 milhões por ano, não apresentar problemas de conformidade e ter sido construída do zero. Houve duas exceções para o mínimo de negócios, e, em ambos os casos, as circunstâncias justificavam um número menor devido aos mercados menores em que eles produziam. Entretanto, em ambos os casos, sua produção individual estava entre US$ 2 milhões e US$ 3 milhões. Embora eu não tenha incluído todos os consultores com mais de US$ 3 milhões que já conheci ou com quem trabalhei, os que escolhi eram excepcionais em todos os sentidos. Deixei que os critérios e a qualidade do consultor ditassem o número de participantes, que acabou sendo de quinze pessoas que criaram negócios excepcionais.

Esses consultores de primeira linha são pessoas comuns que, por meio de determinação, tornaram-se as melhores no setor de serviços financeiros. Eles vêm de diversas origens, representando diferentes gêneros, raças, idades e locais. Descobri que fatores externos, como a localização e o tamanho do escritório, tiveram um papel mínimo em seu sucesso. No entanto, sua motivação e foco internos tiveram um papel fundamental. Além de terem uma história interessante, todos os principais consultores têm uma abordagem única em relação aos clientes e aos serviços que prestam.

Um fato que surgiu no processo de seleção foi que, para os serviços financeiros, o velho ditado imobiliário “localização, localização, localização” simplesmente não importa. Os quinze principais consultores têm seus escritórios localizados em todas as partes dos Estados Unidos, do Sudeste à Califórnia e de Nova York ao Oeste das Montanhas Rochosas e ao Meio-Oeste. Cinco dos consultores mais bem-sucedidos estão localizados no Sudeste e no Meio-Oeste dos EUA, o que afasta a ideia de que os maiores centros populacionais produzem os consultores mais bem-sucedidos. Eles atuam em uma ampla variedade de locais: de grandes áreas metropolitanas a cidades menores.

Assim como a localização não foi um fator limitante, o gênero e a raça também não foram. Esses grandes consultores seriam os primeiros a dizer que estavam determinados a não deixar que a raça ou o gênero limitassem sua capacidade de sucesso. Em todos os casos, eles transformaram possíveis desvantagens em vantagens. Repetidamente, suas histórias mostram que eles nunca deram desculpas; sabiam que eram responsáveis por atingir suas metas, independentemente dos desafios.

Entretanto, para proteger sua privacidade, os nomes dos principais consultores foram alterados. Para obter a franqueza e a profundidade das informações fornecidas por esses consultores, senti que precisava proteger suas identidades reais. Esse arranjo permitiu que eles compartilhassem com mais liberdade como adquiriram novos clientes, revelassem suas táticas de marketing e negócios e fossem francos sobre seus números. Em muitos casos, eles forneceram o palavreado exato que usam para conquistar clientes. As duas exceções que fiz foram no caso de Taylor Glover e Henry Camp, que se aposentaram e não prestam mais consultoria financeira profissional.

O processo de entrevista

O processo de entrevista foi conduzido tendo você, o leitor, em mente. Fiz as perguntas que acredito que você gostaria de fazer se pudesse passar três horas com cada consultor de primeira linha.

As entrevistas foram estruturadas em torno de setenta perguntas específicas. Alguns dos entrevistados dedicaram mais tempo a perguntas diferentes, mas, no final, todos eles responderam a todas as perguntas de forma satisfatória para mim. À medida que as entrevistas avançavam, comecei a identificar os princípios comuns de sucesso, aos quais me refiro como "lições", que todos os principais consultores tinham em comum.

O interessante é que descobri que cada um de nossos principais consultores ficou satisfeito por ter sido incluído no livro. Sua motivação vinha de um interesse genuíno em fazer uma diferença positiva na carreira de outros consultores que poderiam se beneficiar de seu sucesso. Cada uma dessas pessoas começou suas carreiras sem ter a menor ideia de como construir um negócio bem-sucedido. Elas concordaram que, se tivessem recebido um livro como este quando estavam começando, teriam economizado muito tempo na criação de um negócio bem-sucedido. Ao participar, todos sentiram que essa era a maneira de contribuir para um setor que lhes proporcionou a oportunidade de alcançar um nível de sucesso que provavelmente não teria sido alcançado de outra forma.

Questionário para os principais consultores

Veja a seguir o que perguntamos a eles:

- Qual foi sua formação ao entrar nesse negócio? Qual foi sua faculdade e sua especialização?
- Descreva seus primeiros anos no negócio.
- O que você faz de melhor? Quais são seus desafios?
- O que você acredita ter sido responsável por seu sucesso na construção de uma empresa multimilionária?
- Quais qualidades você considera que levaram ao seu sucesso?
- Em que você se vê como diferente dos outros consultores?
- Você tinha uma visão desde o início de como iria expandir seus negócios?
- Como ela evoluiu? Qual é sua visão agora para sua empresa?

- Como você começou a prospectar? O que funcionou? Como seu marketing evoluiu?
- Como você conseguiu seus maiores clientes?
- Você faz prospecção de família e amigos? Como você faz a transição dos relacionamentos pessoais para os comerciais?
- Como você conheceu seus maiores clientes? Como você os transformou de prospects em clientes de fato?
- Por que você acha que as pessoas fazem negócios com você?
- Que conselho você daria a um aspirante a consultor milionário?
- Há algo que você faria diferente se pudesse fazer tudo de novo?
- No passado, você se envolveu em organizações sem fins lucrativos? Você conseguiu transformar esse envolvimento em negócios? Como?
- Você tem uma especialização? O que você considera sua especialidade?
- Qual é sua filosofia de investimento? Como você a implementa para seus clientes? Você se considera um gestor de patrimônio (ou seja, usa uma abordagem holística) em vez de um generalista de investimentos?
- Com quantos clientes você trabalha diretamente? Quantos clientes milionários você tem? Você tem um tamanho mínimo? Qual é o tamanho médio da carteira/valor da receita de seus clientes?
- Como sua equipe está estruturada? Como ela evoluiu? Como sua equipe apoia seus esforços?
- Como você encontra tempo para sua família? Como você mantém a qualidade de vida?
- Quantas horas por semana você trabalha? Isso mudou ao longo dos anos?
- Como você estrutura seu tempo? Como é seu dia típico?
- Como você consegue fazer tudo isso?

- Que porcentagem do seu tempo você gasta com clientes e prospects?
- Você ainda está fazendo marketing ativamente? Que porcentagem do seu tempo é gasta em atividades de marketing?
- Descreva seus interesses externos. Como você associa esses interesses aos negócios?
- Descreva seus clientes. Quantos você gerencia? Quantos negócios você fez no ano passado? Anualizado este ano? Qual é sua taxa de crescimento em cinco anos? Quantos novos clientes você traz por ano? Qual é a maior fonte de novos clientes? Há quanto tempo você está no negócio?
- Você tem uma rede de influenciadores e como desenvolveu essa rede? Quantas indicações você recebe anualmente?
- Como você descreveria sua atitude (mentalidade) em relação ao negócio?
- Descreva seu relacionamento com seus clientes. Descreva o tipo de liderança que você oferece a seus clientes.
- Qual é sua filosofia de atendimento ao cliente? Como você atende seus clientes? Sua atitude de atendimento ao cliente evoluiu?
- Quanto de seu próprio dinheiro você gasta em sua empresa? Como ele é gasto?
- O que o mantém acordado à noite em relação ao seu negócio? Você gosta do negócio? O que lhe dá mais satisfação?

O que aprendemos com os dados

A idade média de um consultor de alto nível é de 52 anos, sendo que o mais jovem tem 38 anos, e o mais velho, 64. Não houve correlação entre o volume de negócios realizados e a idade ou o nível de experiência dos consultores – em outras palavras, os mais velhos e os mais experientes não necessariamente fizeram mais negócios. Seu tempo médio de serviço no setor foi de 26 anos. A maioria desses consultores iniciou a carreira em serviços financeiros como primeiro ou segundo emprego. A idade média para começar nesse negócio foi de 25 anos. A maioria estudou em faculdades ou universidades públicas, patrocinadas pelo Estado; nenhum estudou em uma universidade da Ivy League. Apenas dois dos quinze homens e mulheres continuaram os estudos com pós-graduação, e ambos tinham MBA.

A maioria dos principais consultores veio de origens modestas. Seus pais eram professores de escola, supervisores de fábrica, proprietários de pequenas empresas, fazendeiros, vendedores e militares de serviço. Eles construíram seus negócios do zero; não receberam nada; e não houve nenhuma circunstância especial além deles mesmos que explicasse seu sucesso.

Seus negócios, no final do ano de 2008, variavam de US$ 2 milhões a US$ 15 milhões, sendo a média de US$ 5 milhões. Embora muitos dos principais consultores fizessem parte de uma equipe e dividissem os negócios, creditei aos consultores apenas seu nível individual de negócios: o total de negócios da equipe não foi incluído. Os ativos sob gestão variavam de US$ 500 milhões a US$ 4 bilhões, com a média de US$ 1 bilhão. Seu retorno sobre ativos (ROA) foi uma média de 0,50 ponto-base (negócios divididos por ativos – 100 pontos-base equivalem a 1%). Em alguns casos, havia grandes posições concentradas de ações entre alguns de seus clientes, o que reduziu o índice de velocidade. Os principais consultores com menos clientes totais tinham um ROA menor, porque o tamanho de cada cliente era maior e, como porcentagem dos ativos, gerava menos negócios.

O número de clientes com os quais cada consultor trabalhou diretamente variou de vinte a duzentos, sendo que o número médio foi de oitenta clientes. Houve uma correlação entre o tamanho dos mercados e o número de clientes com os quais o consultor trabalhava: quanto menor o mercado, mais clientes o consultor principal mantinha. Em cada caso, o consultor principal havia estabelecido um cliente de tamanho mínimo, que variava de US$ 500 mil a US$ 100 milhões, sendo o mínimo médio de US$ 1 milhão. Nos mercados menores, o tamanho mínimo era menor do que nos mercados maiores. Na maioria dos casos, o cliente mínimo era de pelo menos US$ 1 milhão, de modo que o número de clientes totais era muito próximo do número de clientes de mais de US$ 1 milhão. Embora seus mínimos possam ser declarados, cada um dos principais consultores aceitava clientes com ativos menores em determinadas circunstâncias. É importante observar que Taylor Glover, o principal consultor descrito no Capítulo 14, foi excluído das estatísticas. Seus números são astronômicos – ele fez o dobro dos negócios do segundo maior consultor – e, portanto, teriam distorcido as médias.

Nossos principais consultores estão continuamente focados em marketing e na aquisição de novos ativos e clientes que atendam a seus mínimos, independentemente da perspectiva econômica. Em 2008, o intervalo de novos ativos trazidos variou de US$ 25 milhões a US$ 400 milhões, com a média de US$ 50 milhões. Os US$ 400 milhões foram retirados do cálculo da média, porque teriam distorcido as médias. A maioria desses consultores declarou que US$ 50 milhões em novos ativos por ano era sua meta, e essa meta geralmente era atingida.

Essas lições de sucesso resistirão ao teste do tempo, independentemente das condições do mercado.

Os principais consultores

Aqui estão os perfis de nossos principais consultores, incluindo suas estatísticas financeiras.

> **Dana:** US$ 3 milhões em faturamento, US$ 500 milhões em ativos. Tempo de serviço (LOS): 26 anos. Especialização: trabalho com pessoas com patrimônio líquido elevado, avaliado em US$ 1 milhão ou mais. Total de clientes: 100. Conhecida por seu compromisso com o mundo das organizações sem

fins lucrativos; tem alto nível de especialização em filantropia. Localização: Oeste.

Mike: US$ 5 milhões em negócios, US$ 1 bilhão em ativos. Tempo de serviço: 14 anos. Especialização: trabalho com famílias com patrimônio líquido elevado de US$ 10 milhões ou mais. Total de clientes: 50. Localização: Sudeste.

John: US$ 7 milhões em negócios, US$ 2 bilhões em ativos. Tempo de serviço: 30 anos. Especialização: trabalho com famílias com patrimônio líquido elevado de US$ 10 milhões ou mais. Total de clientes: 80. Localização: Sudeste.

Sam: US$ 4 milhões em negócios, US$ 2 bilhões em ativos. Tempo de serviço: 25 anos. Especialização: trabalho com famílias de alto patrimônio líquido e serviços corporativos de US$ 10 milhões ou mais. Total de clientes: 60. Localização: Sudeste.

David: US$ 2,5 milhões em negócios, US$ 1 bilhão em ativos. Tempo de serviço: 30 anos. Especialização: serviços de consultoria institucional e grandes planos de previdência privada. Total de clientes: 48. Localização: Sudeste.

Jack: US$ 3 milhões em negócios, US$ 750 milhões em ativos. Tempo de serviço: 40 anos. Especialização: médicos, planos de previdência privada, pessoas afluentes. Total de clientes: 200. Localização: Sudeste.

Greg: US$ 3 milhões em negócios, US$ 1 bilhão em ativos. Tempo de serviço: 40 anos. Especialização: pessoas com patrimônio líquido elevado de mais de US$ 1 milhão. Total de clientes: 200. Localização: Nordeste.

Joseph: US$ 7 milhões em negócios, US$ 1 bilhão em ativos. Tempo de serviço: 26 anos. Especialização: médicos, planos de previdência privada, pessoas com patrimônio líquido elevado de mais de US$ 1 milhão. Total de clientes: 200. Localização: Meio-Oeste.

Rob: US$ 7 milhões em negócios, US$ 1,4 bilhão em ativos. Tempo de serviço: 31 anos. Especialização: empresários e pessoas com patrimônio líquido elevado acima de US$ 10 milhões. Total de clientes: 78. Localização: Meio-Oeste.

Ross: US$ 3 milhões em negócios, US$ 700 milhões em ativos. Tempo de serviço: 26 anos. Especialização: proprietários de empresas privadas e executivos seniores; tamanho médio da conta: US$ 2,5 milhões. Total de clientes: 120. Localização: Oeste.

Anne: US$ 4 milhões em negócios, US$ 1,3 bilhão em ativos. Tempo de serviço: 7 anos. Especialização: executivos seniores e proprietários de empresas privadas. Total de clientes: 62. Localização: Oeste.

William: US$ 2 milhões em negócios, US$ 500 milhões em ativos. Tempo de serviço: 29 anos. Especialização: planos de previdência privada, pessoas afluentes. Total de clientes: 200. Localização: Meio-Oeste.

Charles: US$ 3 milhões em negócios, US$ 500 milhões em ativos. Tempo de serviço: 15 anos. Especialização: fontes de indicação profissional. Total de clientes: 100. Localização: Oeste.

Henry: US$ 3,5 milhões em negócios, US$ 1 bilhão em ativos. Tempo de serviço: 32 anos. Especialização: serviços corporativos e executivos seniores. Localização: Sudeste.

Taylor: produziu consistentemente mais de US$ 10 milhões durante os cinco anos anteriores à sua aposentadoria, com um recorde na carreira de US$ 15 milhões e US$ 4 bilhões em ativos. Tempo de serviço: 30 anos. Especialização: trabalho com pessoas e famílias de patrimônio líquido ultra; trabalhou diretamente com 10 a 20 clientes de US$ 100 milhões ou mais. Localização: Sudeste (Atlanta).

Resumo das principais lições dos consultores

Construir um negócio bem-sucedido é uma evolução, não uma revolução, e identificar quais estratégias e técnicas estão faltando em seu negócio é o primeiro passo. Cada um dos capítulos a seguir explorará um dos princípios de sucesso, com histórias dos principais consultores que ilustram como eles aplicaram essas lições e como você também pode implementá-las. Resumidamente, aqui estão as lições que você descobrirá.

A MENTALIDADE

Todos os nossos principais consultores têm uma mentalidade comum em relação aos negócios e muitos têm traços de personalidade comuns. Eles atuam com um alto nível de *confiança.* Eles transmitem uma aura de estarem no topo de seu jogo. São muito *competitivos;* conhecem exatamente seus números de negócios e as classificações entre seus pares. Foram *focados nas metas* durante toda a carreira e continuam assim, mesmo estando no topo: eles continuam a ter aspirações de fazer mais e se tornar melhores. Quando lhes perguntamos quais eram suas metas, eles conseguiram articulá-las de forma imediata e sucinta. Esses objetivos faziam parte de uma *visão* mais ampla que eles tinham para seus negócios. Desde o início de suas carreiras, eles tiveram uma *forte ética de trabalho.* A maioria desses grandes consultores ainda trabalha cinquenta horas por semana. Eles mantêm seus níveis de *energia* elevados, bem como sua *paixão* pelos negócios. Esses consultores de primeira linha são *líderes* e proporcionam liderança à sua equipe e aos clientes. Ao longo da carreira, eles demonstraram *coragem* pessoal ao estarem dispostos a arriscar o fracasso para alcançar o sucesso. Eles são excelentes *comunicadores* individuais, com um interesse sincero em ajudar as pessoas e colocar as necessidades de seus clientes à frente de si mesmos. Como a preocupação com os clientes é sua primeira prioridade – e sua ética é irrepreensível –, seus clientes e prospects confiam neles instintivamente; a *confiabilidade* contribui muito para seu sucesso.

ALAVANCAGEM DE TAMANHO

Nossos melhores consultores entendem que a alavancagem em serviços financeiros se baseia no tamanho dos clientes: o montante de ativos que cada cliente investiu com cada consultor. Isso é muito mais importante do que o número total de clientes sob gerenciamento. Esses homens e mulheres não começaram entendendo esse conceito de antemão, mas todos eles evoluíram para adotá-lo. No início, a maioria desses consultores se concentrava no número de novas contas que abriam, sem levar em conta o tamanho; mas à medida que suas carreiras progrediam, eles foram aumentando os mínimos e reduzindo o número total de clientes. Todos eles aprenderam que não é preciso mais tempo para investir US$ 1 milhão em ativos do que para investir US$ 100 mil, mas o retorno é dez vezes maior. Ao trabalhar com um número menor de clientes altamente afluentes, esses consultores oferecem o tempo necessário para atendê-los e, ao mesmo tempo, geram um grande volume de negócios.

DESENVOLVIMENTO PROFISSIONAL

Quando os principais consultores contaram suas histórias, ficou claro que eles reconheceram desde cedo a necessidade de se diferenciar da concorrência. Eles dedicaram tempo e recursos para serem os melhores. Fosse por meio de designações profissionais, educação contínua ou busca de práticas comerciais melhores e mais eficientes, esses consultores continuaram a ser estudantes do jogo. Eles nunca pararam de aprender. Eram estudantes dos mercados, sempre trabalhando para oferecer a melhor consultoria de investimento possível a seus clientes. Eles tinham um apetite insaciável pelo negócio, encarando-o como algo mais do que um simples emprego.

ESPECIALIZAÇÃO

Em geral, nossos principais consultores começaram como generalistas, lançando uma ampla rede para encontrar todos os clientes que pudessem. Mas, com o tempo, todos eles desenvolveram especialização e conhecimento em um nicho específico. O foco deles pode ser uma ocupação específica, como trabalhar com executivos seniores, ou concentrar-se no planejamento de aposentadoria. Eles descobriram que a barreira de entrada em um mercado específico é alta para o consultor financeiro médio, portanto, de certa forma, "dominaram o mercado" em sua área de especialização.

FOCO NO RELACIONAMENTO

Nossos principais consultores são mestres na construção de relacionamentos. Eles passam a maior parte do tempo se comunicando, socializando e convivendo com clientes afluentes e prospects. Esses consultores têm excelentes habilidades de contato pessoal. Eles estão em sintonia com as necessidades dos investidores afluentes, são excelentes ouvintes e, como resultado, são pessoas muito queridas e confiáveis. Eles são pacientes e estão dispostos a dedicar o tempo e a energia necessários para desenvolver relacionamentos significativos com seus clientes e prospects. Esses consultores de primeira linha entendem que é fundamentalmente um negócio de pessoas, não de números.

MARKETING

Os melhores consultores têm feito marketing ativo de si mesmos durante toda a carreira. Como resultado, seus negócios nunca pararam de crescer. Seus principais métodos de marketing incluem indicações de clientes, redes de indicações profissionais, eventos para clientes, liderança sem fins lucrativos, lugar certo e pessoas certas (estar em posição de conhecer pessoas afluentes e, com o tempo, fazer a transição para relacionamentos comerciais) e marketing de nicho. Muitas vezes, seus esforços de marketing ocorreram fora do horário comercial. Esses consultores acreditam que existe uma linha tênue entre trabalho e diversão, e eles gostam disso.

REDE DE REFERÊNCIA PROFISSIONAL

A principal maneira pela qual os milionários escolhem seu consultor financeiro é por meio de seu contador e/ou advogado, que chamamos de *fontes de referência profissional.* Todos os principais consultores reconhecem como o desenvolvimento de uma rede de profissionais de referência oferece uma alavancagem no marketing. Eles desenvolveram esses relacionamentos principalmente por meio dos contadores e advogados de seus melhores clientes e, com o passar do tempo, cultivaram essa rede para lhes fornecer indicações consistentes.

ORGANIZAÇÕES SEM FINS LUCRATIVOS

Assumir uma função de liderança em uma organização sem fins lucrativos local ou nacional – incluindo organizações cívicas, de artes cênicas, de ex-alunos e de saúde – é uma característica consistente entre os principais consultores. A estratégia compartilhada foi a de que eles poderiam mostrar seus talentos e sua experiência em investimentos para as organizações sem fins lucrativos e, ao mesmo tempo, conhecer muitos dos membros mais proeminentes e influentes da comunidade. O fato de ser um líder nessas organizações lhes deu exposição a esses prospects altamente afluentes e a oportunidade de construir relacionamentos em torno de um interesse mútuo.

ORIENTAÇÃO PARA O LONGO PRAZO

Os principais consultores perceberam logo no início que, se quisessem se concentrar em clientes maiores, teriam de ser pacientes. Os investidores mais afluentes têm muitas opções diferentes e são o alvo de todas as empresas de serviços financeiros. Os relacionamentos com prospects altamente afluentes levam tempo para se desenvolver, e os melhores consultores dedicam o tempo que for necessário para isso. Essa orientação para o longo prazo não se aplica apenas aos prospects; significa também adotar uma visão de longo prazo para investir e atender seus clientes.

A EQUIPE

Todos os nossos principais consultores são os sócios seniores em suas equipes e mantêm a maior porcentagem dos negócios da equipe. Em alguns casos, eles são o único membro da equipe com uma carteira de negócios. Todas essas equipes são verticais, criadas para dar suporte ao consultor principal. Em todos os casos, elas evoluíram com o tempo; a equipe que existe agora é diferente das equipes que eles tinham ou das quais faziam parte no início da carreira. Eles respeitam muito os membros de suas equipes e os remuneram generosamente pelo bom desempenho. Como resultado, há um alto nível de lealdade por parte da equipe, bem como respeito pelos principais consultores. Em todos os casos, havia pelo menos um assistente sênior trabalhando diretamente com eles. Na maioria dos casos, há um plano de sucessão em vigor, pois é importante para esses consultores que seus clientes e membros da equipe sejam bem cuidados no caso de sua saída do negócio. A prioridade da equipe é permitir que o consultor principal faça o que ele faz de melhor, que é passar tempo com os clientes mais importantes e prospectar novos clientes. Reconhecendo a importância de uma grande equipe, os consultores estão dispostos a pagar o que for necessário para criá-la. Muitas de suas equipes estão entre as mais bem pagas do setor.

GESTÃO DE PATRIMÔNIO

Os melhores consultores se consideram gestores de patrimônio; eles adotam uma abordagem abrangente e holística para a gestão de investimentos. Eles se posicionam como o consultor que cuida de todas as necessidades financeiras de seus clientes, cada uma delas, desde a gestão de portfólio até a gestão de passivos, proteção de ativos, serviços bancários e planejamento de aposentadoria e patrimônio. Em todos os casos, os consultores evoluíram para essa posição, deixando de ser um "corretor de ações" ou alguém que cuidava apenas da parte de investimento do cliente. À medida que esses consultores ampliaram suas empresas, eles reconheceram a lucratividade de atender a outras áreas e expandiram sua função de consultor para essas áreas. Em muitos casos, eles atuam como um escritório familiar para seus melhores clientes. Eles estão comprometidos com a comunicação frequente com o cliente, o que inclui contatos mensais, revisões trimestrais e anuais.

COMPROMISSO DE SERVIÇO

Tudo de bom acontece quando os clientes afluentes estão satisfeitos. Eles trazem mais ativos, fazem indicações, seguem as recomendações de seus consultores e não vão embora. Esses consultores reconhecem que, para prestar um serviço excepcional a clientes altamente afluentes, precisam limitar o número de clientes com os quais trabalham. Eles também oferecem uma experiência de serviço que é única em sua área de mercado. Em alguns casos, isso significou adicionar um assistente em tempo integral, fornecer à equipe a tecnologia necessária e atrair e reter os talentos necessários para prestar um serviço extraordinário. Esses consultores reconhecem que uma experiência de serviço excepcional é, muitas vezes, o que os diferencia da concorrência e, às vezes, é tão importante quanto o desempenho dos investimentos.

GERENCIAMENTO DE TEMPO

Nossos melhores consultores passam a maior parte do tempo todos os dias com seus clientes e prospects, e delegam a maior parte das tarefas que não tenham a ver com clientes à sua equipe. Eles não passam muito tempo com outros consultores financeiros no escritório porque, em sua opinião, isso tira tempo de seus clientes e prospects. Dispostos a trabalhar longas horas, a maior parte de suas horas é gasta de forma produtiva – com pessoas afluentes.

Seguindo em frente

Ao ler o restante do livro, você conhecerá cada um desses grandes consultores. Aprenderá com os erros deles e celebrará seus sucessos. O melhor de tudo é que poderá incorporar a seu próprio negócio as lições que eles aprenderam. É importante ver como essas lições podem trabalhar juntas para tornar seu negócio extremamente lucrativo e ajudá-lo a se destacar nesse setor tão competitivo.

PRIMEIRA PARTE

AS LIÇÕES

LIÇÃO Nº 1

A MENTALIDADE DOS PRINCIPAIS CONSULTORES

A PALAVRA *MENTALIDADE* refere-se à nossa atitude ou personalidade. Descreve a nossa programação mental. A mentalidade representa uma maneira de pensar que pode ser uma resposta inata ou traços de caráter que podem ser desenvolvidos. Sua mentalidade pode conter uma série de variáveis, inclusive se você é descontraído ou agressivo, concentrado ou disperso, "Tipo A" ou "Tipo B", prático ou apaixonado.

O desenvolvimento de uma mentalidade de consultor de alto nível é uma estratégia distinta que pode ser implementada para elevar sua carreira. De fato, esse é provavelmente o princípio mais importante a ser abordado. Sem a atitude correta, nenhum dos outros princípios de sucesso pode existir. Sua mentalidade impulsiona tudo o mais em seu negócio; ela forma a base a partir da qual as carreiras de grande sucesso são construídas. Não é nada fácil alcançar o estado de espírito correto, mas os melhores consultores lhe dirão que as recompensas excedem em muito o trabalho necessário.

Os principais consultores compartilhavam cada uma das seguintes características:

- Confiança
- Profissionalismo
- Competitividade
- Orientação para metas
- Visão
- Forte ética de trabalho
- Energia

- Paixão
- Liderança
- Confiabilidade
- Coragem
- Habilidades de comunicação ou comunicação eficaz

Mais interessante ainda é que, durante minhas entrevistas com eles, aprendi que muitas dessas mentalidades foram, de fato, desenvolvidas estrategicamente. É por isso que acredito que qualquer pessoa altamente motivada para o sucesso pode desenvolver a mentalidade de consultor de alto nível.

A primeira etapa é examinar os traços da mentalidade e compará-los com os seus. Não fique desanimado se você compartilhar apenas algumas dessas características: veja as lacunas como áreas de sua mentalidade que podem ser aprimoradas. Tudo o que é necessário é o desejo de se tornar melhor e a disposição de investir tempo e energia para melhorar.

O profissionalismo é o padrão de excelência

Nossos melhores consultores entendem que a imagem é importante e que, quanto mais afluentes forem os investidores, maiores serão as expectativas em relação a seus consultores em todas as facetas de suas vidas. E quando se trata de suas finanças, os investidores querem sentir que estão lidando com verdadeiros profissionais que levam sua carreira e o patrimônio dos clientes muito a sério. É por isso que apresentar uma imagem de profissionalismo é muito importante.

Todos os nossos principais consultores se vestem como profissionais todos os dias. Em muitos casos, eles se parecem com seus clientes e investiram tempo e dinheiro para criar essa imagem. Eles geralmente se parecem com um executivo sênior ou sócio de um grande escritório de advocacia. Sua imagem reflete sua atitude séria em relação ao dinheiro.

Seu profissionalismo também é transmitido aos membros da equipe. O escritório dos principais consultores é bem organizado, bem decorado e de aparência conservadora. Seus associados foram bem treinados para receber clientes e prospects de forma muito profissional. Quando visitantes chegam, são tratados com cordialidade. As chamadas telefônicas são prontamente atendidas de forma profissional. E, assim como os consultores para os quais trabalham, a equipe adota trajes conservadores e profissionais.

Embora talvez você não tenha os mesmos recursos, espaço de escritório e pessoal que os melhores consultores, levar a sério sua imagem e presença profissional é muito importante. Todos esses grandes consultores começaram com recursos muito modestos, mas sempre levaram sua imagem profissional a sério e fizeram tudo o que estava ao seu alcance para projetar a imagem de um grande profissional.

Demonstração de confiança

A confiança é uma qualidade que geralmente é desenvolvida com o tempo. A maioria dos nossos principais consultores iniciou seus negócios ainda jovens e, embora tivessem metas elevadas para si mesmos, não tinham a experiência necessária para demonstrar um alto nível de confiança. No entanto, todos eles reconheceram que, para conquistar os clientes mais abastados, um senso de confiança foi fundamental.

A confiança em si mesmo e em sua consultoria financeira profissional é intrínseca à natureza do setor de planejamento e consultoria financeira. Na maioria dos casos, os consultores não estão vendendo produtos financeiros específicos: estão vendendo a si mesmos. Os principais consultores não apresentam novos produtos que estão oferecendo a prospects; em vez disso, tentam posicionar *seu* processo de gestão de patrimônio e *seu* nível de confiança em si mesmos. O objetivo é fazer com que os novos clientes acreditem em você para que ouçam seus conselhos e, por fim, sigam suas recomendações.

Demonstrar um alto nível de confiança é importante em qualquer área, mas ser um consultor financeiro profissional é diferente da maioria das ocupações. Os investimentos financeiros geralmente contêm algum elemento de risco e, portanto, têm resultados inerentemente incertos. Como consultores, sabemos que o risco pode ser compensado até certo ponto por um bom processo de investimento, mas o resultado geral ainda permanece incerto. Devido a essa incerteza, os investidores esperam que seus consultores financeiros tenham um alto grau de confiança em si mesmos, bem como em seu processo de investimento. Pense assim: entrevistar um consultor financeiro é como entrevistar um cirurgião antes de uma grande operação. Para muitos investidores ricos, sua saúde financeira é tão importante quanto sua saúde física, e eles exigem de seu consultor financeiro a mesma confiança que exigiriam de seu médico. Antes de se submeter a uma possível cirurgia com risco de morte, você quer saber não só se o cirurgião tem experiência e credenciais, mas também se ele tem confiança total em suas próprias habilidades e no resultado da operação.

Nossos melhores consultores nunca hesitam em demonstrar muita confiança em sua capacidade de gerenciar os investimentos de seus clientes. Entretanto, invariavelmente optam por retratar a confiança tranquila de um verdadeiro profissional, e não a falsa fanfarronice de um incompetente. Ao ouvi-los descrever como investiam o dinheiro, tive vontade de transferir minha própria conta para qualquer um deles por causa da confiança que tinham em suas estratégias de investimento. Sua taxa de sucesso no fechamento de negócios com prospects é muito alta porque esses clientes sempre sentem que estão na presença de um "verdadeiro profissional" que tem a confiança necessária para ajudá-los a atingir seus objetivos.

Outro elemento de confiança que nossos consultores compartilham é sua disposição para recusar negócios se não perceberem o "encaixe" certo entre eles e determinados novos prospects. Recusar negócios é uma das formas mais elevadas de demonstrar confiança: isso mostra que esses consultores não estavam dispostos a comprometer seu modelo de negócios apenas para aceitar mais clientes.

COMO SE TORNAR MAIS CONFIANTE

O desenvolvimento de um alto nível de confiança em si mesmo e em suas estratégias de negócios pode ser acelerado quando você se sentir confortável com seu processo de investimento e começar a ver resultados positivos. Ao mesmo tempo, você também precisa desenvolver um nível de conforto com a incerteza inerente a esse negócio. O processo correto produzirá bons resultados ao longo do tempo, mas a volatilidade de curto prazo sempre existirá e deve ser colocada sob a perspectiva adequada. Seu processo de investimento é mais importante do que os investimentos específicos que você escolhe. O desenvolvimento de um processo de investimento que funcione lhe dará a confiança necessária para transmitir sua estratégia. Então, quando os clientes seguirem seu processo bem pensado, você saberá que, no longo prazo, eles poderão atingir objetivos razoáveis.

Se você deseja se tornar um consultor de primeira linha, deve aceitar o fato de que trabalhará com pessoas mais ricas do que você. Ser respeitoso, mas também ser você mesmo e, ao mesmo tempo, demonstrar a confiança tranquila de um verdadeiro profissional são qualidades essenciais. Por exemplo, quando Sam era um jovem consultor financeiro, ele se associou a um *country club* de prestígio. Sam frequentemente se via na companhia de muitos dos cidadãos mais proeminentes de sua cidade, a maioria dos quais era mais velha. Ele sempre demonstrou muito respeito pelo sucesso e pela posição deles. Era um bom ouvinte e, devido a suas excelentes habilidades interpessoais, tornou-se amigo de muitas dessas pessoas bem-sucedidas, apesar da diferença de idade. Com o tempo, Sam transformou esses relacionamentos pessoais em alguns de seus melhores clientes. Sem a combinação certa de confiança e respeito, não teria conseguido desenvolver esses relacionamentos pessoais que acabaram resultando em negócios.

COMO SE TORNAR UM LÍDER CONFIANTE

Os clientes esperam liderança dos melhores consultores, assim como esperariam de qualquer profissional que contratam. A habilidade de liderança é uma das marcas registradas de um consultor financeiro de grande sucesso. As qualidades de liderança e confiança na mentalidade são muito semelhantes. Os clientes afluentes esperam liderança e confiança. A confiança vem da preparação, da experiência e do compromisso com o desenvolvimento profissional. Liderança é transferir essa confiança para a ação. Como os investimentos têm um resultado incerto, os clientes precisam ser "levados" a agir.

Nossos principais consultores não necessariamente nasceram líderes, mas adquiriram essa habilidade com o tempo. Eles são os líderes de suas equipes. São eles que fornecem a visão para a equipe e supervisionam sua execução. Nem todos os principais consultores queriam as responsabilidades de liderança ou mesmo achavam ser bons líderes, mas reconheceram que essa era sua responsabilidade e, como resultado, a assumiram.

Quando os riscos são altos e o resultado é incerto, é necessário ser um líder. Os melhores consultores são líderes fortes tanto para seus clientes quanto para os membros da equipe. Eles dizem a seus clientes como investir seus ativos e nunca hesitam sobre como isso deve ser feito. Quando fazem recomendações de investimento para seus clientes, esperam que o cliente siga suas recomendações. Se um cliente consistentemente não segue suas recomendações, nossos principais consultores geralmente se desfazem desse cliente.

Assumindo riscos

Coragem, no ramo de serviços financeiros, significa a disposição de sair de sua zona de conforto para ter a oportunidade de atrair clientes mais abastados, sabendo que poderá enfrentar certa rejeição. O marketing e a capacidade de lidar com a rejeição são essenciais para seu sucesso final, e, sem a coragem de enfrentar esses desafios, é difícil construir um negócio lucrativo.

Uma das qualidades importantes das pessoas bem-sucedidas nesse negócio é que elas têm o ímpeto de concluir as atividades necessárias, porém difíceis. Não é mais fácil para as pessoas bem-sucedidas realizar tarefas difíceis, mas elas têm a capacidade de se obrigar a fazer o que for necessário para terminar o trabalho. Nos serviços financeiros, por exemplo, a rejeição geralmente ocorre porque muitos clientes afluentes em potencial já têm um relacionamento com outra instituição financeira e/ou outro consultor. Para converter um prospect em cliente de fato, é preciso interromper um relacionamento existente. Os clientes afluentes em potencial podem relutar em mudar de consultor devido à importância de seus investimentos e ao resultado incerto. Leva tempo para ganhar a confiança de um novo prospect; portanto, esteja preparado para enfrentar a rejeição várias vezes antes que o prospect se torne um cliente de fato.

Nossos consultores demonstraram sua coragem quando tentam prospectar pessoas afluentes. Foi preciso muita coragem e confiança para abordar prospects que são afluentes e que, na maioria dos casos, tinham grandes expectativas em relação a seus consultores financeiros e eram mais sofisticados do que pessoas menos afluentes. Esses consultores de primeira linha não se deixaram intimidar por indivíduos ricos e instituições maiores. Eles continuaram a aumentar os riscos trabalhando com indivíduos cada vez mais ricos e, à medida que a sofisticação de seus prospects aumentava, continuaram dispostos a sair de sua zona de conforto. Algumas de suas estratégias mais arriscadas que valeram a pena incluem:

- *Cold calling.* Anne era especialista em planejamento financeiro antes de se tornar consultora financeira. Ela nunca havia feito prospecção antes de se tornar consultora financeira, mas isso não a impediu de ligar para CEOs de alto poder aquisitivo desde o primeiro dia. Rob se mudou da Índia, seu país natal, para os Estados Unidos depois da faculdade e começou a trabalhar em uma grande empresa de investimentos. Ele se tornou um mestre em *cold calling* e estabeleceu um negócio milionário em seu sexto ano no ramo. Apesar de seus negócios multimilionários, tanto Anne quanto Rob ainda fazem *cold calling* todas as semanas para pessoas ricas em seus mercados-alvo. Mike também iniciou carreira financeira logo após sair da faculdade de administração e começou a fazer *cold callings* para algumas das pessoas mais ricas de seu mercado.

- *Criação de um nicho.* David trabalhava em um estado rural onde encontrar pessoas ricas era um desafio. No início da carreira, ele desenvolveu uma estratégia de entrar em contato com instituições e competir por seus planos de previdência privada. Ele não deixou que sua falta de experiência o impedisse de competir por clientes institucionais; simplesmente trabalhou duro para se tornar um especialista em serviços de consultoria, para poder competir nesse mercado mais sofisticado.
- *Ter um novo foco de mercado.* Dana transferiu sua empresa para outra parte do país e desenvolveu uma nova estratégia de captação de clientes com foco em organizações sem fins lucrativos. Em seis anos, ela dobrou seus ativos, gerando centenas de milhões de dólares.

Enfrentando a concorrência

Ser um competidor é outra qualidade na mentalidade que todos os nossos principais consultores têm. Eles não são obcecados pela competição, mas têm um respeito saudável por ela. Gostam de vencer, e muitos deles também gostam de atividades competitivas fora do trabalho.

A competitividade pode ter algumas conotações negativas, pois você começa a imaginar a atitude de "vencer a todo custo". Entretanto, não é a esse tipo de competidor que estou me referindo. Nossos melhores consultores querem se sair bem entre seus pares. Eles se preocupam com suas carreiras e têm um alto nível de orgulho por serem profissionais de destaque. Todos os consultores de primeira linha com quem trabalhei se preocupavam com o quadro de desempenho. Eles sabiam dizer qual era a classificação de sua empresa não apenas no ano corrente, mas também nos anos anteriores, e onde esperavam ser classificados no futuro. Esse é o tipo de concorrência saudável que os melhores consultores têm. Em muitos casos, a melhoria no quadro de desempenho é uma recompensa importante, apesar de intangível.

Por exemplo, vários dos principais consultores eram constantemente classificados entre os dez melhores do país em sua empresa. Eles têm muito orgulho dessa classificação e podem, a qualquer momento, citar os nomes dos outros dez melhores consultores e dizer exatamente como eles estavam classificados.

Definição de metas

Uma das minhas citações favoritas sobre o negócio de serviços financeiros é: "Você não pode gerenciar aquilo que não mensura". Essa filosofia é compartilhada por nossos principais consultores, pois eles estabeleceram metas claras e trabalharam para alcançá-las, mesmo que essas metas tenham mudado ao longo de suas carreiras. Em muitos casos, esses consultores sorriam ao contar como suas metas iniciais eram modestas em comparação com o nível de sucesso que acabaram alcançando. Em minhas observações, os consultores bem-sucedidos estabelecem metas, enquanto os menos bem-sucedidos, não.

Também é importante acompanhar seu progresso e responsabilizar-se pelo seu plano. A qualquer momento, eu poderia perguntar a esses consultores de primeira linha quais eram suas metas, e eles seriam capazes de me dizer quais eram elas e exatamente onde estavam em relação a atingi-las. Nem sempre todos os objetivos eram atingidos, mas sempre eram definidos. Quando perguntei a um dos principais consultores sobre suas metas, ele pegou um caderno surrado e me mostrou como havia registrado as metas de cada ano e seu progresso semanal em direção a essas metas nos últimos vinte anos.

A definição de metas claras é uma qualidade de "mentalidade" fácil de ser alcançada por qualquer consultor motivado. A primeira etapa é definir uma meta razoável tanto para o longo quanto para o curto prazo. As metas de longo prazo de cinco anos ou mais podem ser divididas em metas anuais menores. Uma vez determinada a meta para aquele ano, ela deve ser dividida em metas semanais que se somem para chegar à meta anual.

Algumas das metas mais importantes a serem definidas são:

- *Metas de contratos fechados.* Qual é a quantidade de contratos que se espera concluir nos próximos doze meses, incluindo o número total e a variação percentual.
- *Metas de patrimônio.* Quantos novos patrimônios podem ser esperados para os próximos doze meses, incluindo a variação percentual.
- *Metas para novos clientes afluentes.* Quantos novos clientes afluentes podem ser esperados nos próximos doze meses.
- *Metas de retenção de clientes.* A taxa de retenção de clientes afluentes que você pode esperar ter nos próximos doze meses, expressa como uma porcentagem (quanto maior, melhor).
- *Metas de pipeline de prospects.* Quantos prospects qualificados há em seu pipeline – esse é um indicador importante de negócios.

Durante as entrevistas, todos os nossos principais consultores puderam me dizer, sem hesitar, quantos contratos haviam fechado nos últimos doze meses, quantos novos clientes afluentes haviam trazido e o valor total dos patrimônios trazidos. Em suma, todos eles mantinham o controle.

Ser visionário

Uma visão é a direção de longo prazo e o plano de negócios que você desenvolve como meio de atingir suas metas. Todos os nossos principais consultores têm uma visão clara sobre seu negócio e para onde querem que ele vá. É interessante notar que a maioria dos principais consultores não reconhecia ter uma visão clara quando começou. "Minhas visões eram fazer as coisas certas para os clientes, ficar ao telefone e fechar negócios", diz Sam.

Para muitos, parece que a sobrevivência foi a primeira etapa do processo, mas com o tempo surgiu uma visão mais sofisticada e elaborada. Em muitos casos, essa visão mudou radicalmente ao longo de suas carreiras. Um dos principais consultores admitiu que havia se reinventado quase completamente ao longo da carreira. Outro consultor de destaque falou sobre os cinco estágios de sua carreira e como cada estágio contribuiu para um nível mais alto de negócios. Outra consultora de destaque, Dana, falou sobre como começou quase por acidente na área de planejamento de aposentadoria e aspirou a ser a melhor nessa área, passando posteriormente sua visão para o mundo sem fins lucrativos.

Visualize como você quer que seu negócio seja agora e no futuro. Não precisa ser uma visão perfeita, e provavelmente ela mudará. Mas se você começar com uma, estará fazendo mais do que a maioria dos consultores financeiros em nosso negócio.

Desenvolvimento de uma forte ética de trabalho

Todos os principais consultores têm uma forte ética de trabalho. Eles começaram as carreiras trabalhando arduamente e, embora talvez não trabalhem tantas horas como antes, em média ainda cumprem cinquenta horas por semana. Foi o trabalho árduo no início de suas carreiras que os distinguiu de seus colegas e contribuiu para o sucesso inicial. Embora a maioria dos principais consultores não tivesse uma visão clara, no início, de como construir um negócio milionário, todos eles sabiam que o trabalho árduo era o primeiro passo necessário.

Foi a combinação de um forte desejo de sucesso e medo do fracasso que proporcionou o compromisso de trabalhar longas horas desde o início. Esses consultores reconheceram que não podiam controlar os mercados ou se as pessoas fariam negócios com eles. Mas podiam controlar seus próprios esforços e horas trabalhadas. Seu sucesso inicial foi resultado de puro esforço, principalmente ao fazer um grande número de *cold callings*. Todos eles trabalharam à noite e nos fins de semana e dedicaram todo o tempo necessário para criar um negócio bem-sucedido. Muitos deles usaram seus cônjuges para ajudar a desenvolver listas de marketing e outros trabalhos administrativos. John, que hoje tem mais de US$ 7 milhões em faturamento, passou o primeiro ano trabalhando consistentemente de setenta a oitenta horas por semana.

Trabalho árduo é algo de que todo consultor é capaz. Se você está motivado para levar seu negócio ao próximo nível, também deve estar disposto a trabalhar duro. Ter metas elevadas não é suficiente; é a execução diária das atividades certas que determinará o sucesso de seus resultados. No entanto, longas horas de trabalho também não bastam; você precisa concentrar suas horas de trabalho nas atividades certas para obter sucesso. Essas atividades incluem passar tempo com clientes e prospects, o que significa que você está continuamente desenvolvendo relacionamentos com investidores afluentes. Se você não estiver disposto a passar pelo menos 50% do seu dia interagindo com clientes afluentes e prospects, então não está dedicando seu tempo às atividades certas.

Paixão e energia

A paixão alimenta a energia, e, como resultado, essas qualidades de mentalidade andam juntas. Muitos de nossos principais consultores veem suas longas carreiras em serviços financeiros como uma dádiva. Todos eles gostam de seu trabalho e acreditam que estão fazendo uma diferença significativa na vida de seus clientes. O mais importante é que se sentem gratos por estarem ganhando mais dinheiro do que acreditavam ser possível. Apesar de seu sucesso financeiro, nenhum dos principais consultores falou sobre aposentadoria precoce ou esgotamento. Em vez disso, seus sentimentos positivos lhes davam uma paixão contínua e palpável pelo trabalho. Mesmo trabalhando longas horas, nossos principais consultores têm uma paixão pelo trabalho que está relacionada a um alto nível de prazer. Eles passam o tempo entretendo clientes e prospects e estão envolvidos em organizações externas que são uma combinação de trabalho e diversão.

Em um setor conhecido pelo alto nível de estresse e esgotamento, eles mantiveram um alto nível de paixão pelo negócio. Essa paixão e energia resultam não só em uma forte ética de trabalho, mas também em um alto nível de produtividade. É difícil dizer o que vem primeiro, a energia ou a paixão, mas essas duas qualidades da mentalidade se alimentam uma à outra.

A comunicação é fundamental

Nossos principais consultores são todos comunicadores muito eficazes. Suas competências incluem habilidades de apresentação, bem como a capacidade de manter uma comunicação individualizada confortável com seus clientes. Todos eles têm a capacidade de pegar ideias e estratégias de investimento complexas e relacioná-las a seus clientes de maneira simples e eficaz. Eles também comunicam sua competência profissional sem parecerem arrogantes ou excessivamente confiantes. Eles falam com uma combinação de confiança e empatia, e criaram um estilo de comunicação poderoso. Esses consultores podem adaptar seu estilo para se adequar às pessoas com quem estão interagindo. Eles são capazes de fazer isso sendo bons ouvintes e observadores dos outros.

A marca registrada das habilidades de comunicação de cada um desses consultores de primeira linha é sua capacidade de se relacionar com pessoas afluentes, projetar confiança e gerar segurança. Seu estilo de comunicação coletivo eficaz baseia-se em uma preocupação genuína com o bem-estar financeiro e a vida pessoal de seus clientes. O cuidado vem em primeiro lugar e acima de tudo, associado com ser um bom ouvinte. Esses consultores se concentram em todos os aspectos do relacionamento com o cliente, não apenas em seus investimentos. Eles se preocupam profundamente com seus clientes, e esse interesse sincero transparece quando se comunicam com eles. São eficazes em situações sociais, porque se concentram nas pessoas, são bons ouvintes e têm a capacidade de fazer com que as pessoas se sintam confortáveis.

Nossos principais consultores também são capazes de fazer apresentações formais para pessoas e grupos, e há uma grande variedade de experiência e habilidade em suas aptidões. Aproximadamente metade dos principais consultores desenvolveu "*pitch books*" de primeira classe, as apresentações formais e escritas que usam com prospects, e investiram muito tempo e energia para desenvolvê-los. O objetivo de um *pitch book* é compartilhar de forma condensada, mas profissional, como é a experiência do cliente e como funciona o processo de investimento. Por exemplo, John me disse que seu negócio foi construído com base na crença de que "a melhor apresentação vence". Ele sabe que, se tiver a oportunidade de fazer uma apresentação formal com seu *pitch book*, em quase todos os casos ele fecha o negócio.

A outra metade depende de suas habilidades interpessoais com apresentações menos formais. A lição é que as habilidades de apresentação formal, embora importantes, não são tão essenciais quanto as aptidões de comunicação individual. As habilidades de apresentação são importantes, mas não tanto quanto a capacidade de ouvir. A escuta ativa permite que os consultores adaptem sua abordagem às necessidades do cliente ou prospect.

Os investidores afluentes conseguem perceber com quem o consultor se preocupa mais: com o cliente ou com eles mesmos. Se você aprender a se concentrar nas necessidades do cliente e ficar atento ao lado pessoal do cliente sendo um bom ouvinte, estará no caminho certo para se tornar um excelente comunicador.

Ser percebido como "confiável"

A maioria das pessoas tem um senso inato sobre se alguém é digno de confiança. Nossos principais consultores reconhecem que desenvolver um relacionamento de confiança é sua maior prioridade. Como resultado, esses homens e mulheres sempre colocam seus clientes à frente de si mesmos. Eles nunca deixam que suas ambições de negócios fiquem à frente de fazer a coisa certa por seus clientes. Apesar de seu longo histórico, os registros de conformidade dos principais consultores são praticamente impecáveis. Eles são pessoas com princípios e demonstraram esses princípios desde o início de suas carreiras. Eles também acreditam fundamentalmente em uma orientação de longo prazo. Ou seja, reconhecem que estão em suas carreiras para o longo prazo e estão dispostos a ganhar menos dinheiro inicialmente para desenvolver um relacionamento de confiança de longo prazo. Eles sabem que há uma enorme vantagem em ter clientes satisfeitos, porque clientes satisfeitos indicam outros clientes e estão dispostos a trazer mais dinheiro quando o relacionamento de confiança é criado. Essa confiança também permite que o consultor ofereça liderança. Quando os clientes confiam em seu consultor, eles seguirão sua orientação. Um relacionamento baseado na confiança leva tempo para ser conquistado, mas, uma vez estabelecido, é inestimável.

Você deve colocar os interesses dos clientes acima dos seus próprios. Esse negócio de dinheiro pode trazer tanto a tentação quanto a racionalização, às quais é preciso resistir. Para se tornar um consultor de primeira linha, é preciso adotar uma orientação de longo prazo, por meio da qual você reconhece que, mesmo que ganhe menos dinheiro no curto prazo, será recompensado no longo prazo por clientes fiéis, que não podem ser mais valorizados.

No final, não é apenas uma dessas qualidades de mentalidade que define um consultor de alto nível; é a combinação de todas elas. Ao incorporar essas lições à sua atitude, você perceberá que todas as outras lições que lhe serão apresentadas a partir de agora serão mais fáceis de seguir.

LIÇÃO Nº 2

O PRINCÍPIO DA "ALAVANCAGEM DO TAMANHO"

UMA EMPRESA BEM-SUCEDIDA de serviços financeiros é mais bem avaliada pelo tamanho do ativo da carteira de investimentos de cada cliente do que pelo número total de clientes. Não é preciso mais tempo para investir US$ 1 milhão do que para investir US$ 100 mil, mas o faturamento gerado sobre o milhão de dólares é obviamente mais alto. Essa descoberta da "alavancagem do tamanho" foi feita por nossos principais consultores em diferentes momentos de suas carreiras, mas, no final, todos chegaram à mesma conclusão: trabalhar com um número menor de clientes mais afluentes foi essencial para que eles criassem os negócios multimilionários que todos alcançaram.

No entanto, há consequências em trabalhar com pessoas mais ricas. Primeiro, as expectativas quanto à qualidade de seu serviço aumentam. Os clientes esperam um bom desempenho a um preço razoável, um relacionamento sólido com seu consultor e o serviço da rede de hotéis de luxo Ritz-Carlton. As pessoas afluentes são constantemente visados por empresas de serviços financeiros, portanto esses consumidores sabem o que a concorrência está oferecendo a todo momento. Além disso, eles têm grandes expectativas e vão procurar o melhor, devido às muitas opções que têm. Para prestar um serviço excepcional, você descobrirá rapidamente que há um limite para o número de clientes com os quais pode trabalhar. De fato, quanto mais investidores afluentes você atrair, menos clientes você conseguirá manter. Os consultores de maior produção têm o menor número de clientes (entre cinquenta e cem), mas seus tamanhos mínimos de clientes são os mais altos.

Por exemplo, Greg, um de nossos principais consultores, foi orientado no início da carreira a criar relacionamentos com a base de clientes mais afluentes de sua área. Ele começou com um punhado de clientes e continuou trabalhando com esse modelo ao longo da carreira. Hoje Greg trabalha com algumas das pessoas mais ricas em um dos maiores mercados do país.

John, outro de nossos principais consultores, também me disse que prestar um ótimo serviço é a chave para manter menos e melhores clientes. "Quando eu tinha seiscentos clientes, toda vez que um deles ligava, eu tinha que dizer ao meu assistente que teria que ligar de volta. Eu estava sempre ao telefone com outra pessoa. Isso não é prestar um bom serviço. Hoje prefiro conquistar seis ou oito novos clientes muito afluentes do que os cinquenta novos clientes menores que costumava conquistar todo ano." O conselho de John é limitar o número total de clientes a menos de cem e só prospectar novos que sejam maiores que seu tamanho médio. A equipe de John trabalha com um total de oitenta clientes, e ele trabalha diretamente com quarenta deles. Esses oitenta clientes representam mais de US$ 1 bilhão em ativos totais.

Atualmente, Joseph tem US$ 7 milhões em negócios, mas se sentia intimidado por muito dinheiro no início da carreira. Quando lhe perguntei o que teria feito de diferente, ele respondeu imediatamente: "Eu teria ido atrás de grandes quantias mais cedo. Eu me sentia intimidado e não tinha certeza de que conseguiria lidar com grandes quantidades de dinheiro. Minha zona de conforto era com contas de US$ 500 mil, e eu me sentia intimidado em ir atrás de uma conta de US$ 5 milhões. Mas, olhando para trás, descobri que o cara com US$ 5 milhões tinha os mesmos objetivos que o cara com US$ 500 mil".

Dana organizou seu caminho para ter menos e melhores clientes

Nos três primeiros anos de sua carreira comercial, Dana fez *cold callings* para alcançar o sucesso, abrindo muitas contas pequenas que a colocaram no topo de seu grupo de colegas. Mas Dana queria mais. Em um esforço para melhorar seus negócios, ela perguntou a um dos principais consultores de sua região se ele poderia orientá-la. A primeira pergunta de Dana foi como esse consultor organizava sua mesa. Dana não estava interessada em ver como ele era organizado. Em vez disso, queria saber quais eram suas verdadeiras prioridades. Na gaveta do lado esquerdo, ele tinha vinte pastas de arquivo com seus vinte principais clientes. No lado direito de sua mesa, estavam suas principais opções de ações e a pesquisa que embasava cada uma delas. Essa configuração ensinou a Dana que esse consultor de primeira linha estava sempre preparado caso algum de seus vinte principais clientes ligasse. Essas informações também fizeram com que Dana percebesse que, por mais que fosse incentivada a atrair um grande número de clientes, precisava se concentrar em um grupo menor que realmente lhe traria os negócios.

Dana formulou uma segunda revelação a partir de outro consultor de primeira linha que entrevistou. Esse consultor de primeira linha lhe ensinou que ela precisava aumentar o potencial de cada cliente. Em vez de pedir US$ 10 mil para investir, precisava pedir US$ 100 mil. Isso significava que Dana tinha de ter clientes capazes de lhe dar pelo menos US$ 100 mil. Ela começou a analisar sua carteira, abrindo mão de seus clientes menores. Em seguida, começou a buscar agressivamente prospects maiores. Esse insight e a mudança no modelo de negócios acabaram levando Dana a um negócio milionário e, posteriormente, multimilionário.

David criou novos produtos para conquistar clientes maiores

David começou em um mercado menor, mas logo reconheceu que seria muito desafiador conquistar clientes afluentes suficientes para atingir o nível de sucesso que ele queria obter. No início da carreira, decidiu se especializar em planos de aposentadoria. Ele aprendeu que o tamanho de cada investidor individual não importava, desde que houvesse um grande número deles com seus ativos reunidos. David desenvolveu a experiência e as credenciais para comercializar e competir com sucesso pelos maiores planos de aposentadoria e pensão. Essa estratégia valeu a pena, pois ele se tornou o consultor de maior sucesso em seu mercado.

A carreira de Rob continuou mudando com sua base de clientes

Rob descreve a evolução de sua carreira em cinco estágios diferentes, com cada estágio levando a clientes e prospects com mais ativos.

> "Nos primeiros três anos, abri muitas contas pequenas, principalmente por meio de *cold callings*, aumentando minha carteira para quinhentas contas. Descobri que havia chegado a um platô, por ter de atender a essas contas o tempo todo.
>
> "A segunda etapa ocorreu quando descobri outra maneira de fazer negócios: a abordagem de dinheiro administrado e com base em honorários associada a planos de aposentadoria. Naquela época, concentrei meus esforços de marketing em planos de aposentadoria para proprietários de pequenas empresas, médicos e advogados. Esses tipos de investimentos ofereciam um nível mais alto de mínimos. Reconheci que era possível encontrar grandes volumes de dinheiro em pequenos planos de aposentadoria e pensão, e que esses planos de aposentadoria estavam interessados na plataforma com base em dinheiro administrado e honorários: eu poderia cobrar dos clientes um honorário com base nos ativos que eles haviam investido, em vez de cobrar por cada transação. Essa segunda etapa levou minha empresa a US$ 1 milhão, mas percebi que, para ir além de um milhão, eu precisava de maiores volumes de dinheiro para gerenciar."

Para se tornar mais competitivo em planos de aposentadoria e pensão maiores, Rob precisava se tornar um verdadeiro consultor de investimentos, o que exigia um nível mais alto de especialização. Ele precisava aprender a desenvolver declarações de políticas, as declarações formais de como os ativos seriam investidos, bem como criar alocações de ativos mais sofisticadas, por meio da análise cuidadosa da classe de ativos em cada carteira. Ele também precisava de um melhor acesso ao histórico, aos registros e aos estilos de investimento dos gerentes financeiros para quem ele estava terceirizando, bem como aos seus registros de desempenho.

À medida que sua experiência aumentava, crescia também sua capacidade de comercializar com eficácia planos de pensão e aposentadoria maiores e pessoas de alto patrimônio líquido na faixa de US$ 5 milhões a US$ 10 milhões. Rob passou mais de dez anos no terceiro estágio de sua carreira, que o levou ao nível de US$ 3 milhões. Ele estava gerenciando mais de US$ 300 milhões em ativos/dinheiro para gerar esse nível de negócios.

A quarta etapa de sua carreira começou quando ele se tornou membro fundador de uma organização nacional voltada para empreendedores do setor de tecnologia. O irmão de Rob era um dos empreendedores bem-sucedidos, e ele o apresentou à organização. O momento de Rob foi bom, pois o boom da tecnologia estava decolando no final da década de 1990. Ele estava sendo apresentado a "oportunidades de dinheiro em movimento" – o movimento de dinheiro de uma fonte para outra. Em seu caso, Rob se concentrou na venda de negócios para empresas maiores e aproveitou sua experiência em consultoria de investimentos para ajudar os membros da organização que haviam vendido seus negócios. Esse era um cenário clássico de dinheiro em movimento, e Rob conseguiu capitalizar isso por meio de seu envolvimento, liderança e experiência nessa organização. Sua empresa avançou e tornou-se nacional, com a maioria de seus novos clientes avaliados em mais de US$ 10 milhões.

Rob considera que o quinto estágio de sua carreira foi a obtenção de indicações dentro de sua empresa para oportunidades de parceria. Hoje Rob tem um escritório de US$ 7 milhões. Ele trabalha com 78 clientes, cujos ativos totais são de US$ 1,4 bilhão. Sua meta agora é atrair pelo menos quatro novos clientes altamente afluentes por ano, e ele obteve uma média anual de US$ 100 milhões, nos últimos cinco anos, em novos ativos.

O *dinheiro em movimento* é um tema de marketing comum para muitos dos principais consultores, pois fornece ao consultor uma oportunidade imediata de oferecer orientação sobre a melhor forma de administrar o dinheiro resultante de um evento de liquidez. A capacidade de identificar oportunidades de dinheiro em movimento também valeu a pena para outro de nossos principais consultores, Mike, que desde o início foi treinado por sua empresa para competir nesse espaço de alto patrimônio líquido. Ele começou a ligar para prospects com pelo menos US$ 1 milhão em ativos potenciais desde seu primeiro dia como consultor financeiro. Como resultado de seu foco – e do desenvolvimento da experiência de trabalhar com maiores clientes –, Mike construiu um negócio multimilionário em cinco anos.

Implementando a lição nº 2

A primeira etapa é reconhecer que, para expandir seus negócios adicionando clientes cada vez mais ricos, é preciso ter tempo para prospectar proativamente e práticas comerciais que permitam reter e atrair clientes ricos. Prestar um serviço excepcional e ter tempo para comercializar seu serviço naturalmente limitará o número total de clientes com os quais você poderá trabalhar. Cada um de nossos principais consultores chegou a essa mesma conclusão. Eles descobriram que, se a riqueza de sua base de clientes aumentasse, eles poderiam gerar mais negócios com menos clientes.

Cada cliente que recebe contato proativo e serviço de alta qualidade requer pelo menos dez horas do seu tempo por ano. Esse tempo é gasto em uma combinação de contatos mensais, revisões trimestrais, uma sessão de planejamento anual e eventos para clientes. Como seu tempo é limitado, você precisa se certificar de que cada minuto do seu dia conte para passar para a categoria de melhor consultor. Como salienta John, consultor de primeira linha, "todo cliente pertence à lista A de alguém". Isso significa que todo cliente deve ser importante para o consultor com quem ele trabalha.

Se você já tem cem clientes ou menos, então seu objetivo não deve ser aumentar o número de clientes, mas atualizar continuamente essa base de investidores, substituindo clientes menores e menos produtivos por clientes maiores e mais produtivos.

Se você já tem muito mais de cem clientes, sugiro que os agrupe em três categorias ou níveis.

O Nível 1 deve incluir os 20% de clientes que representam 80% de seus negócios. A regra 80/20 foi absolutamente validada por meus mais de vinte anos como gerente no setor de serviços financeiros. Repetidas vezes, vi evidências reais de que 20% dos clientes representavam 80% dos negócios de um consultor.

Os clientes de Nível 2 devem ser os clientes existentes com potencial para se tornarem clientes de Nível 1 nos próximos doze meses. Eles devem ser contatados com a mesma frequência dos clientes de Nível 1: mensalmente. Após doze meses, os clientes de Nível 2 devem ser reavaliados com base nos negócios efetivamente realizados e em seu potencial. Em seguida, decida quais manter e quais descartar. O objetivo ao longo do tempo é mover os clientes do Nível 2 para o Nível 1, com o número total de clientes do Nível 1 não excedendo cem.

Os clientes de Nível 3 são os restantes que não atendem aos outros critérios. Há diferentes pontos de vista sobre o que fazer com os clientes de Nível 3. Uma opção é passá-los para outro consultor que os tratará como clientes de Nível 1; essa abordagem é altamente recomendada. A outra visão é simplesmente não fazer nenhum contato proativo com os clientes de Nível 3 e apenas responder às suas solicitações de serviço ocasionais – o método menos preferido. Se suas necessidades de serviço forem altas e continuarem a gerar pouca receita, o melhor é se desfazer deles.

Certamente há alguns clientes menores de Nível 3 que devem ser mantidos, por vários motivos. Eles podem estar relacionados a clientes maiores, por exemplo, ou sempre foram boas fontes de referência, ou têm algum relacionamento pessoal com você. Uma ressalva importante em relação ao foco em clientes maiores é que, no início, você precisará de clientes menores para sua própria sobrevivência financeira. Com apenas três exceções, todos os principais consultores começaram as carreiras abrindo contas pequenas. Quando atingiram uma massa crítica, iniciaram o processo de escalonamento, o que, em alguns casos, ocorreu anos depois de terem começado.

Muitas de suas contas menores se desenvolveram com o tempo e acabaram se tornando clientes multimilionários. Essas contas menores se tornaram maiores de duas maneiras: eram clientes de alto potencial que foram desenvolvidos e cultivados ao longo do tempo, ou o principal consultor descobriu que esses clientes mantinham ativos longe deles e, por fim, todo o portfólio foi assumido por meio do processo de gestão de patrimônio, algo que você aprenderá mais adiante.

Redefinindo seu negócio

Após a limpeza inicial, examine os dois níveis de clientes que você ainda tem. O número total de clientes com os quais um consultor pode fazer contato proativo regular – e para os quais se compromete a prestar um serviço de primeira classe – deve ser de aproximadamente cem contas. Pode ser mais ou menos, dependendo do tamanho da sua equipe e do suporte que pode ser fornecido.

Todos os consultores financeiros, independentemente do estágio em que se encontrem na carreira, devem estabelecer um mínimo para seus clientes. Esse mínimo deve ser maior do que o tamanho médio de seus clientes de Nível 1 existentes. Minha recomendação é que até mesmo um novo consultor estabeleça um mínimo de US$ 100 mil. Se os clientes forem menores do que isso e não tiverem potencial de crescimento, você estará gastando muito tempo desenvolvendo relacionamentos com prospects que não são grandes o suficiente para justificar o esforço despendido. Do ponto de vista econômico, esses clientes menores e de baixo potencial são mais bem atendidos, pelo preço certo, pelas empresas com grandes descontos, que não exigem a intensidade de tempo despendido das empresas de consultoria de serviço completo.

Aumentar sistematicamente esse mínimo é uma das principais estratégias para aumentar seu negócio ao longo do tempo. Um consultor experiente deve ter como meta um investimento mínimo de pelo menos US$ 250 mil. À medida que a empresa cresce, continue a aumentar esse valor mínimo. Taylor Glover, por exemplo, nunca parou de aumentar seu mínimo durante trinta anos de carreira antes de atingir seu mínimo de US$ 100 milhões.

Depois que o nível mínimo de ativos for determinado, use esse número como uma ferramenta de triagem para prospects. Ao abordar clientes ou outros influenciadores em potencial para obter indicações, informe-os sobre sua estratégia de negócios: que você está procurando especificamente clientes que atendam aos seus requisitos mínimos de investimento. A maioria de nossos principais consultores indicou que fazia exceções a seus mínimos se achasse que o relacionamento com um novo cliente tinha um potencial maior. Ross, por exemplo, foi muito específico ao dizer que aceitaria um cliente menor e mais jovem com alto potencial em vez de um prospect aposentado que poderia ter mais dinheiro, mas sem potencial de crescimento.

O diálogo a seguir é um exemplo de como pedir uma indicação a um cliente e, ao mesmo tempo, fazer referência a um tamanho mínimo:

> "Tenho muito orgulho do processo de gestão de patrimônio e do serviço que prestamos aos nossos clientes e confio que, se os investidores afluentes estivessem cientes de nossa oferta, eles se beneficiariam de trabalhar conosco. Nosso desafio é encontrar investidores qualificados que se beneficiariam de trabalhar conosco. Gostaria de perguntar a você se alguém que pudéssemos ajudar veio à sua mente. Especificamente, descobrimos que podemos ajudar investidores que tenham pelo menos US$ 250 mil para investir e que estejam passando por uma mudança de circunstâncias em suas vidas, como mudança de emprego, promoção, mudança para a região, divórcio ou perda recente de um cônjuge. Alguém assim lhe vem à mente?"

Ross estabelece um piso para seus novos clientes

Como muitos de nossos principais consultores, Ross começou seu negócio fazendo *cold callings* para qualquer pessoa que quisesse investir com ele, mas, à medida que seu negócio crescia, ele reconheceu a vantagem do tamanho do cliente. Hoje ele é muito seletivo quanto aos novos clientes que traz para sua carteira. Ele explica sua lógica com este exemplo: "Digamos que eu conheça uma pessoa no campo de golfe e saiba que ela tem um patrimônio líquido elevado, e ela me peça para investir apenas US$ 50 mil. Eu diria que não estou interessado, porque meu modelo de negócios não é esse. Não quero fazer apenas uma única transação; quero o relacionamento completo". Ross também diz: "Eu aceitaria uma pessoa com alto potencial, mas com menos dinheiro, em vez de alguém que tenha a mesma quantia, mas sem muito potencial além do que investe conosco, em qualquer dia da semana". Atualmente, Ross e seu sócio têm um total de 120 clientes, todos acima de US$ 1 milhão, sendo 50 deles acima de US$ 5 milhões e 25 acima de US$ 10 milhões.

Previsão de crescimento

Outro fator importante na escolha dos clientes com os quais trabalhar vai além do tamanho de seus ativos. Você também precisa considerar o volume mínimo de aportes que eles farão realmente em um período de doze meses. Se um cliente não fizer um nível mínimo de aportes, independentemente de seu tamanho, recomendo que você se desfaça dele. Como consultor motivado a expandir sua carteira, você simplesmente não pode desperdiçar seu tempo com clientes que não seguem suas recomendações e não estão "de acordo" com seu modelo de negócios.

Em muitos casos, o motivo pelo qual os clientes não atingem os mínimos de aportes estabelecidos é o fato de não ter sido desenvolvida uma estratégia de negócios distinta para eles. Cada cliente em sua carteira merece o tempo gasto no desenvolvimento e execução de uma estratégia de negócios adequada. Um segundo motivo pelo qual os clientes não atingem um nível mínimo de negócios, mesmo que tenham ativos significativos, é eles não estarem expostos a produtos financeiros e opções de investimento suficientes. Ao adotar uma abordagem holística para a gestão de patrimônio, você pode expandir seus negócios além da gestão de portfólio para todas as necessidades financeiras do cliente, incluindo gestão de passivos, planejamento patrimonial, proteção de ativos, necessidades bancárias e planejamento de aposentadoria. Se você puder oferecer todos esses serviços, poderá garantir que o nível mínimo de negócios seja atendido.

Continuação do processo de descoberta

Uma das percepções mais valiosas que obtive de nossos principais consultores é que os ativos mais fáceis de obter são os de clientes existentes. Já existe uma relação de confiança entre você e o cliente, o que é muito diferente de começar do zero com um prospect. Muitos consultores presumem que possuem todos os ativos investíveis de clientes e, por isso, não se preocupam em orquestrar um processo completo de descoberta de cada cliente existente. Entretanto, se o processo de descoberta correto for realizado, a maioria dos consultores ficará surpresa com a quantidade de ativos de seus clientes que não foram divulgados. Uma vez que esses ativos sejam descobertos, uma estratégia pode ser desenvolvida e executada para trazer esses ativos para o seu negócio.

A maioria de nossos principais consultores era fanática por saber tudo o que podia sobre seus clientes, inclusive seus ativos retidos. Por exemplo, Dana usava a seguinte conversa para descobrir esses ativos:

> "Não preciso administrar todo o seu dinheiro, só preciso entender onde ele está para que eu possa determinar o que vou fazer por você e como isso vai interagir com todos os seus outros ativos."

Dana me disse que, quando sabia que havia dinheiro guardado em outro lugar, ela se tornava muito agressiva. "Eu telefonava com ideias e dizia: 'Sei que você tem dinheiro na XYZ Financial, e o que acha de transferi-lo para mim, para que possamos seguir minha recomendação'", ela me disse. Ela compartilhou um exemplo de um cliente com uma grande carteira de títulos. Ela se ofereceu para fazer uma análise gratuita de todos os seus títulos, inclusive os que ele possuía em outro lugar, e ele concordou. Ele adorou a análise, e, como resultado, Dana trouxe milhões de dólares em títulos. Toda vez que ela se reúne com esse cliente durante a análise trimestral, menciona os ativos mantidos fora, perguntando: "Como você está se saindo nas outras contas?". Fale sobre elas – no caso de Dana, elas representam uma quantidade significativa dos novos negócios que ela faz todos os anos.

Jack me disse que muitos de seus vinte maiores clientes começaram como clientes menores que tinham ativos espalhados por outras empresas de investimento e bancos. Com o tempo, esses clientes descobriram que gostavam de trabalhar com Jack e do serviço que ele prestava. Com seu incentivo, acabaram transferindo muitos de seus ativos retidos para Jack.

Clientes afluentes precisam de tempo

Os clientes afluentes são influenciados por um alto nível de serviço e pela frequência de contato proativo que eles exigem. Se cada cliente for contatado proativamente uma vez por mês, e três desses contatos forem revisões trimestrais e um for uma revisão anual, então será necessário um mínimo de dez horas anuais de contato proativo para cada cliente. Com cem clientes, isso resulta em um mínimo de mil horas por ano de contato proativo com o consultor, o que, por si só, representa metade do tempo de trabalho de um consultor experiente. Os clientes afluentes também exigem um nível muito alto de serviço nas áreas de resolução de problemas, capacidade de resposta, profissionalismo e acompanhamento. Os consultores que desejam atrair clientes maiores devem oferecer esse tipo de serviço.

Uma das poderosas lições de marketing que aprendi com nossos principais consultores é que, para atrair investidores cada vez mais afluentes, você deve estar em posição de interagir com eles em ambientes não profissionais. Isso significa que você precisa fazer parte da comunidade deles. Muitos de nossos principais consultores acreditavam que seu marketing mais eficaz ocorria quando eles estavam onde as pessoas afluentes estavam e, a qualquer momento, estavam preparados para fazer a transição do interesse pessoal para uma reunião de negócios. As técnicas para envolver os clientes em ambientes não profissionais são descritas em detalhes no Capítulo 6.

Para a maioria dos consultores, seria economicamente desafiador, no início de suas carreiras, assumir os compromissos financeiros necessários para fazer parte de uma comunidade afluente. É relativamente barato e fácil participar de organizações de ex-alunos, da câmara de comércio, de grupos religiosos ou de organizações cívicas. No entanto, à medida que os prospects aumentam de valor, também aumenta o preço de admissão para fazer parte de sua comunidade. Fazer doações a organizações sem fins lucrativos para compor parte da diretoria, filiar-se a clubes privados e arcar com despesas de viagem e entretenimento, tudo isso exige recursos financeiros e grande dedicação de tempo.

Cem é o número mágico

Depois de atingir cem clientes afluentes, você pode começar a se concentrar em aumentar sua renda aumentando o tamanho de cada um desses clientes. Com o passar do tempo, você pode definir novos mínimos para novos clientes, mais elevados, mas não aumente seu número total para além de cem clientes. Como indiquei anteriormente no capítulo, é possível fazer exceções a cem, mas essas devem ser as exceções, não a regra.

Sempre digo aos consultores que, ao atingir o nível de US$ 1 milhão de faturamento, o fator mais importante para determinar a capacidade de atingir o próximo nível, um negócio multimilionário, é ser capaz de aumentar a riqueza dos clientes com os quais você está trabalhando. Isso requer coragem, confiança e paciência – todos os aspectos da mentalidade do consultor de alto nível. É necessário ter coragem, porque trabalhar com pessoas cada vez mais ricas e com grandes volumes de dinheiro o tirará de sua zona de conforto, mas o crescimento nunca ocorre quando você está confortável. É preciso ter confiança, porque os investidores afluentes querem trabalhar com profissionais de investimento que demonstrem acreditar em si mesmos e em seus processos de investimento. Por fim, a paciência deve ser testada na busca proativa de investidores altamente afluentes.

LIÇÃO Nº 3

DESENVOLVIMENTO PROFISSIONAL

O DESEJO DE SE DESENVOLVER profissionalmente e crescer intelectualmente faz parte do DNA de cada um de nossos principais consultores. Desde o início de suas carreiras, todos eles tinham um apetite insaciável para se aperfeiçoar. Sua motivação era impulsionada principalmente pelo desejo de ter sucesso: todos perceberam que, à medida que seus conhecimentos cresciam, o mesmo acontecia com seus negócios. Eles compartilhavam um interesse genuíno nos mercados financeiros e um desejo de traduzir seu crescimento profissional em um trabalho melhor de investimento para seus clientes.

O princípio de sucesso do crescimento profissional está diretamente ligado ao princípio de sucesso anterior, "o tamanho importa". À medida que seus maiores clientes aumentam, você verá que os clientes mais abastados têm expectativas mais altas em relação a seus consultores. Esses investidores têm muitas opções quando se trata de selecionar um consultor para investir, e todos eles querem o melhor. Crescer profissionalmente é um pré-requisito para mostrar que você tem o que é preciso para trabalhar com o investidor afluente, pois as expectativas e demandas dos ricos são sempre altas.

Muitas vezes, em minha carreira, me perguntaram o que separa os bons consultores dos excelentes. Minha resposta é sempre a mesma: "Os bons se tornam ótimos melhorando sempre, nunca ficando satisfeitos e crescendo continuamente profissionalmente". O consultor Jack me disse certa vez: "Não acho que você precise ser uma autoridade em todos os assuntos, mas precisa ter curiosidade e interesse suficientes para acompanhar as mudanças nas tendências, nos produtos e nas formas de fazer negócios. Você precisa estar aberto e disposto a ouvir novas ideias. Você não precisa ser o cara mais inteligente, mas precisa ter uma boa bagagem de leitura e saber aonde ir para obter o conhecimento de que precisa".

Greg acrescenta esse ponto ao dar conselhos a outros consultores que aspiram a um negócio multimilionário: "Aumente seu conhecimento, desenvolva um alto nível de especialização e nunca pare de crescer profissionalmente". Descobri que todos os nossos principais consultores são leitores vorazes, empenhados em ficar a par dos eventos atuais relacionados aos seus negócios. Eles sabem que seus clientes esperam que eles interpretem e entendam o que está acontecendo nos mercados. Manter-se atualizado e ler bastante os mantém preparados para entrar em qualquer conversa com seus clientes.

Joseph descreve a evolução de seus negócios como o principal motivo de sua necessidade de se manter informado e crescer intelectualmente. "Eu cresci com meus clientes", diz ele, "e quando surgiram oportunidades maiores, precisei desenvolver a capacidade de lidar com essas oportunidades maiores sem cair de cara no chão." Sua curva de aprendizado cresceu para atender às demandas de seus clientes que precisavam de consultoria mais sofisticada.

A evolução

Com apenas uma exceção, cada um dos principais consultores iniciou a carreira sabendo pouquíssimo sobre investimentos, mercados ou como ganhar mais dinheiro para seus clientes. Eles foram atraídos para o negócio por diferentes motivos. Mas a maioria deles foi motivada pela empolgação dos mercados financeiros e pela oportunidade de obter sucesso com base inteiramente em seus próprios esforços. Por exemplo, Dana tinha uma curiosidade intelectual natural, já que era professora e estudante de MBA. Ela me disse: "Eu queria ser excelente e era uma esponja para todo tipo de informação que pudesse obter. Eu tinha uma energia incrível para estudar os mercados e aprender novos produtos. Usava esse conhecimento em situações de prospecção social – não para pontificar em um coquetel, mas para ser capaz de mostrar inteligência quando surgiam conversas interessantes. Ter o conhecimento profundo para discutir as taxas de juros ou os mercados deixava as pessoas pensando: 'Nossa, essa pessoa realmente sabe o que está fazendo'".

Como novata no negócio, Dana percebeu rapidamente que não aprenderia muito com os outros novatos com quem estava sentada. Ela me contou a seguinte história: "Eu estava sentada no banco de reservas com dez caras que estavam começando quando eu comecei, e percebi que não iria obter o conhecimento de que precisava apenas por osmose. Então, marquei reuniões com consultores seniores bem-sucedidos que faziam parte do meu escritório e da minha região". Dana credita seu sucesso aos insights que recebeu nessas primeiras reuniões com consultores seniores bem-sucedidos.

Mike percebeu que tinha uma curva de aprendizado acentuada quando entrou no negócio. "Trabalhei muito, levando uma vida unidimensional durante os primeiros anos da carreira", diz ele. "Assumi um compromisso real de aprender o máximo que pudesse sobre o processo de investimento e sobre nossa profissão e ofício. Percebi a importância de expandir meu conhecimento e crescer profissionalmente, para que eu pudesse ter a confiança necessária para me vender para meu mercado-alvo altamente afluente."

O crescimento profissional diferencia David

David percebeu desde o início que seu sucesso dependeria de seu conhecimento e desenvolvimento profissional. Ele me disse que estudou para o exame da Série 7*, o teste necessário para obter a licença para

* A Série 7, ou Exame de Representante Geral de Valores Mobiliários (GSRE), é uma licença necessária para representantes registrados de corretoras de valores mobiliários nos Estados Unidos.

vender títulos, para adquirir o conhecimento necessário, não apenas a fim de passar no teste.

David atribui o crédito pela progressão de sua carreira à sua busca contínua por mais conhecimento e desenvolvimento profissional. "Sempre achei que o conhecimento era o que você precisava para chegar ao próximo nível. O conhecimento dá confiança, e a confiança é necessária quando se trabalha com pessoas afluentes e grandes somas de dinheiro", diz ele. De acordo com David, ao longo da carreira ele estava disposto a investir em si mesmo intelectualmente e fez sacrifícios: "No início da carreira, eu sempre estava disposto a dedicar tempo, quando necessário, para aprender um novo assunto, à custa de um jogo de golfe".

David também acredita que o desenvolvimento profissional separa rapidamente os melhores consultores dos demais. Ele acredita que os melhores consultores são, na maioria dos casos, os mais bem-informados. De acordo com David, não há como alcançar o status de superastro como consultor sem conhecimento: "Se você me mostrar um consultor de primeira linha, pode ter certeza de que ele sabe muito sobre o negócio".

A barra é alta

Não basta apenas aprender esse negócio quando você começa. Seu conhecimento precisa crescer continuamente, especialmente à medida que a sofisticação de seus clientes aumenta. Rob cita um exemplo que ilustra esse ponto: "Recentemente, encontrei-me com uma de minhas clientes mais abastadas, e ela começou a me fazer algumas perguntas sobre a crise financeira atual. Ela queria saber minha visão de mundo, inclusive minha opinião, sobre se estaríamos entrando em uma recessão séria. Percebi que ela estava me procurando para descobrir por si mesma o que estava acontecendo na economia. Para responder a ela, eu sabia que tinha de apresentar uma visão ponderada que pudesse fundamentar. Você não pode se esquivar de perguntas importantes de investidores importantes". E foi isso que ele fez. No final, sua compreensão cuidadosa dos mercados e sua capacidade de expressar uma visão cuidadosa aos clientes é o que os prende a ele.

Greg defende o mesmo ponto de uma forma diferente. "Com clientes muito grandes", diz ele, "você será solicitado a fornecer respostas bem-informadas sobre questões importantes relativas a decisões de investimento. Por exemplo, um grande cliente vendeu sua empresa e acabou com uma posição grande e concentrada. Ele queria saber quais eram suas opções. Deveriam usar uma estratégia collar nessa posição? Participar de fundos de troca? Vender ações de acordo com a regra 144 [venda de títulos restritos e controlados]? Esses clientes esperam que você tenha a experiência e o conhecimento necessários para oferecer-lhes opções e orientá-los."

Profissionalismo vs. Vendas

Os novos consultores sempre me perguntam se eu poderia recomendar um livro ou um curso sobre técnicas de vendas. Minha resposta sempre foi que o nosso setor foi além da técnica de vendas e que a competência profissional é a mercadoria mais valiosa que eles podem oferecer a seus clientes e prospects. Na década de 1980 e até mesmo no início da década de 1990, o setor de serviços financeiros era mais orientado para produtos, e a habilidade de vendas era um requisito necessário. Entretanto, no século 21, os consultores mais bem-sucedidos são aqueles que têm um alto nível de especialização em planejamento abrangente, que se traduz na solução das necessidades de investimento de seus clientes e os ajuda a atingir seus objetivos financeiros. Essa mudança nos negócios resulta em uma mudança nas expectativas dos clientes. Hoje os clientes não estão procurando vendedores; eles procuram os consultores financeiros profissionais mais competentes que puderem encontrar.

Rob fala em nome de todos os principais consultores quando faz a seguinte observação: "A menos que seja feita a transição de apresentar um produto para ser um intérprete da economia e dos mercados financeiros, os consultores nunca atingirão seu potencial. Como consultor financeiro, você não pode delegar sua responsabilidade de entender o mundo ao seu redor. Eu seria excepcionalmente cético quanto à possibilidade de, simplesmente vendendo um produto, você conseguir alcançar grandes números de forma consistente. Para alcançar grandes números de forma consistente, é preciso investir tempo e esforço suficientes para poder interpretar continuamente o mundo econômico ao seu redor".

Rob acredita que o nível de especialização e desenvolvimento profissional que os consultores financeiros precisam é muito maior do que alguns especialistas defendem. Em particular, Rob discorda dos comentários feitos por um conhecido autor e palestrante de serviços financeiros. Rob afirma: "Eu tenho uma visão contrária à afirmação de que, depois de descobrir como vender fundos mútuos, você pode expandir seus negócios até o céu". O que Rob quer dizer é que, se você for apenas um vendedor de fundos mútuos, vai atingir um platô rapidamente.

Ser "um pastor de ativos" é uma expressão usada por Rob que reflete com precisão a opinião dele sobre o aspecto mais importante dessa profissão. Como consultor, seus clientes confiam a você a supervisão da saúde financeira deles e a realização de seus objetivos. Cada um dos principais consultores leva essa responsabilidade muito a sério e reconhece que estar em sua melhor forma é essencial para ser um bom pastor dos ativos de seus clientes.

Reservar tempo para o crescimento pessoal

Há um conflito inerente entre dedicar tempo aos negócios e ao desenvolvimento profissional. O setor remunera os consultores somente quando eles fazem negócios; portanto, não há incentivo de curto prazo para dedicar tempo ao desenvolvimento profissional. No entanto, se um consultor não dedicar tempo ao desenvolvimento profissional, será difícil criar uma vantagem competitiva ou comercializar de forma eficaz para o segmento de mercado mais afluente.

Rob compartilha como ele faz esse equilíbrio funcionar. "Dedico uma boa parte do meu tempo para manter meus interesses profissionais vivos. É essencial que você seja apaixonado por sua capacidade de acompanhar o que está acontecendo na economia e no mundo. Esse esforço extra é natural para mim devido à minha paixão e interesse em investir. Estou buscando respostas para mim [tanto] quanto para meus clientes, e meus clientes sabem disso. O ponto principal é que, se você for apaixonado pelo assunto, encontrará tempo para aprender." Como diz Rob, os melhores do ramo gostam do desenvolvimento profissional e o encaram, em muitos aspectos, como um hobby. Eles passam muitas horas fora do dia normal de trabalho em busca de se tornarem melhores em seu trabalho e obtêm um alto nível de satisfação e prazer nessa busca.

Entretanto, o desenvolvimento profissional nunca deve ser uma desculpa para não dedicar tempo ao desenvolvimento de relacionamentos com clientes e prospects. Todos os nossos melhores consultores passam a maior parte do tempo com clientes e prospects e nunca colocariam o desenvolvimento profissional à frente da parte do cliente de seus negócios. A realidade é que ambos devem ser feitos para alcançar o status de consultor de primeira linha.

Outro incentivo para que os consultores invistam tempo e esforço em seu desenvolvimento profissional é a retenção de seus clientes atuais e mais lucrativos. Nossos melhores consultores sabem que ter um bom relacionamento com seus clientes não é suficiente: eles precisam ser continuamente os melhores em seu mercado. Rob expande esse ponto, dizendo: "Você pode ser um grande profissional de marketing e ter a capacidade de fechar negócios com novos prospects, mas, se não fizer um bom trabalho ao investir o dinheiro deles, você trará clientes pela porta da frente e perderá o mesmo tanto de dinheiro pela porta dos fundos. Já vi vários consultores fazerem exatamente isso. Acredito que a maioria dos consultores que não chegam a ter um negócio de US$ 1 milhão pode jogar a culpa por seu fracasso no fato de não terem assumido o compromisso preciso para adquirir a experiência necessária para administrar dinheiro de forma eficaz".

Nossos principais consultores normalmente trabalham cinquenta horas por semana. Se quatro a cinco horas por dia forem gastas com clientes, prospects e marketing, isso deixa bastante tempo para o desenvolvimento profissional. O tempo com clientes e marketing deve ser sempre a primeira prioridade, e, com boas técnicas de gerenciamento de tempo (discutidas no Capítulo 13), esse trabalho pode ser realizado até a hora do almoço na maioria dos dias.

Implementando a lição nº 3

O desenvolvimento desse princípio de sucesso começa com uma curiosidade intelectual genuína sobre os mercados financeiros e como eles se relacionam com o mundo atual em que vivemos. Uma etapa importante nesse processo é a aquisição de uma certificação profissional.

A vantagem de uma certificação profissional é que ela transmite às pessoas o nível de especialização necessário para atuar no setor de serviços financeiros. Também é uma maneira importante de se diferenciar da concorrência. Por exemplo, para obter a certificação CFP, é necessário passar em um exame rigoroso que exige a compreensão de cem tópicos diferentes sobre planejamento financeiro integrado. Menos de 10% de todos os consultores registrados têm a certificação CFP. Vários dos principais consultores têm o CFP e o CIMA; essa combinação demonstra a seus clientes e prospects um compromisso extremamente elevado com sua profissão.

Os consultores que assumem o compromisso de aprimorar seu crescimento profissional por meio de uma certificação profissional têm uma grande vantagem competitiva. Isso dá a seus prospects a oportunidade de fazer uma comparação objetiva entre um consultor com uma certificação profissional e um sem certificação. Sua certificação é uma poderosa declaração de marketing para qualquer prospect. Ela afirma implicitamente que você assumiu um compromisso significativo com sua carreira ao obter essas designações profissionais. Por outro lado, quando você se encontra com prospects, a primeira pergunta que pode fazer é: "O seu consultor atual assumiu o mesmo compromisso com a especialização dele?".

Participação em uma organização profissional

Outra medida que pode ser tomada para o desenvolvimento profissional é filiar-se a uma organização profissional como a Investment Management Consultants Association (IMCA) – no Brasil, temos a Associação Brasileira das Entidades dos Mercados Financeiro e de Capitais (Anbima) e a Associação Brasileira de Planejamento Financeiro (Planejar). A IMCA é um canal ético e confiável para estratégias de investimento de ponta. A associação oferece uma grande variedade de recursos e oportunidades de educação continuada. Esse é exatamente o tipo de organização que pode contribuir para o crescimento profissional.

Além disso, você pode se manter informado participando de um grupo de colegas com outros consultores bem-sucedidos e altamente motivados. Geralmente, esses grupos de colegas são informais e desenvolvidos pelos próprios consultores. O objetivo é compartilhar as melhores práticas entre si para ajudar todos os membros do grupo a melhorarem. Ross coloca isso muito bem ao afirmar: "O conhecimento que você obtém ao conversar com pessoas que são as melhores do setor o separará do resto".

Recomendo identificar os consultores mais bem-sucedidos que façam negócios da maneira que você gostaria de fazer e visitá-los. Um dos treinamentos mais eficazes que ofereci às pessoas que trabalhavam comigo foi fazer uma visita ao escritório de um consultor de primeira linha. Ter a oportunidade de observá-lo em ação, conhecer sua equipe e fazer perguntas proporcionou a experiência que os consultores em ascensão mais apreciam. Essas visitas ao escritório geralmente envolvem viagens e podem significar compensar o consultor entrevistado por seu tempo. No entanto, as recompensas sempre valeram o preço.

Conhecer os prós e contras de seu nicho

Em muitos casos, os consultores bem-sucedidos identificaram um nicho-alvo e desenvolveram a especialização necessária para atendê-lo. Ao adquirir experiência, você também desenvolverá um conhecimento especializado. Encontrar as respostas para as perguntas que seus clientes não sabem é fundamental para obter um conjunto de conhecimentos. Você pode adquirir o conhecimento contínuo necessário para ser um especialista em uma especialização por meio de livros, artigos e especialistas. Leia publicações do setor e participe das reuniões de associações de grupos profissionais específicos. Há duas excelentes fontes disponíveis para encontrar associações e revistas comerciais relevantes para seu nicho:

- O site AssociationExecs.com lista mais de 17 mil associações.
- O site Tradepub.com lista mais de mil revistas comerciais.

Como o mercado-alvo de David são os planos de aposentadoria e pensão, ele sabe que a experiência que desenvolveu o diferencia da concorrência. Nas palavras de David, "eu sabia que queria trabalhar em uma área em que houvesse uma barreira de entrada. No meu caso, havia uma montanha a ser escalada no que se refere a conhecimento. A maioria dos consultores não está disposta a gastar o tempo necessário para desenvolver o conhecimento exigido. Esse fato, por si só, reduz a quantidade de concorrentes e lhe dá mais confiança para mostrar aos seus clientes que você é a escolha certa".

Mantendo-se atualizado com o mercado e a teoria financeira

A leitura de livros e artigos que forneçam uma perspectiva histórica dos mercados e práticas comprovadas de investimento contribuirá ainda mais para seu desenvolvimento profissional. Alguns livros que recomendo são *O investidor inteligente*, de Benjamin Graham, *Investindo em ações no longo prazo*, de Jeremy Siegel, e *Buffett, a formação de um capitalista americano*, de Roger Lowenstein. Também recomendo a leitura de relatórios e de muitos periódicos financeiros diários e semanais que o manterão bem-informado sobre os eventos atuais do mundo e como eles se relacionam com os mercados de investimento, como *The Wall Street Journal*, *The Economist*, *Forbes*, *Investor's Business Daily* e *BusinessWeek*.

É interessante notar que o desenvolvimento profissional não era um princípio de sucesso no qual eu havia me concentrado quando comecei a escrever este livro. Mas percebi que era um ingrediente importante para a construção de um negócio bem-sucedido quando vários de nossos principais consultores me convenceram de que ele era não apenas importante, mas também essencial para a construção de um negócio multimilionário. À medida que minhas entrevistas continuavam, percebi que todos os nossos principais consultores eram "estudantes do negócio" e nunca estavam satisfeitos com seu nível de conhecimento.

Também aprendi que muitos de nossos consultores agiam como professores para seus clientes. Eles foram além do simples fornecimento de informações; foram capazes de tirar o mistério dos mercados e do gerenciamento bem-sucedido de portfólios. Eles ensinaram seus clientes a se tornarem investidores bem-sucedidos para atingir suas metas financeiras.

Em minha opinião, o domínio só é alcançado quando você conhece um assunto tão bem que é capaz de ensiná-lo a outra pessoa. Nossos principais consultores são mestres, mas nunca param em sua busca para se tornarem ainda melhores. Consequentemente, eles estão evoluindo e continuamente crescendo e atraindo ainda mais investidores afluentes.

LIÇÃO Nº 4

ESPECIALIZAÇÃO

A ESPECIALIZAÇÃO ESTÁ intimamente ligada ao desenvolvimento profissional. Isso se deve ao fato de que uma especialidade surge por meio das percepções e da experiência adquiridas com o compromisso de aprender e aperfeiçoar seu ofício. A combinação desses dois princípios de sucesso é poderosa, criando um consultor financeiro de primeira linha que pode ser um especialista em um nicho específico de mercado ou tipo de investidor.

Cada um de nossos principais consultores desenvolveu uma área de especialização. Dois deles entraram nesse negócio com experiência em um segmento específico do mercado e, em seguida, combinaram seus conhecimentos para criar um novo negócio com base nessa experiência. O restante de nossos consultores começou como generalista, mas percebeu que a maneira mais eficiente e eficaz de criar um negócio era estreitar o foco e desenvolver uma especialização em um nicho de mercado.

Na maioria dos casos, sua especialização foi determinada pelo tipo de clientes com os quais tiveram mais sucesso, ou se tinham clientes no mesmo setor. Muitas vezes, sua especialização mudou durante a carreira, principalmente devido à busca constante por investidores mais afluentes. Alguns dos consultores entrevistados para este livro sabiam desde o início os nichos em que queriam se concentrar, mas a maioria evoluiu para sua especialização à medida que seus negócios cresciam.

Ross conta sua história da seguinte forma: "Fui um generalista por muito tempo e descobri que precisava ser especialista em mil coisas. Descobri que você não se torna um especialista fazendo mil coisas uma única vez. Você se torna um especialista fazendo uma coisa mil vezes". Ross acredita que, para ser um consultor de primeira linha, é preciso se especializar. Sua especialidade são executivos seniores e proprietários de empresas que venderam ou planejam vender seus negócios. Esse processo é chamado de "dinheiro em movimento".

John também começou como generalista, mas evoluiu para especialista. Hoje ele limita seus clientes àqueles com ativos de US$ 10 milhões ou mais. Ao refletir sobre seus trinta anos no negócio, ele comenta: "Eu uso essa analogia com meus prospects. Se eu soubesse que preciso de um transplante de coração, por que iria querer alguém que não fosse um cirurgião cardíaco?".

Por que a especialização funciona

O princípio de sucesso da especialização funciona por vários motivos. Em primeiro lugar, o fato de ser especialista separa o especialista dos generalistas, e a maioria das pessoas prefere trabalhar com um especialista. Descobri que os investidores abastados querem trabalhar com um consultor especializado em trabalhar com investidores que tenham circunstâncias semelhantes às deles. Os médicos querem trabalhar com um consultor especializado em médicos, assim como os executivos querem um consultor que entenda suas necessidades específicas. Uma das perguntas mais importantes que podem ser feitas a um consultor é: "Por que eu deveria trabalhar com você?". A resposta é sempre: "Porque sou especializado em trabalhar com pessoas como você".

Além disso, ao se especializar, você pode dedicar seu tempo ao desenvolvimento profissional em uma direção específica. Em vez de tentar ser especialista em muitas áreas, você pode "se aprofundar e estreitar" e continuar a desenvolver um alto nível de especialização. Isso o torna ainda mais atraente para um nicho de mercado e aumenta a barreira de entrada para os concorrentes.

Além disso, ao penetrar com sucesso em um nicho de mercado, você criará uma reputação de especialista nesse mercado. À medida que sua reputação crescer, será mais fácil obter referências dentro desse nicho. Você também poderá determinar os *centros de influência* em seu nicho. Isso se refere às pessoas que alcançaram um alto nível de respeito em seu setor. Se você conseguir desenvolver um relacionamento com essas pessoas, elas não só poderão fornecer insights valiosos sobre o setor como também poderão fornecer indicações. A combinação de uma boa reputação e endossos de centros de influência gerará novos negócios.

O melhor de tudo é que, ao desenvolver especializações em um nicho, você se torna conhecido como "*insider*". Como *insider*, você deve ler as publicações em sua área ou áreas de especialização, participar das reuniões das associações necessárias, conhecer os participantes e falar a língua deles. Esses hábitos reforçam a conexão entre os prospects de sua especialização. Ser capaz de fornecer referências de pessoas bem-sucedidas em seu nicho de mercado é mais uma oportunidade de marketing para sua empresa.

Os benefícios de lançar uma rede pequena

David começou em um mercado relativamente pequeno e, no início, teve dificuldades para encontrar investidores individuais afluentes em número suficiente para criar um grande escritório. Assim, ele se concentrou em planos de aposentadoria, argumentando que, embora seus prospects não estivessem ganhando muito dinheiro individualmente, se fossem agrupados, ele estaria prospectando uma conta muito grande. David percebeu que, para poder competir por esses ativos, teria de desenvolver um alto nível de especialização e se concentrar em planos de aposentadoria. Ele se filiou à Investment Management Consultants Association (IMCA) e obteve a certificação profissional Certified Investment Management Analyst (CIMA). Com essas credenciais, sentiu que havia desenvolvido o conjunto de habilidades e o conhecimento necessários para trabalhar com grandes grupos de dinheiro institucional. Ele diz: "Eu me vi no meu mercado como um dos primeiros a adotar o processo de investimento institucional com base na teoria moderna de portfólio. Consegui me diferenciar dos demais porque podia explicar um processo e uma metodologia de como os fundos de pensão deveriam ser investidos. No início, meus prospects tinham pouca experiência com declarações de políticas, estudo de alocação de ativos e monitoramento de desempenho. Mas eu tinha experiência nessas áreas, e meu conhecimento foi apreciado".

Ross começou como generalista e construiu uma boa carreira com investidores individuais. Depois de algum tempo, ele contratou um sócio júnior que acreditava que os executivos de empresas públicas e os proprietários de negócios que vendiam suas empresas seriam bons mercados-alvo. Juntos, eles expandiram esses mercados para incluir dinheiro em movimento e desenvolveram o conhecimento necessário para serem competitivos. Nas palavras de Ross: "Procuramos dinheiro em movimento. Se você encontrar uma grande empresa privada, entre nela, porque provavelmente ela não continuará privada por muito tempo. Eu me concentro em quais empresas estão sendo vendidas, [quais pessoas] estão adquirindo empresas e onde a riqueza está sendo passada adiante. Todos esses são [exemplos de] dinheiro novo que não está em outro lugar, e queremos estar lá primeiro. Em minha experiência, esse tem sido o melhor lugar para encontrar clientes gigantescos".

Nos últimos seis anos, desde que a empresa de Ross se tornou mais especializado, os negócios da equipe mais do que dobraram. Ross ainda é capaz de usar sua experiência anterior em investir dinheiro para pessoas físicas, mas ele é muito mais direcionado e especializado em relação às pessoas que aborda e como as aborda. Como regra geral, antes de ele e seu sócio irem a qualquer reunião, eles pesquisam as empresas por completo. Por exemplo, certa vez ele abordou o CEO e o CFO de uma empresa de petróleo que estava abrindo o capital. "Nós os impressionamos com nosso conhecimento sobre ações restritas e liquidez", disse ele, "e quando eles viram o quanto éramos bons, nos convidaram para dar uma olhada em seu outro dinheiro."

William é especialista em trabalhar com planos de aposentadoria e pré-aposentados. Ele diz: "Meu primeiro nicho foi o de arquitetos e engenheiros. Eu os escolhi porque eles tinham dinheiro suficiente para planos de aposentadoria; mais importante ainda, eles trabalhavam em escritórios pequenos e atendiam seus próprios telefones, de modo que eu podia entrar em contato diretamente com eles".

William descobriu que os seminários eram uma maneira eficaz de se aproximar dos pré-aposentados: "Se encontrasse uma situação em que estivesse ocorrendo uma redução de funcionários, eu me oferecia para organizar um seminário de pré-aposentadoria. Certa vez, estava fazendo um seminário sobre rolagem de IRA e aconteceu que um cliente convidou alguém que trabalhava em uma filial diferente da mesma empresa, a cerca de uma hora de distância. Depois disso, ele me ligou e perguntou se eu poderia fazer uma reunião para a filial dele na sala de conferências, o que fiz. Ele ligou novamente e perguntou se eu estaria disposto a dar minha palestra em uma escala maior. Então, juntamos alguns panfletos sobre o que estávamos fazendo e os deixei em seu escritório. Na verdade, ele distribuiu o anúncio para mim. Aluguei [um espaço em] um hotel local e cinquenta pessoas compareceram. Nos quatro meses seguintes, me reuni com pessoas daquela empresa, fazendo propostas e abrindo contas".

Mike usou uma abordagem diferente. No começo da carreira, ele foi contratado por uma empresa especializada no mercado de alto patrimônio líquido. Logo no início, aprendeu o conhecimento necessário para abordar esse mercado especializado de forma eficaz: "Algumas pessoas afirmam que são realmente boas em planejamento fiduciário e patrimonial, ou realmente boas em investimentos alternativos, ou realmente boas em gerenciar o processo de investimento. Somos especializados em reunir tudo isso de forma coesa, de modo que essas partes individuais trabalhem juntas para atingir um único objetivo para as famílias que assessoramos. Acredito que nossa capacidade de integrar os diferentes aspectos da gestão de investimentos é única".

As especialidades de nossos principais consultores

Muitos de nossos principais consultores têm mais de uma especialidade, embora essas especialidades estejam frequentemente relacionadas. Eles incluem:

- Proprietários bem-sucedidos de empresas privadas
- Fontes de referência profissional (CPAs, advogados)
- Executivos
- Organizações sem fins lucrativos
- Planos de pensão e aposentadoria
- Serviços corporativos, como opções de ações, planos 401(k) e remuneração diferida
- Empreendedores
- Profissionais, incluindo médicos e advogados
- Aposentados/pré-aposentados (rolagem de IRA)
- Patrimônio privado (pessoas físicas que possuem ativos investíveis de mais de US$ 10 milhões)

Implementando a lição nº 4

É interessante observar que, para nossos principais consultores, não foi tão importante como eles encontraram sua especialização ou quais eram seus nichos de mercado, mas, sim, que seu sucesso veio do poder intrínseco da especialização: o impacto muito positivo que ela teve sobre o desenvolvimento de sua carreira de consultor de alto nível.

Tente identificar possíveis nichos de mercado em sua área que você possa mirar. David sugere que você procure espaços vazios em mercados onde não haja tantos concorrentes. Primeiro, você precisará entender os dados demográficos da sua área-alvo e se adequar ao que é necessário nesse espaço. Depois que as oportunidades forem identificadas, você precisará se perguntar: "Quais conjuntos de habilidades são realmente necessários para atender ao mercado?". Por fim, precisará adquirir esses conjuntos de habilidades e determinar a melhor forma de atender a esse mercado.

Os nichos de mercado devem incluir mercados com entregas de curto e longo prazos. Os nichos de mercado com prazos de entrega mais curtos podem incluir proprietários de empresas, executivos e seus próprios contatos pessoais. Os nichos de mercado com prazo de entrega mais longo são aqueles que exigirão pelo menos um ano de trabalho para que qualquer prospect se concretize; nessa categoria estão especialidades como organizações sem fins lucrativos e o desenvolvimento de uma rede de referência profissional. Recomendo que todos os consultores tenham pelo menos um nicho de mercado com prazo curto e outro com prazo mais longo, pois, enquanto você espera que o nicho de mercado com prazo mais longo produza resultados, terá um nicho de mercado de curto prazo que fornecerá novos clientes e ativos afluentes.

Seu nível de especialização se aprofundará à medida que determinado nicho de mercado se tornar um nicho de sucesso para você. Com o tempo, um conhecimento superficial se aprofundará, o que lhe dará a confiança necessária para se tornar um verdadeiro especialista. Por exemplo, Dana me contou que, quatro meses após o início de seus negócios, um consultor sênior de sua empresa saiu e as contas dele foram distribuídas. Como sempre, os novatos ficaram com as contas menores, e ela recebeu várias contas, uma delas um IRA* de US$ 2 mil que pertencia a um médico. De acordo com Dana:

---

* IRA é uma sigla para Individual Retirement Account, ou seja, Conta de Aposentadoria Individual. (N.R.)

> "Liguei para o médico e perguntei se poderia encontrá-lo para conversar sobre sua conta IRA. Ele me disse que estava muito ocupado, pois estava no processo de reformulação de todo o seu plano de aposentadoria. Ele então perguntou se minha empresa oferecia planos de aposentadoria. Eu lhe disse que sim e imediatamente procurei meu gerente, pois não tinha a menor ideia sobre planos de aposentadoria. Ele me deu alguns livros para ler sobre benefícios definidos e planos de contribuição. Naquele fim de semana, fui para casa e li sobre as ofertas de nossa empresa. Meu gerente se juntou a mim na apresentação, que acabou sendo um plano de participação nos lucros de US$ 700 mil com cinco médicos, e conseguimos o negócio. Um por um, cada um desses médicos se tornou cliente pessoal e continua sendo cliente até hoje, 25 anos depois.
>
> "Isso foi uma grande oportunidade e me deu muita confiança. O relacionamento cresceu, e, durante todo esse tempo, eu estava desenvolvendo uma especialização em planos de aposentadoria com outros médicos. Realmente desenvolvi um grande negócio, não apenas com profissionais da área médica, mas também com qualquer empresa pequena e privada que oferecesse planos de aposentadoria. O melhor de tudo é que era como uma anuidade contínua, porque todo ano eles investiam mais dinheiro."

Mais tarde, Dana mudou sua especialização para levar seus negócios ao próximo nível. Ela desenvolveu uma nova especialização em serviços filantrópicos e usou essa especialidade para alavancar seu envolvimento em organizações sem fins lucrativos e trabalhando com fundos patrimoniais. Com essa mudança, dobrou seus negócios e ativos em seis anos.

Limitando seu foco a um ou dois nichos

Continue a atender a cada um de seus diferentes nichos obtendo algum nível de especialização, identificando pessoas qualificadas nesses nichos de mercado e entrando em contato com elas, além de adquirir a experiência necessária que contribuirá para sua especialização. Com o passar do tempo, um ou dois nichos de mercado surgirão e você poderá começar a se aprofundar e se restringir, desenvolvendo o conhecimento necessário para ser um verdadeiro especialista.

A única exceção a essa abordagem é se você entrou no negócio com o alto nível de especialização necessário para atrair investidores afluentes. Por exemplo, Anne começou a carreira em planejamento financeiro e, depois de um emprego de nível inicial, foi promovida para desenvolver planos financeiros para pessoas com valor superior a US$ 10 milhões. Ela cobriu o Vale do Silício, na Califórnia, e o estado de Washington durante os anos do boom tecnológico, passando três semanas e meia por mês em um avião e desenvolvendo conhecimento especializado em fusões, aquisições, pré e pós-IPOs e estratégias de planejamento de alto patrimônio líquido. Depois de vários anos, ela decidiu que era hora de se estabelecer em um local e se tornar consultora financeira.

Deixar o conforto de seu trabalho de planejamento e começar como uma nova consultora financeira foi um desafio, diz ela: "Percebi que no meu novo mercado eu tinha mais experiência do que qualquer outra pessoa, então fui atrás de um grupo específico de pessoas. Fiz uma ligação para elas e falei sobre minha experiência. Informei que elas estavam em um momento de suas carreiras em que precisavam trabalhar com um especialista e sugeri que nos encontrássemos. Se o prospect dissesse que estava trabalhando com outra pessoa, eu lhe dava uma lista de perguntas para fazer ao seu consultor atual e dizia que voltaria a ligar em uma semana para compartilhar minhas respostas. Geralmente, o prospect comparava as respostas e decidia se encontrar comigo. Ao abrir novas contas, eu pedia indicações e, geralmente, também as recebia".

A visão, a experiência e a especialização de Anne valeram a pena, e ela atingiu o nível de US$ 1 milhão de faturamento em seu segundo ano no negócio. No sétimo ano, sua equipe faturou US$ 5,5 milhões, e sua participação foi de US$ 4 milhões. Ela administra US$ 1,3 bilhão em ativos, o que significa que trouxe mais de US$ 150 milhões em novos ativos por ano. Seu sucesso inicial é o melhor que já vi em trinta anos de experiência no negócio e é um testemunho de como a especialização pode ser poderosa.

Análise de sua base de clientes

Para consultores com mais de dois anos de experiência e uma base sólida de clientes, se uma área de especialização não for óbvia, sugiro que você faça uma análise de mercado de seus negócios. Volte à sua lista de clientes de Nível 1, que deve incluir os 20% de clientes que representam 80% de seus negócios (se necessário, volte ao Capítulo 2 para obter orientação sobre como agrupar seus clientes atuais em três categorias diferentes). Use essa lista para ajudá-lo a determinar que tipo de ocupação – incluindo aposentados – representa a maior porcentagem de seus melhores clientes. Em quase todos os casos, essa categoria deixará claro com qual nicho de mercado você é mais eficaz, o que, por sua vez, indicará aquele que será a base de sua especialização.

Não se esqueça de comercializar

Ter um conhecimento específico geralmente não é suficiente: você precisa estar disposto a comercializar agressivamente para prospects. Um erro que muitos consultores novos cometem é passar muito tempo tentando desenvolver um alto nível de especialização antes de começar a se promover. Na maioria dos casos, a experiência é o melhor professor, e, embora seja importante desenvolver certo nível inicial de especialização, isso não deve ser feito sem levar em conta o marketing e o contato com investidores afluentes. Por exemplo, a experiência de Anne, combinada com sua capacidade de se comunicar e sua disposição para fazer marketing, foi o que a levou ao sucesso.

Se você tiver confiança e a experiência necessária para sustentá-la, obter o máximo de exposição possível em seus nichos de mercado-alvo gerará prospects e, por fim, negócios. Há duas maneiras principais de aproveitar sua experiência em um nicho de mercado. A primeira é mergulhar no seu nicho de mercado-alvo lendo as publicações desse mercado, participando das associações do setor e desenvolvendo relacionamentos com os centros de influência. A melhor primeira etapa é convocar seus clientes atuais em seu nicho de mercado para ajudá-lo, atuando como seu "conselho de diretores de marketing". Eles poderão ajudá-lo a formar excelentes ideias sobre como abordar de forma mais eficaz os prospects do seu nicho de mercado e poderão fazer sugestões sobre a quais associações pertencer, quais revistas especializadas ler, e ajudar a identificar os centros de influência do nicho de mercado. O conselho também pode dar sugestões sobre que tipo de abordagem de marketing seria mais atraente para eles, e essas informações lhe darão uma boa ideia do que seria atraente para outras pessoas nesse mercado. Use seu conselho de marketing para examinar os nomes de prospects qualificados, pedindo permissão para mencionar o nome deles como referência.

A segunda maneira é simplesmente entrar em contato diretamente com pessoas qualificadas. Por exemplo, Anne contatou investidores potenciais em seu mercado-alvo compartilhando sua experiência e oferecendo-se para ajudá-los de uma forma que ninguém mais no mercado poderia fazer. Uma combinação das duas maneiras seria especialmente eficaz no marketing de nicho.

Continuação de seu desenvolvimento profissional

Quando o processo de identificação de sua especialização estiver concluído, seu progresso de desenvolvimento profissional também poderá continuar. O objetivo é aumentar seu nível de especialização para que haja poucos concorrentes que possam ultrapassar a barreira de entrada e competir com você em sua nova área de especialização.

Além de obter conhecimento mergulhando em seu nicho de mercado e visitando outros especialistas, também recomendo participar de reuniões de associações e aproveitar todas as oportunidades de networking. Você pode se oferecer para fazer uma apresentação sobre estratégia de investimento, planejamento ou aposentadoria que seja relevante para esse setor específico. A oportunidade de se misturar com outros profissionais com prospects nessas reuniões contribuirá para a construção de sua reputação como um especialista do setor.

Ao mesmo tempo, você deve ler os periódicos e boletins informativos locais e nacionais que atendem ao seu novo mercado. Os periódicos geralmente apresentam as pessoas mais bem-sucedidas de um grupo-alvo e se concentram nos problemas atuais enfrentados por esse setor específico. Escrever artigos para uma revista especializada é outra maneira de se estabelecer como um especialista nesse mercado específico.

Quando eu era um novo consultor, tomei a decisão de me concentrar em cidades menores que ficavam a uma hora de carro do meu escritório (esse se tornou meu nicho de mercado). Minha lógica era a de que haveria menos concorrência e, como novo consultor, seria mais fácil, para mim, entrar em contato com prospects qualificados. No início, tropecei nessa estratégia, mas, à medida que continuei, fui melhorando cada vez mais e, depois de estabelecer um público em uma cidade pequena, mudei para outra. Sempre achei que era bem-sucedido em um tempo mais curto na cidade seguinte.

Sem perceber, eu havia me tornado especialista em marketing para investidores afluentes em comunidades menores. Aprendi em primeira mão o poder da especialização. Nem todos os seus clientes precisam estar em sua especialização, mas se você almeja a grandeza nesse negócio deve desenvolver uma área de especialização.

LIÇÃO Nº 5

FOCO NO RELACIONAMENTO

A SAÚDE E A SEGURANÇA FINANCEIRAS estão entre as maiores prioridades das pessoas na vida, e é por isso que entender a psicologia do investimento é tão importante. Não importa quão inteligente ou lógica seja a pessoa, o medo e a ganância sempre afetarão as decisões de investimento. Essas emoções podem causar estragos em seus investimentos financeiros, e é por isso que muitas pessoas ricas optam por trabalhar com um consultor financeiro profissional.

Todos os nossos principais consultores percebem a importância de entender a psique de seus clientes e levam esse conhecimento em consideração ao desenvolver planos de investimento. Eles também entendem que a construção de relacionamentos de confiança com investidores e prospects é essencial para a criação de um negócio de serviços financeiros bem-sucedido. Eles conhecem seus clientes como conhecem seus melhores amigos, e, em muitos casos, isso se deve ao fato de seus clientes estarem entre seus melhores amigos.

Uma vez estabelecida uma boa parceria com os clientes, todas as coisas boas virão: mais ativos, indicações e a adesão às suas recomendações. Todos os grandes consultores compartilham esse princípio de sucesso, e os aspirantes a grandes consultores devem fazer da construção de relacionamentos com investidores afluentes uma de suas maiores prioridades. Diferentemente da maioria dos bens e serviços, o gerenciamento de ativos praticamente não tem resultados garantidos e é totalmente intangível. No entanto, devido à sua relativa importância, um consultor financeiro é geralmente escolhido por instinto, que está ligado a um alto nível de confiança. Na verdade, o produto que os consultores financeiros estão vendendo é "confiança". É por isso que o relacionamento entre o cliente e o consultor é fundamental para seu sucesso. O consultor John explica que um consultor financeiro é "a pessoa a quem eles recorrem para qualquer tipo de pergunta, financeira ou não, para ajudá-los em suas necessidades pessoais e financeiras em geral. É quase como [ser] um psiquiatra financeiro. Muitas vezes, estou lidando com questões relacionadas a crianças, à próxima geração, suas esperanças, sonhos e medos. É toda uma série de coisas que vão além do investimento".

Mike descreve a parceria da seguinte forma: "Eles não me veem como um fornecedor, e eu não os vejo como um cliente. Considero que tenho uma obrigação moral muito significativa de oferecer o melhor que posso e de representar bem os interesses deles. Eu me refiro a isso como uma confiança sagrada. Eles percebem a competência e o trabalho necessários para representar seus interesses, e acho que valorizam isso. Percebo que não estaríamos em nossa posição se não fosse pelos clientes maravilhosos que temos a sorte de ter. O que importa é a confiança que eles têm em nós para sempre colocarmos seus interesses em primeiro lugar".

Nossos principais consultores aprenderam no início das carreiras que investir tempo no desenvolvimento de relacionamentos com seus clientes e prospects era o melhor investimento que poderiam fazer. Esse foco no relacionamento se torna cada vez mais importante à medida que a riqueza dos clientes investidores aumenta. Os altamente afluentes têm tantas opções que a competência profissional não é suficiente para fechar o negócio: de fato, muitos de nossos principais consultores descobriram que o relacionamento era mais importante para conquistar novos prospects do que sua experiência. Entretanto, um relacionamento de confiança também é fácil de perder. Mike observa que "a conexão entre mim e meus clientes é baseada em um relacionamento muito frágil. Um passo em falso, um julgamento equivocado, um movimento egocêntrico colocando seus interesses acima dos do cliente, e décadas de trabalho árduo podem ir por água abaixo".

A honestidade ainda é a melhor política

Há 25 anos na carreira, Dana está mais comprometida do que nunca com o processo de construção de relacionamentos. Ela conta uma conversa recente que teve com um cliente muito grande: "Ele me disse: 'Sabe, nós trabalhamos com você porque gostamos do que você traz para a mesa, mas, mais importante, achamos que você é honesta conosco'".

Dana sabe que o apreço pela honestidade decorre do fato de se ter um relacionamento sólido com as pessoas. "Isso vem da maneira como eles veem você interagir com os outros", diz ela. "Vem da maneira como eles veem você tratar seus filhos. Quanto mais experiências você tiver com as pessoas, mais confiança elas terão em você. Se você for uma boa pessoa, isso vai transparecer, mas é preciso primeiro desenvolver um relacionamento para que elas possam ver além dos negócios."

Quando se reúne com prospects, Dana segue a mesma rotina que aperfeiçoou nos últimos 25 anos. Ela descreve seus primeiros contatos de prospecção da seguinte forma: "Nunca apresento um produto; meu objetivo é fazer com que as pessoas conversem. É mais uma discussão aberta sobre o que elas precisam". O objetivo de Dana é ter conversas mais longas para reunir o máximo possível de informações sobre seus prospects. Ela faz anotações sobre as conversas, incluindo tudo o que foi discutido em termos pessoais. Depois, quando faz o acompanhamento dos prospects, ela pergunta sobre esses aspectos pessoais.

Dana está convencida de que a construção de um relacionamento e a conquista da confiança têm sido um componente importante para seu sucesso. Ela fala sobre a dinâmica entre a construção de relacionamentos e a confiança: "Desenvolvi um senso de confiança com as pessoas. Elas sentiam confiança em mim porque eu entendia o que as fazia vibrar. Eu lhes fazia muitas perguntas sobre si mesmas e as ouvia com atenção. Desenvolvia um entendimento sobre quais eram seus 'pontos críticos'. Demonstrava uma quantidade incrível de empatia e preocupação genuína por elas. O que eu realmente fazia era desenvolver um relacionamento. Quando se tratava do que quer que fôssemos fazer do ponto de vista do investimento, já estava tudo pronto, porque eu já tinha desenvolvido um relacionamento".

Implementando a lição nº 5

O primeiro passo para construir um relacionamento com pessoas ricas é estar onde elas estão e fazer o que elas fazem. Sam reconheceu no início da carreira que precisava estar onde as pessoas ricas estavam, fazendo o que as pessoas ricas faziam. Como ele explica: "As pessoas ricas jogam golfe, então aprendi a ser um bom jogador de golfe. Entrei em um *country club* para poder jogar golfe com as pessoas certas. Eu também sabia que, na minha região, os ricos gostam de pescar com mosca, então me tornei um exímio pescador nessa modalidade. Os ricos também gostam de caçar pássaros, então é preciso não apenas saber caçar pássaros, mas também ter as armas certas, ser um bom atirador e conhecer a etiqueta. Fiz com que minhas atividades fora do trabalho se alinhassem com meus prospects".

David acredita que é preciso entrar nos ambientes certos para conhecer pessoas ricas e ver com quem você se relaciona melhor. Esses indivíduos se tornarão ótimos clientes, portanto dedique seu tempo a criar e desenvolver relacionamentos com eles. "Alguns vão imediatamente liderar com seu conhecimento sobre investimentos e tentar estabelecer um relacionamento comercial. Eu tento estabelecer primeiro um relacionamento pessoal", diz David. "É ótimo ter um relacionamento maravilhoso com alguém e depois permitir que ele descubra que você é uma pessoa muito bem-informada sobre o negócio de investimentos."

Entendendo os motivos dos clientes potenciais e de seus clientes

Jack acredita firmemente que entender e atender às necessidades pessoais de seus clientes pode ser tão importante quanto atender às suas necessidades comerciais quando se trata de construir relacionamentos. Jack tem vários clientes idosos e sabe que eles geralmente precisam de mais do que consultoria financeira. "Eles querem amizade; querem saber que alguém se preocupa com eles, porque muitas vezes seus filhos se mudaram. Oferecemos atenção e tempo extra, porque isso faz uma diferença real para eles", diz Jack.

Ross é fanático por saber tudo o que pode sobre seus clientes e prospects. Ele sabe onde seus melhores clientes estudaram na faculdade, que igreja frequentam, quais são seus interesses externos e no que seus filhos estão interessados. A filosofia de conhecimento de Ross permite que ele aproveite essas informações sobre os clientes para criar um relacionamento comercial mais produtivo. Ele me contou a seguinte história: "Certa vez, encontrei um cliente CEO em seu escritório. Enquanto eu o esperava, olhei em volta e vi uma foto da filha dele dando a tacada inicial e, embaixo da foto, estava escrito 'Colorado State High School Golf Championship'. Nesse momento, encontrei meu ponto de partida para a conversa: algo sobre o que posso falar com ele; informações pessoais que formarão a base do nosso relacionamento. Com aquela única foto, percebi que tínhamos um interesse em comum: o golfe".

Aprendendo a esquecer o e-mail

Mike compartilha uma lição básica de comunicação que aprendeu da maneira mais difícil: "Aprendi a não usar o e-mail como principal ferramenta de comunicação com meus clientes abastados, porque é uma forma impessoal de lidar com alguém. Não é possível desenvolver um relacionamento real, pois muitas das nuances da comunicação interpessoal são perdidas. Nesse negócio, é importante entender como as pessoas se sentem em relação às coisas. Não apenas as palavras que elas dizem, mas seu tom – como elas reagem e como personalizar sua mensagem para elas.

"Quando comecei a fazer negócios com um cliente, ele se dizia um cara muito, muito ocupado", diz Mike. "Ele afirmou que seu meio de comunicação preferido era o e-mail. A seu pedido, eu me comunicava com ele apenas por e-mail e, portanto, em vez de simplesmente pegar o telefone e conversar, ou até mesmo responder às suas perguntas por e-mail com uma ligação pessoal, atendi ao seu pedido. Quando ele transferiu sua conta, percebi que havia cometido um erro fundamental."

Investir em atividades de construção de relacionamentos

Todos os principais consultores reconheceram que um componente importante da construção de um relacionamento com seus clientes e prospects é investir tempo com eles além dos negócios. Por exemplo, Jack sempre foi um bom atleta. Ele corre com um grande grupo todo sábado de manhã, como faz há trinta anos. Os membros do grupo não são os corredores mais rápidos da cidade; na verdade, eles estão mais comprometidos com o condicionamento físico do que com a velocidade. Entretanto, muitos deles são profissionais bem-sucedidos. "Havia um rapaz que corria com nosso grupo todos os sábados de manhã e que sabia que eu estava no ramo de investimentos. Ele me perguntava sobre o mercado quando estávamos correndo", conta Jack. "Eu nunca me ofereci de forma alguma, e, cerca de quatro meses depois, ele me convidou para ir à sua casa para conhecer sua esposa e analisar seu portfólio. Ele se reuniu comigo e decidiu consolidar todos os seus ativos comigo, e, de repente, começamos a ter um conjunto muito bom de ativos. Eu não sabia que ele tinha tanto dinheiro, e ainda virá mais, porque há uma boa quantidade de imóveis. Mas esse não é o fim da história: ele me indicou a um amigo dele na cidade em que morava, e esse amigo se transformou em um cliente rico."

Oferecer festas ou jantares é uma boa maneira de se conectar com prospects. Anne entretém levando um cliente e seu cônjuge para jantar fora. John costuma organizar jantares em sua casa, geralmente com doze convidados. Os jantares são servidos em um bufê com comida e vinho muito bons. John geralmente convida dois casais de clientes atuais, dois casais amigos e dois casais de prospects. Todos são pessoas que ele conhece, e a conversa nunca é centrada em negócios. O objetivo é construir relacionamentos. Tendo sido convidado para vários desses jantares como gerente de John, posso atestar a qualidade e a eficácia desses jantares íntimos. Sua esposa é uma anfitriã maravilhosa; todos têm a oportunidade de conhecer John em um nível pessoal durante esses momentos.

Dana organiza jantares em sua casa e convida tanto seus clientes quanto prospects. "Faço dos jantares uma maneira maravilhosa de conhecer as pessoas. Contrato um *chef* particular. Tenho oito pessoas à mesa e preparo um cardápio incrível com vinhos fabulosos, e [isso se torna uma ocasião para] reunir pessoas que eu acho que seriam compatíveis. Elas ficam conhecendo meu marido e meus filhos e me conhecem um pouco melhor. Eles me veem em minha casa; eu a deixo aconchegante, ponho a mesa lindamente. Faço com que seja uma noite agradável, mas não a deixo formal."

Todos os anos, David organiza uma viagem para esquiar em Beaver Creek, Colorado, para seus melhores clientes e prospects. Ele gosta de reunir pessoas com interesses semelhantes em um fim de semana e descobre que "as pessoas adoram isso e adoram você por organizar o evento". Ross organiza viagens de pesca com seus melhores clientes e pede a eles que tragam pessoas que eles acham que Ross deveria conhecer. Ele diz: "Se eu puder levar um cara para pescar e ter um bom dia, ele será meu para sempre. Reservo dois dias em uma pousada sofisticada de pesca de trutas, ligo para um bom cliente e o convido para um dos dias. Escolho uma pousada de difícil acesso, onde os peixes são conhecidos por serem monstruosos. Depois, peço ao cliente que traga alguém que ele acha que eu deveria conhecer; os clientes certos entendem o que estou procurando. Levo minha câmera e tiro uma foto do meu cliente e seu convidado segurando um peixe grande. Mais tarde, entrego ao cliente e seu convidado a foto em uma bela moldura para que, sempre que a virem, lembrem-se do ótimo dia que tivemos juntos".

Você deve estar se perguntando quanto pode gastar com essas atividades de construção de relacionamentos. Qual é exatamente o preço de entrada para ter acesso a investidores ricos? Como consultor menos experiente, é realista dizer que você começará com menos dinheiro e, à medida que seu sucesso aumentar, também aumentará sua capacidade de desenvolver um orçamento de lucros acumulados que poderá investir no desenvolvimento de relacionamentos com investidores mais abastados. Lembre-se, atividades divertidas nem sempre precisam custar muito dinheiro. No início, o tempo gasto com prospects e clientes é mais importante do que o dinheiro que você gasta. Há atividades menos dispendiosas disponíveis, que incluem a compra de ingressos para eventos esportivos ou a organização de visitas a restaurantes divertidos, mas baratos, eventos de ex-alunos da faculdade e exposições de arte ou museus.

Priorização de seu tempo

O modo como os consultores gastam seu tempo é um verdadeiro reflexo do que é mais importante para eles. Para os nossos melhores consultores, a maior parte do tempo é gasta no cliente do negócio (75%), deixando 25% do tempo para lidar com questões administrativas, pesquisa, leitura, preparação de propostas, revisão de e-mails, reuniões e tarefas operacionais. Um terço desses 75% é o tempo gasto com prospects. Essa alocação de tempo reflete a importância da construção de relacionamentos.

A única maneira de um consultor construir um relacionamento é investir tempo nele. Comece todo relacionamento conhecendo o prospect, não apenas do ponto de vista do investimento, mas também pessoalmente. Como diz John, a maioria das pessoas não se importa com o quanto você sabe até saber o quanto você se importa. Faça perguntas, ouça com atenção; preste atenção no escritório, inclusive nas fotos, nos prêmios e nos diplomas que eles exibem. Todos os detalhes contribuem para uma melhor compreensão do que motiva a pessoa.

Unindo amizade e negócios

Quando um bom relacionamento é construído, surge a oportunidade de discutir negócios. Na maioria dos casos, esse assunto será levantado por um prospect, e, quando isso acontecer, você precisará estar pronto com uma fala de transição que faça a ponte entre o relacionamento pessoal e o comercial. Dessa forma, você pode começar a fazer a transição da discussão de assuntos pessoais para assuntos comerciais em seus termos, quando estiver completamente pronto.

Por exemplo, se um prospect perguntar (e todos perguntarão) o que você acha do mercado, você deve estar preparado para uma fala de transição que pode soar como a seguinte:

> "Como gerente de patrimônio, eu realmente tenho uma visão de longo prazo dos mercados, mas tenho acesso a um dos melhores estrategistas de investimento do mercado. Ele escreve um comentário semanal sobre as condições dos mercados, e eu ficaria feliz em colocá-lo em minha lista de contatos para receber seus relatórios. Gostaria que eu fizesse isso para você?"

O prospect geralmente concorda. Você pode fazer um acompanhamento posterior dizendo: "O que você achou dos relatórios de investimento que lhe enviei? Eu gostaria de ter a oportunidade de discutir nosso processo de investimento com você. Gostaria de tomar um café enquanto eu compartilho minha abordagem de investimento?". Dessa forma, você está no comando da conversa: você está dirigindo o relacionamento.

A transição de um relacionamento pessoal para um relacionamento comercial será bem-sucedida se, por meio de suas ações, você puder levantar dúvidas na mente do prospect de que seria melhor trabalhar com você em vez de com quem ele está atualmente. Essa conversa pode ocorrer durante a reunião de negócios inicial, independentemente de vocês estarem simplesmente conversando durante uma xícara de café ou tendo um encontro mais formal no local de trabalho do prospect ou no seu escritório. No entanto, o acompanhamento contínuo desenvolve ainda mais o caso. O desafio é que você se posicione como uma segunda opção forte. Eventualmente, à medida que o relacionamento se desenvolve, você pode criar dúvidas sobre o consultor atual e, por meio de suas ações, pode argumentar que o cliente está melhor com você. Ao usar essa estratégia, descobrirá que os ativos do cliente, em muitos casos, serão transferidos para você.

Não há atalhos para a construção eficaz de relacionamentos, mas esse é o melhor tempo que pode ser investido no crescimento de uma carreira bem-sucedida de consultoria financeira. O relacionamento entre um consultor financeiro e um cliente é um dos relacionamentos profissionais mais importantes. Descobri que os melhores consultores são aqueles que levam esse relacionamento a sério e investem seu tempo e energia em mais do que apenas o aspecto comercial da relação. Como mencionei anteriormente, investir dinheiro para outras pessoas deve ser feito no contexto da compreensão de suas emoções, da situação atual de sua vida e do que é mais importante para elas. Todos os nossos principais consultores compartilhavam a crença de que fazer uma diferença positiva na vida de seus clientes era o que eles mais gostavam nesse negócio, mesmo em mercados em baixa. Para realmente fazer a diferença, você precisa dedicar tempo para construir relacionamentos no início e, depois, continuar investindo tempo para realmente entender o que seus clientes precisam e esperam. Ao se tornar parte da vida deles, você transcenderá o status de prestador de serviços para se tornar um sócio confiável.

LIÇÃO Nº 6

PRÁTICAS RECOMENDADAS DE MARKETING

O MARKETING É UM REQUISITO para qualquer negócio de sucesso, inclusive no setor de serviços financeiros. Nossos melhores consultores nunca param de fazer marketing. O desejo e a disposição de expandir seu negócio tornaram-se parte de seu DNA profissional, e, muitas vezes, eles fazem marketing sem pensar nisso – é um processo natural para eles. Em minhas observações, esse é um dos mais importantes fatores de diferenciação entre os melhores consultores e os menos bem-sucedidos. De muitas maneiras, as táticas específicas de marketing são menos importantes do que a capacidade de encontrar maneiras de desenvolver relacionamentos com investidores afluentes.

Como eles se colocam na posição de interagir com pessoas afluentes o tempo todo, nossos principais consultores continuamente têm a oportunidade de fazer marketing. Independentemente de usarem as técnicas de marketing tradicionais ou indiretas, a meta dos consultores financeiros é sempre construir mais e novos relacionamentos lucrativos com investidores afluentes.

Ross explica a importância do marketing quando diz: "O fator número um do meu sucesso é o marketing. Sua estratégia de marketing é sua passagem para conseguir atrair dinheiro novo. Seja por meio de *cold callings*, seminários, indicações ou networking, você sempre precisa trazer dinheiro novo".

Este capítulo descreve as táticas de marketing que nossos principais consultores usaram para desenvolver seus negócios multimilionários. Entretanto, por mais importantes que sejam as táticas individuais, é mais importante ter a motivação para levá-las adiante. Todos os tipos de marketing envolvem o potencial de rejeição. Se você faz marketing, deve estar disposto a enfrentar a possível rejeição.

Há dois motivos pelos quais a maioria dos consultores não faz marketing. O primeiro é que eles não sabem como fazer isso de forma eficaz, e o outro é porque não estão dispostos a enfrentar a inevitável rejeição que vem com o marketing. A disposição para comercializar deve vir de dentro de você. A maneira mais simples de descrever a dinâmica de motivação desse negócio é que seu desejo de expansão deve ser maior do que seu medo de rejeição. Para implementar o princípio de sucesso do marketing, você deve ter a motivação para usar as táticas apropriadas.

A rejeição é uma parte inevitável desse negócio, especialmente quando você se concentra nos investidores mais ricos. Lembre-se de que é provável que os investidores ricos já tenham outro consultor financeiro ou instituição financeira. Para ter sucesso, você deve interromper esse relacionamento atual. Mesmo que seu prospect não esteja completamente satisfeito com o relacionamento financeiro atual, ele é algo já conhecido. Trabalhar com você é desconhecido. Devido à importância de seus investimentos e à incerteza do resultado do investimento, será necessário um "ato de fé" para que esses investidores façam uma mudança. Isso não deve impedi-lo de tentar, desde que esteja preparado para conviver com o fato de que a rejeição faz parte do processo de marketing.

Para os consultores mais novos, podem ser necessários até dez contatos de marketing, usando uma variedade de táticas (incluindo seminários, uma rede de referência profissional, ligações frias, networking, táticas de adoção de cidade, marketing de eventos), para resultar em uma única reunião presencial. Se você tiver um bom processo de acompanhamento, pode esperar fechar cerca de 25% de seus prospects em doze meses. Os consultores mais experientes encontrarão prospects principalmente por

essa era a única maneira que eu sabia como fazer isso. Concentrei-me em eventos de liquidez, nos quais havia decisões a serem tomadas. Eu não vinha de uma família rica e não conhecia pessoas ricas, então tive que começar do zero. A razão pela qual entrei nesse negócio foi porque meu sucesso dependia de meus próprios esforços, do que eu fazia, e não de esperar que alguém fizesse isso por mim, por isso fazia *cold calling*".

Sam começou a carreira fazendo *cold calling*, trabalhando das oito da manhã às nove da noite, quatro dias por semana, e das oito às cinco da tarde nas sextas-feiras. Ele ligava para áreas periféricas fora da grande cidade onde trabalhava. Tentava marcar suas reuniões um dia por semana. Depois de conseguir o agendamento, seus objetivos eram abrir uma conta, fazer um bom trabalho e tentar fazer com que transferissem todos os ativos para ele ao longo do tempo. Ele continuou seguindo essa estratégia durante seus primeiros cinco anos no negócio.

A estratégia de *cold calling* de Ross consistia em ser capaz de articular as vantagens competitivas de sua empresa e transmitir aos prospects por que deveriam fazer negócios com ele. A seguir, um exemplo de sua abordagem:

> "Olá, Sr./Sra. Jones, aqui é o Ross e sou consultor financeiro da XYZ Financial. Estou ligando para saber se o senhor está negociando com nossa empresa. [Na maioria das vezes, a resposta era não.] Isso é porque não ligamos ou porque você investe em outro lugar? Sr./Sra. Jones, vou direto ao ponto. Se eu pudesse oferecer-lhe um retorno melhor a um custo menor do que o que está obtendo atualmente, o senhor teria interesse em falar comigo?"

Rob admite que fazer *cold calling* não era fácil, mas ele foi melhorando à medida que fazia isso. Ele se concentrou em conseguir reuniões porque acreditava que era mais eficaz "pessoalmente". Usou essa abordagem de marketing em seus primeiros três anos. Rob notou que muitos de seus amigos que começaram com ele pararam de prospectar após o primeiro ano e, como resultado, atingiram um patamar no início das carreiras. Em contrapartida, Rob construiu sua carteira, chegando a quinhentos clientes.

William começou obtendo um diretório de empresas e ligando para arquitetos e engenheiros. Sua lógica era que esses profissionais tinham dinheiro suficiente para precisar de planos de aposentadoria. Ele também descobriu que a maioria deles trabalhava em pequenos escritórios e atendia seus próprios telefones, o que lhe permitia entrar em contato direto com eles.

O maior inimigo do *cold calling* é o correio de voz. A maneira mais eficaz de lidar com o inevitável é deixar várias mensagens se apresentando e declarando o objetivo de sua chamada. É importante fornecer uma declaração de valor forte na mensagem para preparar o terreno para quando você finalmente entrar em contato com o prospect. Depois de deixar quatro mensagens sem retorno de chamada, você terá uma última chance. A mensagem final de voz deve conter apenas o seu número de contato e um convite para que ele retorne a ligação se estiver interessado.

Principais técnicas de marketing

Nossos principais consultores escolheram entre muitas estratégias de marketing eficazes, obtendo sucesso com todas elas. Suas técnicas evoluíram, mas eles nunca deixaram de usá-las. Há cinco maneiras principais de fazer marketing:

- Indicações de clientes
- Rede de indicação de profissionais
- Marketing de nicho
- Marketing de eventos
- Marketing do lugar certo, com as pessoas certas

Referências de clientes

As indicações de clientes são a técnica de marketing mais comum usada por todos os consultores financeiros. De acordo com um estudo da Cerulli Associates, quase 50% dos novos clientes vêm de indicações de clientes, portanto os consultores que facilitam efetivamente as indicações de clientes podem aumentar seus negócios em 7% a 8% ao ano. E, de acordo com o estudo de milionários realizado por Russ Alan Prince no livro *Cultivating the Middle-Class Millionaire* (Cultivando o milionário de classe média, sem publicação no Brasil), dos clientes milionários "leais" (mais satisfeitos), 70% indicaram que provavelmente indicariam investidores para seu consultor principal nos próximos doze meses. No entanto, apenas 10,7% dos consultores de fato pediram indicações aos clientes.

Minha própria experiência valida os estudos de Cerulli e Prince. Quando eu analisava as pesquisas com clientes, elas sempre mostravam que os clientes satisfeitos estavam dispostos a indicar seus consultores. No entanto, vejo constantemente que muitos consultores nunca executam a técnica de marketing de indicação de clientes porque não têm processos proativos de indicação em seu negócio, por meio dos quais os clientes são constantemente solicitados a fazer indicações. Um processo proativo de indicações deve incluir a solicitação de indicações a cada relacionamento significativo com o cliente, de forma profissional, pelo menos uma vez por ano.

Muitos de nossos principais consultores incorporam a técnica de marketing de "indicação de clientes" em suas práticas diárias. Por exemplo, John evoluiu suas técnicas de marketing, deixando de fazer *cold calling* e passando a se concentrar na geração de indicações, quando percebeu que, muitas vezes, seus concorrentes não demonstravam interesse na vida de seus prospects além dos negócios. Ele percebeu que seu foco na construção de relacionamentos com clientes e prospects levou a muitas indicações de clientes. Ele afirma: "Eu encontrava um prospect, [alguém] com 50 anos de idade, e na época eu tinha 26. O prospect pensa: 'Ele é um rapaz bacana e de boa aparência. Ele me ouviu por uma hora e eu gosto dele'. Quando criava esse tipo de relacionamento, eu lhe perguntava se ele poderia pensar em três pessoas bem-sucedidas que eu deveria ver, e geralmente conseguia algumas indicações".

Joseph criou uma rede de indicações com os médicos que tinha como alvo. Sua estratégia era reunir-se mensalmente com um dos médicos com quem estava trabalhando na sala de espera dos médicos do hospital local. Isso se transformou em uma ótima maneira de um cliente apresentá-lo aos outros médicos de sua clínica. Joseph percebeu que seus clientes se tornaram seus defensores e o apresentavam a outros médicos. Hoje Joseph tem uma média de cerca de US$ 25 milhões em novos ativos a cada ano, provenientes de indicações de clientes. Ele estima que recebe de 20 a 25 indicações de clientes por ano, e várias dessas indicações acabam se tornando clientes. Ele tenta pedir uma indicação uma vez por ano de seus duzentos clientes, e consegue um novo cliente em cerca de 10% a 20% das vezes em que pede.

Desde o início da carreira, John sabia que a chave para o crescimento dos negócios era fazer com que seus clientes identificassem outras pessoas que tinham dinheiro e, em seguida, fazer com que eles apresentassem essas pessoas a ele. "Você tem que estar disposto a pedir", diz John, "e eu peço o tempo todo, porque acredito que ofereço algo especial e farei um ótimo trabalho para qualquer pessoa que nos indique.". John acredita que nunca é demais pedir indicações a seus clientes, e parte dessa estratégia é informar a eles que você está pronto para aceitar novos clientes. John pede indicações a seus clientes dizendo: "Sempre gostei de trabalhar com o senhor e sua esposa e, se souberem de mais alguém como vocês que eu possa ajudar profissionalmente, agradeceria se pensassem em mim. Estou sempre à procura de novos clientes como vocês. Alguém lhes vem à mente neste momento?".

Anne também tem sido agressiva ao pedir indicações desde o início da carreira. "Peço indicações a todos os clientes que tenho. Sou muito específica, fornecendo a eles uma lista específica de pessoas", diz ela. "Pergunto se eles conhecem alguém da lista e, se conhecerem, pergunto se podem ligar para eles por mim e incentivá-los a aceitar minha ligação." Ela criava sua lista perguntando a seus clientes quem ela deveria conhecer em seu setor.

Greg quer saber o máximo possível sobre seus clientes, incluindo as instituições de caridade para as quais eles doam dinheiro, os conselhos dos quais fazem parte e com quem eles sabem que ele deveria conversar. Ele pede referências ativamente se achar que o cliente é uma pessoa do "tipo que dá referência". Greg é muito direto em sua abordagem de indicação com os clientes e acredita que o cliente certo ficará feliz em ajudar – na verdade, ele gosta disso. Por exemplo, quando Greg descobre que um cliente faz parte do conselho de uma empresa e que ele estará na área, ele identifica outro prospect que também faz parte do mesmo conselho e pergunta ao cliente se pode usar o nome dele como apresentação, ou pede ao cliente que ligue para o prospect e informe à pessoa que ele telefonará.

Rob compartilhou que 70% de seus melhores clientes vieram de indicações. A maioria deles veio pelo fato de a fonte de referência estar ciente da experiência de Rob na solução de um problema específico. Os clientes de Rob ficam felizes em indicar clientes porque ele trabalha duro para garantir que seus clientes sejam "fãs alucinados".

William estima que quatro de seus dez principais clientes vieram de indicações. Ele acredita que é preciso ter uma mentalidade de indicação ao falar com seus clientes atuais. Para ele, isso significa que, quando as pessoas lhe agradecem por um bom trabalho, em vez de dizer "De nada", ele responde: "Agradeço suas palavras gentis, mas você deve entender que, se eu não fizer um trabalho de qualidade para você, você não falará de mim para seus amigos e colegas de trabalho, e é assim que meu negócio cresce". William identifica um colega de trabalho ou um vizinho de um de seus clientes abastados e usa a seguinte tática de indicação:

> "Percebi que seu vizinho/colega de trabalho está na minha lista de marketing. Vou entrar em contato com ele para falar sobre suas necessidades de planejamento financeiro e gostaria de saber se posso compartilhar com ele que trabalhamos juntos, desde que eu não revele nada confidencial sobre nosso relacionamento."

IMPLEMENTAÇÃO DO PROCESSO DE INDICAÇÃO DE CLIENTES

A etapa mais importante no desenvolvimento de uma estratégia de indicação de clientes é organizar-se para poder oferecer a todos os clientes significativos a oportunidade de indicar alguém de quem eles gostam para você pelo menos uma vez por ano. Observe que uso a palavra "oferecer", não "pedir". Se você não tiver confiança e orgulho de como pode ajudar os clientes a atingir suas metas financeiras, nunca terá um negócio bem-sucedido. Se você tem orgulho do seu trabalho, deve se sentir à vontade para *oferecer* aos seus clientes a oportunidade de ajudar qualquer pessoa de quem eles gostem, apresentando-a a você. Essa tática está diretamente ligada à mentalidade de confiança dos melhores consultores. Quando estava entrevistando os melhores consultores para este livro, depois de conversar com cada um deles, senti-me compelido a transferir todo o meu dinheiro para eles, porque estavam muito confiantes em sua capacidade de gerenciar investimentos. Você precisa exalar esse nível de confiança para desenvolver uma abordagem eficaz de indicação.

Com muita frequência, os consultores presumem que pedir uma indicação os vincula à profissão de vendedor. Se você se envolver em uma verdadeira gestão de patrimônio, estará em uma posição de ajudar as pessoas financeiramente e deve se orgulhar de fazer isso. Livros inteiros foram escritos sobre táticas para pedir indicações. Acredito que as táticas de fato são muito menos importantes do que ter a mentalidade correta de consultor de alto nível. Em outras palavras, o que você diz é, na verdade, menos importante do que sua confiança e sua disposição de seguir o processo de fazer isso com todos os clientes todos os anos.

Acho que é apropriado pedir referências a seus clientes pelo menos uma vez por ano: é frequente o bastante, mas de forma alguma em demasia. Se um cliente permanecer com um consultor durante todo o ano, é uma boa indicação de que ele está satisfeito e, na maioria dos casos, ficará feliz em ajudar.

Depois de ter passado mais de 25 anos como consultor financeiro e gerente de outros consultores financeiros, de ter participado de inúmeras sessões de treinamento de indicação e de ter observado alguns dos melhores do ramo, desenvolvi o seguinte processo de indicação em oito etapas:

Etapa 1. Peça uma indicação no final de uma sessão de planejamento trimestral ou anual (conversando pessoalmente, para obter melhores resultados). A razão é que uma grande quantidade de boa vontade é criada quando se investe tempo com um cliente, revisando o plano desenvolvido, colocando o desempenho na perspectiva correta e estabelecendo uma conexão pessoal. Isso é verdade mesmo em "mercados em baixa", pois os clientes apreciam o investimento de seu tempo com eles. Essa sessão trimestral ou anual prepara o cenário certo para a "oferta de ajuda".

Etapa 2. Elabore uma pauta para a revisão e, no final da pauta, inclua a oferta de indicação. Ela pode ser descrita como "proposta de valor" ou "oferta para ajudar" ou simplesmente "indicações". Se ela estiver incluída na pauta, você não poderá ignorá-la. Esse método o força a abordar o assunto com todos os clientes importantes.

Etapa 3. Ofereça, não peça. Você é um profissional financeiro, não um vendedor, e, quando faz um bom trabalho, deve deixar transparecer seu orgulho. Seja um missionário financeiro.

Etapa 4. Seja específico sobre quem você pode ajudar. Os clientes têm uma probabilidade muito maior de pensar em alguém se forem fornecidas categorias de pessoas. Assim, eles poderão pensar em termos específicos, e não em generalidades, quando se lembrarem dos nomes. Pergunte sobre pessoas que estão passando por uma mudança de circunstância na vida (por exemplo, divórcio, promoção, mudança de residência, aposentadoria, herança, morte de um cônjuge).

Etapa 5. Peça ao cliente para ligar para a pessoa com antecedência para informá-la de que você ligará na próxima semana. Você pode sugerir que diga algo assim: "Sinto que meu consultor fez um bom trabalho para mim e sugeri que ele entrasse em contato com você. Ele gostaria de se apresentar e compartilhar sua abordagem, da qual me beneficiei". Ligue para a pessoa indicada na semana seguinte, como disse ao cliente que faria, independentemente de o cliente ter ou não entrado em contato com a pessoa. É razoável fazer referência à conversa em que o seu cliente recomendou que você ligasse para o prospect.

Etapa 6. Se o seu cliente lhe der uma indicação, continue perguntando se mais alguém lhe vem à mente. Você ficará surpreso com a quantidade de nomes que um único cliente pode fornecer.

Etapa 7. Se o cliente não conseguir pensar em ninguém, organize eventos futuros para o cliente como outra oportunidade para que ele lhe dê referências.

Etapa 8 (opcional). Faça uma pesquisa prévia e, se necessário, sugira o nome de uma pessoa afluente que seu cliente tenha grande probabilidade de conhecer.

A seguir, um exemplo de um roteiro anual de indicação de clientes "para oferecer ajuda":

> "Sra. C, espero que se sinta tão bem quanto eu em relação ao nosso processo de investimento e relacionamento. Sei que há muitos investidores que – se conhecessem nossa abordagem e a forma como trabalhamos com nossos clientes – gostariam que nós os ajudássemos. Nosso desafio é que não sabemos quem são essas pessoas. Há alguém que você conheça que poderia se beneficiar ao trabalhar conosco? Especificamente, trabalhamos melhor com investidores que tenham ativos investíveis de [indique o mínimo] e que estejam passando por uma mudança de circunstância na vida – como alguém que tenha se aposentado recentemente, sido promovido, mudado de cidade, vendido um negócio, passado por um divórcio ou perdido um cônjuge. Alguém nessas circunstâncias vem à sua mente?
>
> *[O cliente diz: Sim, posso pensar em uma pessoa.]*
>
> "Obrigado, você poderia avisar essa pessoa com antecedência que entrarei em contato com ela na próxima semana para me apresentar e dizer que trabalhamos juntos, tudo bem? Alguém mais lhe vem à mente?"
>
> *[Cliente: Não, não consigo pensar em ninguém.]*
>
> "Obrigado por ter pensado nisso. Gostaria de informá-lo que, no próximo ano, organizarei alguns eventos para meus melhores clientes, como você. Tenho dois objetivos: um como agradecimento ao cliente e o outro para dar a meus clientes a oportunidade de convidar alguém que gostaria de participar do evento, que eu deveria conhecer e que poderia ajudar."

Rede de indicação profissional

Uma indicação de outros profissionais de confiança (não de consultores financeiros) é a principal maneira pela qual os milionários encontram seus consultores financeiros. Isso está de acordo com a pesquisa de mercado realizada por Russ Alan Prince em *Cultivating the Middle-Class Millionaire* (Cultivando o milionário de classe média) e Thomas Stanley em *O milionário mora ao lado*. Entretanto, quando Prince pesquisou consultores financeiros, descobriu que as indicações profissionais representavam apenas 30% de seus novos clientes, enquanto as indicações de clientes representavam a maioria. Parece haver uma desconexão entre a forma como os milionários escolhem seus consultores e como os consultores adquirem seus clientes milionários. Isso mostra que a maioria dos consultores não reconhece totalmente a oportunidade de marketing de desenvolver uma rede de indicações profissionais. O Capítulo 7 abordará em detalhes as etapas de implementação para o desenvolvimento de uma rede de indicações profissionais.

Marketing de nicho e *warm calling*

O marketing de nicho ocorre em uma especialização. A pergunta que todos os investidores afluentes fazem é: "Por que devo fazer negócios com você?". E o consultor deve ser capaz de responder: "Porque sou especializado em trabalhar com pessoas como você". Todos os investidores ricos acreditam que têm necessidades financeiras exclusivas e preferem trabalhar com alguém que seja especialista, em vez de um generalista que trabalhe com todo mundo.

Se um consultor financeiro tiver como alvo um novo prospect e essa pessoa estiver remota ou tangencialmente conectada a ele por meio de sua especialização e/ou pesquisa avançada, isso não deve ser considerado um *cold calling*. Em vez disso, esse marketing é chamado de *warm calling*. O *warm calling* difere do chamado *cold calling* porque, embora você esteja visando pessoas com as quais não tem nenhum relacionamento no momento, fez uma pesquisa prévia sobre o prospect, pode fornecer referências e está ligando como um *insider*, em vez de um *outsider*. O *warm calling* faz parte do networking direcionado em um campo especializado. Tanto Ross quanto Anne dominaram o *warm calling* em nichos de mercado e estão comprometidos com essa estratégia.

ROSS FAZ *WARM CALLING* PARA CEOS

O nicho de mercado de Ross é "dinheiro em movimento", referindo-se a executivos e proprietários de empresas. Um dos motivos pelos quais ele decidiu se concentrar neles foi o fato de serem relativamente fáceis de encontrar: é relativamente fácil obter informações sobre um executivo sênior de uma empresa de capital aberto na internet. Seu processo de marketing de nicho envolve *warm calling* para o contato inicial.

O sócio de Ross faz uma triagem de alto nível dos executivos antes de eles serem contatados, descobrindo o máximo possível antes da ligação inicial. A equipe tem como alvo executivos que acreditam ter pelo menos US$ 1 milhão em ativos investíveis. Eles desenvolveram uma lista de quinhentos a seiscentos executivos qualificados de empresas públicas e empresas privadas bem-sucedidas, muitos dos quais podem ser oportunidades de IPO. Em relação às pré-IPOs, suas melhores fontes para identificar empresas prontas para potencialmente abrir o capital são o banco de dados EDGAR, a Securities and Exchange Commission (www.sec.gov) e o site IPO.com. Eles procuram por registros S-1 (registros iniciais). Também examinam os jornais locais para identificar oportunidades de dinheiro em movimento.

Em média, 10% de suas chamadas de prospecção resultam em reuniões. Se eles conseguem uma reunião, geralmente têm uma grande probabilidade de converter o prospect em um cliente de fato. Eles descobriram que a melhor maneira de entrar em contato com esses executivos é ligar no início da manhã (antes das 8h) ou no final da tarde (depois das 17h), para evitar seus "filtros" (também conhecidos como secretárias ou assistentes).

O objetivo da primeira reunião é coletar informações, criar um relacionamento, identificar os "pontos críticos" e compartilhar brevemente sua experiência. Veja a seguir um exemplo de roteiro para um *warm calling* inicial:

> "Meu nome é Ross e trabalho na XYZ Financial. Vou ser breve. Sou especializado em trabalhar com executivos corporativos de empresas públicas locais. Sei que você é o diretor de operações e tem sido uma parte importante do sucesso recente da empresa – parabéns. Especificamente, minha especialidade é fornecer a executivos seniores bem-sucedidos como o senhor estratégias de liquidez, hedging, ações concentradas e minimização de impostos. Tenho certeza de que posso agregar valor à sua situação atual de investimento. Você estaria disponível para uma breve reunião de apresentação?"

Ross dá um exemplo de como sua equipe abordou uma empresa local que tinha acabado de ser vendida. Eles localizaram essa oportunidade de "dinheiro em movimento" no jornal local. A primeira etapa foi encontrar o endereço de e-mail do proprietário e enviar-lhe a seguinte mensagem para fazer uma apresentação:

> "Sr. B, li com grande interesse que o senhor vendeu sua empresa para a ABC Inc. Li que você começou o negócio há dez anos com uma instalação e agora tem dezenas. Essa é uma conquista fantástica. Parabéns. Eu administro um escritório de alto patrimônio líquido para a XYZ Financial aqui na cidade. Nossa equipe tem uma experiência combinada de ____ anos. Somos especializados em trabalhar com empreendedores bem-sucedidos como você. Gostaria de convidá-lo para

> tomar um café ou almoçar e ver como poderemos trabalhar juntos no futuro."

No final do e-mail, Ross coloca um link para o site de sua equipe, para que o destinatário possa ver sua equipe, sua experiência e seu histórico. Em seguida, Ross segue o e-mail com uma chamada telefônica, usando este roteiro:

> "Sr. B, aqui é Ross, da XYZ Financial, e lhe enviei um e-mail outro dia. Só queria lhe dizer novamente como estou impressionado com sua história. Não sei nada sobre o senhor além do que li no jornal, mas lido com muitas pessoas bem-sucedidas; na verdade, gosto muito de trabalhar com pessoas que se fizeram sozinhas. Posso lhe oferecer uma xícara de café como uma oportunidade de aprender mais sobre você e compartilhar o processo que usamos para trabalhar com pessoas bem-sucedidas como você?"

E se a pessoa perguntar qual é o propósito, Ross tem uma resposta pronta:

> "O objetivo é que você e eu nos conheçamos melhor. Gostaria de saber mais sobre você e compartilhar nossas capacidades em relação à sua situação. Gostaria de ter a oportunidade de conquistar seu negócio. Vamos organizar nossas agendas. O que funciona para você?"

ANNE FAZ CONTATOS QUENTES PARA EXECUTIVOS BEM-SUCEDIDOS

Anne envia uma carta de apresentação antes de suas ligações e sempre pesquisa a pessoa antes de contatá-la, para que possa fazer referência ao histórico dela no contato inicial. Apesar de seu sucesso atual como consultora de primeira linha, Anne continua a fazer contatos quentes todas as sextas-feiras. Ela calcula que faz 25 ligações às sextas-feiras e alcança um ou dois novos prospects. Ela foi informada de que é muito persistente: para ela, "não" significa "me ligue de volta em seis meses". Certa vez, um prospect que ela contatou lhe disse: "Confie em mim; você não me quer como cliente". De acordo com Anne, "respondi dizendo: 'Confie em mim, você precisa se encontrar comigo e aqui está o motivo'. Então ele se reuniu comigo e agora é um cliente de US$ 35 milhões".

A estratégia de Anne em uma chamada quente é sugerir que o consultor atual do prospect pode não ter o nível certo de especialização. O diálogo que funciona melhor para ela é o seguinte:

> "Sr./Sra. Executivo: aqui é a Anne e sou consultora de patrimônio privado. Sou especializada em trabalhar com executivos seniores como o senhor e tenho um extenso histórico de planejamento e de escritório familiar. Gostaria de incentivá-lo a considerar a possibilidade de trabalhar com alguém que tenha a experiência e o nível de sofisticação adequados para você. Gostaria de ter a oportunidade de me reunir com você para saber mais sobre sua situação e compartilhar com você minha experiência e por que estou qualificada para ajudá-lo."

Se Anne receber a objeção "Estou lidando com outra pessoa no momento", ela responderá rapidamente: "Eu esperava que você estivesse, mas, se me permitir, gostaria de lhe enviar por e-mail algumas perguntas para fazer ao seu consultor e, na próxima semana, ligarei para você e darei minhas respostas às mesmas perguntas. Você pode comparar as respostas e determinar se faz sentido nos encontrarmos".

Dependendo da pessoa com quem está falando, ela escolhe cinco ou seis das seguintes perguntas para o prospect fazer sobre seu consultor atual:

- Como eles protegeriam sua exposição a uma posição concentrada?
- Como eles descreveriam uma estratégia de *collar* relacionada a uma posição concentrada?
- Qual é a melhor estratégia fiscal a ser empregada em relação ao exercício de opções de ações?
- Como eles usariam a "estratégia de pré-pagamento a termo" para proteger sua posição em ações?
- Qual é a estratégia de valorização líquida não realizada relacionada às ações de sua empresa em seu plano 401(k)?
- Quais são as estratégias fiscais e de planejamento da próxima geração (GRAT, família e trustes CRT)?
- E quanto ao valor dos investimentos alternativos em relação ao desempenho geral do investimento?
- E quanto ao valor dos planos de negociação 10b5-1?
- Qual é a aplicabilidade dos trustes irrevogáveis de seguro de vida (ILITs)?
- E quanto aos fundos cambiais como estratégia fiscal para posições concentradas?

NETWORKING EM UM NICHO

Essa tática de marketing aproveita a experiência do consultor ao oferecer exposição a investidores afluentes no campo do nicho. A estratégia é que os consultores mergulhem na área, envolvendo-se nas organizações pertinentes, lendo publicações aplicáveis e interagindo com prospects. Essencialmente, trata-se de se tornar um *insider*.

Rob é um exemplo perfeito de como um consultor trabalha em rede em um nicho de mercado e o faz com resultados impressionantes. Rob está ativamente envolvido em uma organização sem fins lucrativos de empreendedores. O nome da organização é TIE, um acrônimo para The IndUS Entrepreneurs (Empreendedores Industriais dos EUA). Rob assumiu um papel de liderança e mentoria na organização nacional e acabou abrindo uma seção local em seu mercado. Assim, passou a conviver com empreendedores que estavam construindo e vendendo empresas com sucesso.

Os membros da TIE em grandes empresas de tecnologia, como a Bell Labs ou a Motorola, participavam das reuniões mensais, nas quais eram incentivados a abrir suas próprias empresas. Os membros empreendedores bem-sucedidos os orientavam e os apresentavam a capitalistas de risco ou banqueiros de investimento e advogados de fusões e aquisições. Rob oferecia orientação a esses aspirantes a empreendedores e, no processo, construía relacionamentos com eles. Ele expandiu ainda mais sua função de liderança ao iniciar uma seção local da TIE em sua cidade, o que levou mais de doze meses e muito tempo e esforço para ser lançado. Rob desenvolveu um relacionamento próximo com os executivos seniores da organização da TIE, incluindo o presidente, que acabou se tornando um cliente. Ele ligava para outros membros da organização de quem achava que poderia obter negócios em potencial e fornecia referências de outros membros da TIE que eram seus clientes, o que era uma afirmação positiva para seus prospects. Ele nunca relutou em ser proativo no que se refere a buscar negócios com pessoas da organização.

Rob havia desenvolvido um conhecimento especializado em ações concentradas e estratégias de hedge, de modo que seu ponto forte era exatamente o que os empreendedores precisavam. Como resultado de sua rede de contatos, Rob desenvolveu clientes em escala nacional e levou seu negócio de US$ 2 milhões para US$ 5 milhões de faturamento.

IMPLEMENTAÇÃO DO MARKETING DE NICHO

A primeira etapa para integrar essa técnica é identificar o mercado. Fazer uma análise das ocupações de seus clientes deve lhe dar uma boa noção de seu mercado natural; geralmente uma ocupação se destaca como predominante. A próxima etapa é mergulhar nesse nicho, descobrindo quais associações nacionais e locais estão afiliadas ao seu nicho de mercado e filiando-se a elas. Identificar e assinar todos os periódicos, boletins informativos e revistas que fazem parte do seu nicho de mercado é outra etapa importante. Também recomendo a leitura dos livros disponíveis sobre seu nicho de mercado. Muitas empresas oferecem recursos e especialistas em determinada área; você deve aproveitar esses recursos internos e fazer disso uma parte do processo de educação continuada. Entrevistar seus melhores clientes é outra excelente maneira de aumentar sua experiência. Seus clientes lhe dirão quais materiais relacionados ao setor eles leem e a quais associações pertencem, bem como os centros de influência do setor. Ligue e peça a esses centros de influência que marquem uma entrevista com você para que possa saber mais sobre o setor deles. A seguir, um exemplo de como você pode abordar uma pessoa que seja um centro de influência em seu nicho de mercado:

> "Sr./Sra. Centro de Influência, aqui é Joe Smith, da XYZ Financial. Uma de minhas melhores clientes, a Sra. Jones, me disse que o senhor era um líder em seu setor. Sou especializado em trabalhar com empresários bem-sucedidos como o senhor e estou sempre trabalhando para aumentar minha experiência e conhecimento do seu setor. Eu esperava que você concordasse em se encontrar comigo e permitir que eu o entrevistasse para obter mais conhecimento sobre o seu setor. Há algum horário na próxima semana que seja conveniente para você se encontrar comigo?"

Há duas outras lições de princípios de sucesso que se aplicam diretamente ao marketing de nicho: *especialização* (consulte o Capítulo 4) e *desenvolvimento profissional* (Capítulo 3). O processo de desenvolvimento de um alto nível de especialização é um processo em evolução, mas nunca deve terminar. Quanto mais alto for o seu nível de especialização, mais difícil será para os outros competirem com você.

Uma vez identificados os nichos de mercado e iniciado o processo de desenvolvimento de um nível de especialização, a próxima etapa é criar uma lista de prospects a serem contatados. Há tantas informações disponíveis na internet que essa etapa não deve ser difícil. Por exemplo, se sua área for proprietários de empresas, você poderá pesquisá-los por setor e tamanho da empresa. As revistas de negócios e os periódicos do setor fornecem uma grande quantidade de informações. Também recomendo desenvolver um conselho de diretores entre seus clientes que estejam em seu nicho, conforme mencionado no Capítulo 4.

Depois que uma lista de nomes qualificados for desenvolvida, certifique-se de ter pesquisado cada nome da lista (ter algumas informações sobre eles antes do contato inicial). O objetivo é nunca fazer *cold calling* – todos os contatos devem ser já "aquecidos". Desenvolva seu nível de especialização, apresente-se como alguém do setor, tenha algumas referências que possa usar e saiba algo sobre o prospect antes de entrar em contato com ele. Não se trata de um *cold calling* aleatório se você tiver feito sua pesquisa com antecedência e for um especialista na pessoa para quem está ligando – há uma grande diferença.

O roteiro a seguir é um exemplo de um *warm calling* de nicho de mercado:

> "Sr. P, meu nome é Jan Jones e sou consultor financeiro da XYZ Financial. O motivo da minha ligação é que construí meu negócio trabalhando com empresários bem-sucedidos como o senhor. Comprometi-me a desenvolver um alto nível de especialização na identificação e solução de problemas financeiros que a maioria dos proprietários de empresas enfrenta. Sei que o senhor foi reconhecido como um líder do setor; na verdade, um dos meus clientes empresários, Ed Smith, sugeriu que eu entrasse em contato. Acredito que temos muito em comum e gostaria de ter a oportunidade de me reunir com o senhor e saber mais sobre sua situação, compartilhar meu histórico no setor e discutir como posso melhorar os resultados

de sua empresa. Terei prazer em me reunir em um local e horário convenientes para o senhor. O que seria melhor?"

Marketing de eventos

A técnica de marketing de eventos permite que você tome medidas proativas para recompensar seus clientes fiéis ou sua rede de indicações profissionais e, ao mesmo tempo, descobrir novos prospects.

Nem todos os nossos principais consultores usaram o marketing de eventos de clientes, mas a maioria o fez, e os que o fizeram o consideraram muito eficaz. A chave por trás dessa técnica de marketing é ajudar os clientes a ajudarem seus consultores. Conforme indicado pela pesquisa de Russ Alan Prince com milionários, a maioria dos clientes "leais" está disposta a indicar seu consultor, mas nem sempre sabe quem indicar. A técnica de marketing de eventos oferece um local em que os clientes fiéis podem facilmente apresentar prospects ao seu consultor.

Conforme descrito no Capítulo 5, John gosta de locais menores para o marketing de eventos e organiza jantares agradáveis em sua casa para uma combinação de clientes, amigos e prospects. Mas John também convida todos os seus clientes importantes para um evento anual de agradecimento ao cliente. O evento é realizado em seu clube de campo, com um jantar tipo bufê, open bar e um palestrante de alto nível como entretenimento. Todos os clientes são incentivados a convidar alguém que eles acham que John deveria conhecer. Assim, o prospect pode ver em primeira mão como John trata bem seus clientes e tem a oportunidade de conhecê-lo de uma forma não ameaçadora, interessante e pessoal.

William frequentemente organiza "eventos de atualização de mercado", nos quais recomenda estratégias de investimento para o ambiente atual do mercado. Ele passa algum tempo instruindo os clientes sobre as condições atuais do mercado e os temas que acredita fazerem mais sentido. William usa essas atualizações de mercado como uma oportunidade de agradecer aos clientes por seus negócios e permite que eles tragam seus amigos. Ele envia a seus clientes convites que dizem: "Reservamos dez assentos especificamente para indicações de clientes. Por favor, informe-nos se tiver um amigo, colega de trabalho ou vizinho que possa se beneficiar de nossos serviços, e faremos todo o possível para acomodá-lo". Nessas duas frases, William deixou claro que está buscando indicações e deu a seus clientes uma ideia de quem convidar. No evento, ele cumprimenta os prospects da seguinte forma: "É um prazer conhecê-lo; estamos felizes que tenha vindo com seu primo [o cliente]. Se pudermos obter seu nome e informações de contato, temos um pacote de acompanhamento que gostaríamos de lhe enviar". William sempre dá continuidade ao pacote que enviou com um convite para uma reunião inicial, introdutória ou de descoberta de cortesia.

William organiza esses eventos para clientes uma vez por trimestre, e, normalmente, entre trinta e cem pessoas comparecem. Certa vez, ele alugou o zoológico local e recebeu 150 clientes e prospects. De acordo com William, "uma pessoa da nossa equipe ficou na frente do zoológico, direcionando as pessoas para o bonde que as levava ao Pavilhão Africano, e, quando elas saíam do bonde, tirávamos uma foto delas. Eles ficaram livres para passear pelas exposições africanas. Após o jantar, fizemos nosso discurso de atualização de investimentos e tínhamos tochas tiki ao redor do pódio. As mesas foram arrumadas com tecido com estampa zebrada, e animais de pelúcia foram os centros de mesa. Um CD de música tribal africana tocou durante a noite; até cobrimos o pavilhão com mosquiteiros. Fizemos nossa apresentação, e todos se divertiram muito. Uma semana depois, enviamos um cartão a todos os clientes e prospects que compareceram com a foto que foi tirada".

Ross mantém seus eventos pequenos e simples. "Se eu puder levar um cara para pescar e ter um bom dia, ele será meu para sempre", diz ele. "Eu criei uma diferenciação desde o início. Tiro fotos do dia e as envio para o cliente e para os prospects depois, para que eles possam se lembrar de como se divertiram."

IMPLEMENTAÇÃO DE EVENTOS DE MARKETING

Embora as pesquisas do setor indiquem claramente que uma porcentagem muito alta (70%) de clientes afluentes leais está disposta a dar indicações para seu consultor principal, essa disposição e o ato real de fornecer a indicação são muitas vezes diferentes. Seus clientes podem concordar em fornecer uma indicação, mas, quando chegar a hora, eles lhe dirão que "não têm ninguém em mente no momento". É aí que reside o desafio, e é aí que a técnica de marketing de eventos foi criada para ajudar os clientes a ajudarem você. Se você oferecer um local não ameaçador para que os clientes façam apresentações, é mais provável que eles convidem alguém para que vocês se encontrem. Aqui está meu método de cinco etapas para organizar eventos para clientes:

> *Etapa 1.* Determine o local e a frequência dos eventos com clientes. O ideal é que seja mensal, se possível, especialmente se você estiver apenas começando. Planeje seu evento com base em oportunidades educacionais e interesses externos. Os eventos educacionais (Sessões de Estratégia de Investimento) têm como objetivo apresentar atualizações do mercado, nas quais você fornece suas melhores ideias sobre o ambiente financeiro atual e que tipo de investimentos você acredita que funcionam melhor (por exemplo, renda fixa ou ações, e, se forem ações, quais tipos – large cap, small cap, value growth ou internacional). Ao mesmo tempo, você pode revisar seu processo de gestão de patrimônio. Os eventos de interesse externo são determinados pelos interesses de seus clientes: passeios de golfe ou pesca, visitas a museus, apresentações de artes cênicas, degustações de vinho, aulas de culinária

e eventos esportivos são bons exemplos. O marketing de eventos é mais eficaz se os eventos forem menores, embora um grande evento ocasional também possa funcionar bem.

Etapa 2. Convide seus clientes com o forte incentivo de trazer um convidado. É apropriado sugerir alguém que você gostaria de conhecer e que seu cliente conheça. Assegure a seus clientes que o foco do evento é fazer uma apresentação e nada mais. Seus clientes se sentirão mais à vontade quando entenderem que você não está pressionando seus convidados para fazer negócios. Convide suas fontes de indicação profissional sozinhas ou com um de seus clientes, alguém que eles gostariam de apresentar a você. Inclua convites para os prospects em seu pipeline.

Etapa 3. Durante o evento em si, certifique-se de interagir e iniciar o processo de desenvolvimento de relacionamento com os convidados de seus clientes e com os prospects existentes. Não se trata de captar o cliente; trata-se do processo de construção de relacionamentos. Se for o caso, convide-os para outro evento divertido ou inicie o processo de transição do relacionamento pessoal para o comercial, convidando-os para suas próximas sessões de estratégia educacional.

Etapa 4. Inicie o processo de acompanhamento ao final da sessão de estratégia de investimento sugerindo que você gostaria que seus convidados aceitassem um contato posterior para saber mais sobre seu processo de gestão de patrimônio.

Etapa 5. O contato de acompanhamento deve ser feito o mais rápido possível após o evento e deve incluir um agradecimento pela participação. Também pode incluir outro convite para sua próxima atualização educacional sobre o mercado ou um convite para uma reunião de descoberta de cortesia (na qual você pode saber mais sobre as circunstâncias do cliente e compartilhar seu processo de gestão de patrimônio em mais detalhes, para ver se há possibilidade de trabalharem juntos).

Marketing para o lugar certo, com as pessoas certas

Nossos melhores consultores se certificam de se colocarem em posição de conhecer pessoas afluentes, construir relacionamentos e, com o tempo, transformar muitos desses relacionamentos em negócios. Essa é a técnica de marketing mais poderosa de todas, mas também pode ser a mais desafiadora, devido à sua orientação de longo prazo. Ao longo deste livro, compartilho algumas das maneiras pelas quais nossos melhores consultores se colocam no "lugar certo". Em particular, o Capítulo 8 destaca o princípio de sucesso do envolvimento em organizações sem fins lucrativos como uma estratégia fundamental na implementação dessa técnica de marketing.

Não é difícil encontrar as pessoas certas no lugar certo; mas a "arte" está em fazer a transição do seu relacionamento com pessoas afluentes de um contato pessoal para um compromisso comercial. Ao longo dos anos, os consultores têm me perguntado como fazer "marketing social". Basicamente, eles estão procurando uma boa frase para usar durante uma ocasião social para passar da diversão para os negócios. Minha resposta é que, a menos que um relacionamento já tenha sido construído, normalmente o "marketing social" não funciona. Se você usa essa técnica de marketing, precisa entender que ela funciona em três etapas. Você precisa encontrar as pessoas certas no lugar certo, desenvolver o relacionamento e, em seguida, fazer a transição de um relacionamento pessoal para um relacionamento comercial.

Sam implementa a técnica "lugar certo, com as pessoas certas" tão bem quanto qualquer um de nossos principais consultores. Sam descreve o processo da seguinte forma: "Você tem de estar perto de pessoas com dinheiro; não pode passar seu tempo conversando com as pessoas com quem trabalha ou com quem foi amigo na faculdade e que não está ganhando muito dinheiro. Você tem de se comprometer e mergulhar no convívio com pessoas com dinheiro", diz ele, acrescentando: "Não tenho tempo para gastar com pessoas que não sejam clientes ou prospects. Quando comecei no negócio, eu sabia que, assim que pudesse pagar, precisaria morar no lugar certo e entrar nos clubes certos. Passei os primeiros cinco anos fazendo *cold calling*, construindo um negócio bem-sucedido, para poder me dar ao luxo de conhecer pessoas ricas. Os ricos do meu mercado gostam de jogar golfe, gostam de pescar com mosca, então tive que me tornar bom nessas coisas. Alinhei minhas atividades fora do trabalho com minha necessidade de estar perto de pessoas com dinheiro. Tornei-me membro de um *country club* muito bom e me envolvi com pessoas ricas. O segredo é estar nos lugares certos com as pessoas certas e ser alguém que essas pessoas queiram ter por perto".

David acredita que sempre há um momento em cada relacionamento pessoal em que o assunto dos mercados e dos investimentos será abordado. Em sua experiência, as pessoas ricas têm muitos problemas e procuram as pessoas mais próximas e que respeitam em busca de soluções. As perguntas típicas com as quais ele se deparou incluem:

- Acabei de passar por um evento de liquidez (ou seja, vendi minha empresa). O que você acha que devo fazer?
- Estou pensando em vender minha empresa. Como devo proceder?
- Minha mãe faleceu, e tenho que resolver a questão do patrimônio dela. O que você acha?
- O que você acha dos mercados de títulos municipais? Os rendimentos estão baixos. Estou procurando alternativas. Você tem alguma opinião?
- O que você está dizendo aos seus clientes sobre os mercados atualmente? De que tipos de investimentos você gosta no momento?

David também acredita que, se essas oportunidades não aparecerem e você tiver desenvolvido um bom relacionamento com alguém, ainda é razoável sugerir uma reunião para discutir negócios. Ele não acredita que você coloque o relacionamento pessoal em risco, porque a pessoa sabe em que negócio você está envolvido. Nas palavras de David, "as pessoas querem fazer negócios com pessoas que conhecem, e a maioria quer fazer negócios com alguém com quem tem um relacionamento".

William também acha que, após um período de tempo, é perfeitamente apropriado sugerir uma reunião de negócios. Ele explica: "Se você chegar ao ponto em que já passou um tempo considerável com essas pessoas – e elas o conhecem e gostam de você, e veem sua ética de trabalho e que o que é importante para você é importante para elas –, então você pode fazer a seguinte declaração: 'Trabalhamos juntos ou nos conhecemos há algum tempo, mas nunca conversamos sobre o que eu faço profissionalmente, e eu gostaria de saber se, caso eu fosse ao seu escritório, o senhor poderia me dar trinta minutos. Gostaria de compartilhar com o senhor como eu poderia fazer uma diferença positiva em sua situação de investimento".

IMPLEMENTAÇÃO DO MARKETING DO LUGAR CERTO, COM AS PESSOAS CERTAS

Com base nas entrevistas de nossos principais consultores e em meus muitos anos de experiência, desenvolvi um processo tático de quatro etapas que permitirá que você execute com eficácia essa poderosa técnica de marketing. Esse processo fará com que essa técnica de marketing seja mais "ciência do que arte".

> *Etapa 1: Lugar certo.* Você deve se colocar em posição de exposição ao seu mercado-alvo. Essa etapa envolve uma combinação de diferentes ações: morar no bairro certo, mandar seus filhos para as escolas certas, pertencer aos clubes certos, envolver-se na comunidade e em organizações de serviços, tudo isso

contribui para conhecer as pessoas certas. Esse conselho pode parecer maquiavélico, mas, se você quiser empregar essa técnica de marketing, deverá encontrar todas as oportunidades de conhecer seus prospects como parte de seu estilo de vida. Trata-se também de um processo evolutivo. Como todos os consultores de primeira linha, você começa com o que pode pagar e continua a aumentar a escala à medida que seus negócios crescem. Para a maioria dos grandes consultores, há uma atualização quase inconsciente do estilo de vida à medida que eles se tornam mais bem-sucedidos.

Etapa 2: Desenvolvimento de relacionamentos pessoais. Identifique quais são as pessoas que você encontra nos lugares certos com as quais se conecta e, em seguida, inicie o processo de construção de relacionamentos com elas. A chave é ser proativo no processo de desenvolvimento de relacionamentos. Não fique esperando que os relacionamentos se desenvolvam por si mesmos. Faça coisas que você e seus prospects gostem de fazer juntos. Convide-os para jantar; convide-os para eventos esportivos, exposições de arte, filmes, visitas a museus; faça com que eles conheçam seu cônjuge e sua família – todas as atividades que aproximam as pessoas. Aproveite o processo ao longo do caminho. A maioria das pessoas bem-sucedidas são divertidas de se conviver, principalmente quando compartilham interesses comuns. Todos os principais consultores diriam que essa é a parte mais divertida de seus trabalhos e que eles gostam mais desse tipo de marketing.

Etapa 3: Poder das perguntas. Quando estiver desenvolvendo relacionamentos com afluentes prospects, reconheça o poder de ouvir e fazer perguntas. Discuta a profissão deles. Pergunte como as coisas estão indo profissionalmente. Pergunte sobre seus objetivos e planos de aposentadoria, seus filhos na faculdade e suas visões financeiras. Essas são algumas das perguntas naturais que surgem à medida que os relacionamentos pessoais estão sendo construídos. Compartilhe com eles suas opiniões sobre os mercados e estudos de caso apropriados (mantendo os nomes em sigilo), sobre como você ajuda as pessoas (nos momentos certos e conforme apropriado). O seu objetivo nesta etapa é descobrir mais sobre a situação deles e compartilhar sua experiência, sem vender.

Etapa 4: Transição para os negócios. Para transformar seus relacionamentos pessoais em uma reunião de negócios, você precisa ter uma "fala de transição" com a qual se sinta totalmente à vontade e que possa inserir na conversa quando o prospect lhe der a oportunidade. Essa oportunidade virá na forma de uma pergunta ou declaração relacionada a investimentos. Exemplos de perguntas desse tipo podem ser:

O que você acha do mercado atualmente?
O que você faz exatamente para a XYZ Financial?
Qual é a opinião da XYZ Financial sobre os mercados?

Você tem um objetivo nesse momento, que é conseguir uma reunião na qual os investimentos possam ser discutidos de forma profissional. Ter essas falas de transição preparadas com antecedência e prontas para serem usadas é a chave para uma progressão perfeita do pessoal para o empresarial.

A seguir, exemplos de falas de transição que se mostraram bem-sucedidas com nossos principais consultores:

Dana diz:

- "Se você estiver interessado em conversar conosco e ver o que realmente fazemos, eu ficaria muito feliz em tomar uma xícara de café com você."

- "Dê uma passada no escritório e veja o que fazemos, como administramos o escritório, ou conheça minha equipe."
- "Estou fazendo isso há algum tempo, mas não somos adequados para todos. Por que não almoçamos e conversamos sobre isso?"

Joseph diz:

- "Se eu puder ajudá-lo com sua situação de investimento, entre em contato comigo. Será uma grande honra para mim. Caso contrário, não perguntarei novamente."

David diz:

- "Nós nos conhecemos há algum tempo, e posso dizer que você tem experiência em investimentos. Gostaria de ter a oportunidade de conversar com você sobre como trabalhamos com nossos clientes e como podemos ajudá-lo. Você estaria aberto a um almoço?"

William diz:

- "Você sabe que trabalhamos juntos há três ou quatro anos na área de caridade. Gostaria de saber se você poderia tirar trinta minutos para eu explicar o que faço profissionalmente e ver se temos motivos para trabalharmos juntos."

Outras falas de transição dos melhores consultores:

- "Estou falando sério sobre o crescimento de meus negócios na comunidade, portanto, se você estiver pensando em fazer uma mudança ou quiser saber mais sobre nosso negócio, eu ficaria feliz em passar alguns minutos compartilhando com você como trabalhamos com nossos clientes."

- "Ofereço aos meus melhores clientes um e-mail periódico com nossas melhores considerações sobre os mercados. Gostaria que eu lhe enviasse esse e-mail?"
- "Tenho um evento de atualização de mercado sobre estratégia de investimento planejado para meus melhores clientes. Gostaria de tê-lo como meu convidado para ouvir em primeira mão o que estou aconselhando aos meus clientes neste momento. É um evento divertido e informal, e eu adoraria que você viesse."
- "Se quiser saber mais sobre nosso negócio e como trabalhamos com nossos clientes, terei prazer em convidá-lo para conhecer nossa equipe e compartilhar com você nosso processo de gestão de patrimônio."
- "Se quiser uma segunda opinião, terei prazer em compartilhar com você como trabalhamos com nossos clientes."

O processo de acompanhamento

Conseguir a primeira reunião de negócios com um prospect afluente é a prioridade, mas ter um bom processo de acompanhamento faz a diferença na conversão do prospect em um cliente de fato. Por exemplo, Ross acredita que quanto mais ele souber sobre seus prospects, mais eficaz será o acompanhamento. Ele e seu sócio enviam pesquisas que acreditam ser do interesse do prospect. Ele diz: "Outro dia, houve uma entrevista maravilhosa com Warren Buffett e nós a enviamos para nossos prospects e recebemos os melhores comentários". Seus e-mails para prospects também podem incluir uma caricatura política engraçada ou algo pessoal que possa interessar ao destinatário.

Mike descreve o processo de conversão de prospects em clientes da seguinte forma: "Trate seus prospects como você trataria um cliente de fato. Seja proativo, orientado para o serviço, e mantenha-se na frente deles. Envie a eles artigos relacionados a tópicos de interesse e ao mercado. Esteja disponível para responder perguntas; tome a iniciativa de discutir mudanças nos desenvolvimentos do setor e questões de planejamento patrimonial e fiduciário. O que você descobrirá é que está oferecendo serviços e recursos melhores do que os que eles estão recebendo de seu consultor atual. O momento em que o prospect chega a essa conclusão é quando ele está pronto para se tornar um cliente. Se você quiser que alguém se torne um cliente, trate-o como um cliente".

No caso de Anne, sua primeira reunião inclui uma apuração de fatos, e ela compartilha sua experiência sobre como pode ajudar o prospect. Na segunda reunião, ela entra com as declarações e, na terceira, apresenta uma proposta. Normalmente, ela tem uma alta taxa de fechamento na terceira reunião, mas, para os prospects que não se tornam clientes, ela é muito persistente. No início, entra em contato com eles uma vez por semana após a reunião; se eles não estiverem prontos para tomar a decisão de fazer uma mudança imediatamente, ela passa a fazer um acompanhamento mensal.

***

Todos os nossos principais consultores reconheceram que o marketing é a força vital desse negócio. Apesar de seu tempo de serviço, eles nunca param de fazer seu próprio marketing. Seus esforços de marketing e seu pipeline de prospects são os principais indicadores de seu sucesso futuro. O "segredo do sucesso" nesse negócio é colocar-se proativamente na frente de um número cada vez maior de investidores afluentes, construir relacionamentos com eles e fazer a transição desses relacionamentos para a realização de negócios. Se você está empenhado em desenvolver uma carreira de consultor de primeira linha, também deve estar comprometido com o marketing proativo.

LIÇÃO Nº 7

REDES DE REFERÊNCIA PROFISSIONAL

CONSTRUIR RELACIONAMENTOS com investidores ricos é a chave para o sucesso. Mas um segundo tipo de relacionamento que todos os nossos principais consultores incentivam é com seus "influenciadores" profissionais. Esses são os homens e mulheres que devem ser considerados fontes de referência para novos prospects. Os influenciadores incluem CPAs e advogados de planejamento imobiliário. O princípio da rede de referência profissional exige comprometimento, tempo, preparação e paciência, mas eu o recomendo fortemente para qualquer pessoa que almeje aumentar seu negócio e se tornar um consultor de primeira linha.

No livro *The Millionaire Mind,* Thomas Stanley indica que a principal maneira pela qual os milionários encontram consultores financeiros é por meio de outros consultores, especificamente seu contador público e seu advogado. Em *Cultivating the Middle-Class Millionaire,* Russ Alan Prince faz a mesma constatação: quanto mais ricos forem os investidores, maior a probabilidade de encontrarem seu consultor financeiro por meio de seu contador ou advogado.

O motivo pelo qual os investidores afluentes dependem tanto de seus outros consultores profissionais para fazer indicações é simples: confiança. Eles já conhecem seu contador ou advogado, portanto é lógico que confiem em seu julgamento ao recomendar um consultor financeiro. O método de indicação elimina grande parte do risco de uma decisão de alta consequência.

A fonte de indicação também tem a ganhar com a criação de um relacionamento de alta qualidade. Seu valor para o cliente e sua influência aumentam se ela puder recomendar um consultor financeiro que realmente faça um bom trabalho. Entretanto, também há um grande risco para ela se o consultor financeiro não fizer um bom trabalho para seus clientes. Devido a esses altos riscos, o influenciador procederá com cautela, certificando-se de ter um alto grau de confiança no consultor financeiro que está sendo recomendado.

Essa dinâmica é a essência da lição sobre a fonte de indicação profissional: você deve construir um relacionamento profissional e pessoal sólido com os influenciadores antes de fazer uma indicação. Os consultores financeiros devem se estabelecer como um recurso de valor agregado, principalmente instruindo o influenciador sobre os mercados financeiros no que se refere ao seu valor profissional para os clientes. É exatamente o mesmo conceito descrito no princípio de sucesso do relacionamento no Capítulo 5. Um relacionamento de confiança deve ser construído, e isso leva tempo. Ao se estabelecer como educador, agregar valor à carreira do influenciador e, ao mesmo tempo, construir um relacionamento pessoal, você estará preparando o terreno para que a fonte de indicação profissional recomende seus clientes a você.

O melhor de tudo é que, se uma fonte de referência profissional indicar um cliente para você, as chances de que essa pessoa se torne um novo cliente são muito altas. Normalmente, um influenciador só indicará clientes quando houver um problema ou necessidade de um consultor. É por isso que uma indicação profissional é o mais próximo possível de um "lay-up" nesse negócio.

Charles – um mestre do marketing de influência

Um dos principais consultores com quem trabalhei, Charles, era extraordinário em sua abordagem aos influenciadores profissionais. Ele criou uma carreira financeira extremamente bem-sucedida por meio de suas fontes de indicação. Em seu décimo ano, Charles estava fazendo mais de US$ 3 milhões em negócios, com US$ 500 milhões em ativos de clientes. Por meio de suas fontes de indicação, ele estava trazendo, em média, mais de US$ 50 milhões em novos ativos anualmente. Charles tinha um processo refinado de desenvolvimento de fontes de indicação que era o melhor que eu já havia visto – francamente, ainda melhor do que os métodos usados por outros consultores de primeira linha que eu havia entrevistado.

Charles começou nesse negócio sem um único contato. Ele não tinha nenhuma circunstância especial: tinha 26 anos de idade e nenhuma experiência anterior no mundo financeiro. No início, Charles reconheceu que, se quisesse ter sucesso na criação de uma rede de fontes de referência profissional, teria de ter muito conhecimento sobre os mercados financeiros. Ele queria ser um verdadeiro recurso para os profissionais com os quais construiria relacionamentos. Charles entendeu que, se agregasse valor aos negócios de sua rede de influenciadores, eles teriam confiança em sua capacidade de ajudar seus clientes e, por sua vez, forneceriam indicações. O desafio de Charles era o fato de ele não ter formação financeira, e logo percebeu que sabia ainda menos do que pensava. Ele descobriu que, na verdade, tinha dois empregos em tempo integral. Um deles era aprender sobre os mercados financeiros, e o outro era desenvolver sua carreira. Foi durante esse estágio de crescimento que Charles descobriu que, para ser bem-sucedido nesse negócio, precisava se comprometer a trabalhar mais do que nunca na vida.

Charles tornou-se um verdadeiro estudante dos mercados. Ele lia tudo o que podia a respeito, incluindo livros didáticos, periódicos de negócios, as pesquisas de sua empresa e tudo em que pudesse colocar as mãos e que pudesse acelerar sua curva de aprendizado. Charles fez seiscentos cartões de memorização com um termo financeiro na frente e a definição do termo no verso, e os estudava constantemente. Ele começou a reunir um grande conjunto de conhecimentos, conectando os pontos, aumentando sua confiança e montando apresentações maravilhosas.

No entanto, embora seu conhecimento financeiro estivesse crescendo, o desenvolvimento de seus negócios não estava indo tão bem. Depois de muito exame de consciência e autoavaliação, Charles sabia que estava enfatizando demais o fato de se tornar um "professor de finanças" e estava perdendo o lado relacional da fórmula. Ele estava tão ocupado apresentando e compartilhando seu conhecimento financeiro que não vinha encontrando oportunidade de criar laços e desenvolver relacionamento com sua rede de indicações profissionais e outros prospects. Charles tinha a capacidade de sentir empatia e realmente se importava com as pessoas, mas havia suprimido essa capacidade devido ao seu foco em adquirir e compartilhar seu conhecimento recém-adquirido.

Charles mudou sua abordagem e começou a combinar seu conhecimento de finanças com um novo foco no relacionamento, e seu sucesso nos negócios começou a melhorar. Um dia, ele tinha uma reunião com alguns prospects que tinham acabado de vender uma empresa e, como resultado, tinham "milhões" para investir. Mas Charles realmente não se importava com isso; ele estava cansado e emocionalmente esgotado após um longo dia de apresentações, vendas e "presença". Portanto, Charles adotou uma abordagem diferente com esse casal: ele explicou passivamente os mercados, a importância da alocação de ativos e do planejamento. Ele não estava tentando vender; estava simplesmente educando essas pessoas. Estava pegando os mercados financeiros complexos, desconhecidos e intimidadores e explicando-os em termos mais simples. Surpreendentemente, os prospects ficaram muito impressionados e decidiram fazer negócios com ele imediatamente. Charles finalmente havia passado de professor de finanças a vendedor e professor. Em sua mente, havia finalmente "decifrado o código". Se aplicasse seu trabalho árduo, conhecimento financeiro, empatia e ênfase no ensino e levasse essa poderosa combinação de habilidades para sua rede de indicações profissionais, sabia que teria muito sucesso.

Essa epifania levou Charles a desenvolver uma apresentação formal que explicava como funcionavam os mercados de capitais e seu processo de investimento. Ele conseguia apresentar esse material de uma maneira fácil de entender para seus clientes, prospects e fontes de indicação. Em relação ao desenvolvimento de relacionamentos com possíveis fontes de indicação profissional, ele começou pensando no que os consultores profissionais estariam mais interessados em saber sobre os mercados financeiros e como ele poderia fornecer esse conhecimento. Ele trabalhava com os profissionais da mesma forma que fazia com seus prospects e clientes: instruindo-os sobre os aspectos básicos, tornando esse complexo setor mais compreensível. Ele aprendeu rapidamente que esses profissionais acreditavam que deveriam saber mais sobre os mercados financeiros e que o fato de não saberem gerava ansiedade para eles. De acordo com Charles, "minhas fontes de referência profissionais sentem um senso de responsabilidade por algo que não é de sua competência principal". A reação de suas fontes de indicação profissional foi a mesma de seus clientes e prospects: elas gostaram de sua abordagem.

Em seguida, Charles desenvolveu uma biblioteca de artigos técnicos que continha informações financeiras e de investimento atuais e relevantes nas quais ele sabia que suas fontes de referência estariam interessadas. Ele coletou dados sobre o que acreditava que agregaria valor e seria interessante para os influenciadores em sua rede, incluindo os seguintes tópicos:

- Gerenciamento de títulos no contexto do imposto mínimo alternativo
- Os melhores investimentos para *charitable remainder trusts* (CRTs)
- A importância da simulação de Monte Carlo na determinação do fluxo de caixa para aposentados: o cálculo da probabilidade

de retornos de investimentos com base na forma como os ativos em uma carteira são alocados

- O valor dos retornos geométricos vs. aritméticos
- Como investir dinheiro para planejamento patrimonial
- Investimentos alternativos e suas implicações fiscais
- Teoria moderna de portfólio
- A importância da alocação de ativos e as ferramentas disponíveis para criar portfólios
- A importância do planejamento financeiro e os tipos de planos disponíveis
- Compreender o clima de investimento atual
- Como posicionar melhor os clientes se eles tiverem um evento de liquidez
- Oportunidades inovadoras de crédito/empréstimo
- Títulos municipais, corporativos e do tesouro, e quando utilizá-los da melhor forma
- Como ajudar mulheres recém-divorciadas a gerenciar seus gastos por meio da análise de Monte Carlo
- Estudos de caso sobre como ele ajudou clientes e como isso pode se aplicar ao cliente do influenciador

A missão de Charles era levar o mundo dos investimentos para sua rede de referência profissional de influenciadores e compartilhar como isso era relevante para eles e seus clientes. Charles mudou sua função de enciclopédia financeira, de vendedor para "professor". Descobriu-se que as oportunidades educacionais eram ilimitadas e estavam em constante mudança, de modo que haveria um suprimento infinito de informações de que suas fontes de referência precisavam. Nas palavras de Charles: "A qualquer momento, eu podia pensar em pelo menos seis novos conceitos educacionais relevantes que poderia compartilhar com minha rede". Os estudos de caso eram especialmente eficazes, porque davam às fontes de referência profissionais uma ideia de como Charles poderia ajudar seus clientes.

Marcando uma reunião

Quando começou a trabalhar no ramo, a primeira meta de Charles era conseguir um encontro pessoal com um influenciador. Charles ia a prédios comerciais e coletava cartões de visita de contadores e advogados. Ele ligava para esses profissionais e dizia: "Meu nome é Charles e trabalho para a XYZ Financial. Gostaria de ter a oportunidade de conhecê-lo, aprender sobre seu negócio e, possivelmente, estabelecer um relacionamento profissional". A declaração era honesta, direta e sem rodeios. Em pelo menos 50% das vezes, ele conseguia uma reunião. Ele estabeleceu o objetivo de marcar quatro reuniões por dia: café da manhã, meio da manhã, almoço e jantar.

Para a primeira reunião, ele tinha dois objetivos: criar um amigo e futuro defensor e se estabelecer como um recurso valioso para sua fonte de referência. Ele passava a maior parte da reunião se informando sobre a prática do influenciador, respondendo a perguntas e se posicionando. Em algum momento durante a primeira reunião, Charles também agendava uma segunda reunião, para que pudesse compartilhar sua abordagem de investimento.

Charles descobriu que os CPAs e advogados imobiliários achavam que todos os consultores financeiros eram iguais, e seu objetivo para a segunda reunião era se diferenciar de forma positiva. Ele fazia uma breve apresentação sobre seu processo de investimento e estabelecia o processo de educação e construção de relacionamento. Ele encerrava a segunda reunião dizendo o seguinte:

> "Você deve receber muitas pessoas como eu o tempo todo, querendo seus clientes, e essa não é minha intenção. Tenho recursos extraordinários que posso lhe oferecer e quero me tornar uma das flechas de sua aljava. Por meio desse processo,

> quero construir um relacionamento duradouro com você, baseado no respeito profissional mútuo. E, se eu puder convencê-lo no futuro, por meio do processo de realmente instruí-lo sobre o que faço, terei prazer em aceitar uma indicação sua. Acontece que voltarei aqui daqui a três semanas e gostaria de compartilhar com você algumas estratégias de imposto mínimo alternativo que acho que seriam úteis para o seu negócio. Podemos marcar uma breve reunião quando eu estiver de volta à região?"

Pelo menos uma vez por mês, Charles visitava cada um de seus influenciadores com a intenção de criar um vínculo pessoal mais estreito, fornecer informações e aumentar a confiança deles nele. Charles os convidava para eventos esportivos, almoços e jantares e fóruns educacionais trimestrais. Nos fóruns, ele abordava um tópico oportuno e relevante que ajudaria seus influenciadores a parecerem mais inteligentes, para que pudessem aconselhar melhor seus clientes. Em geral, ele fazia a apresentação, mas às vezes também convidava um "especialista externo" para participar do seminário. Charles nunca dependia de ligações telefônicas ou e-mails, a não ser para marcar reuniões de acompanhamento, que eram sempre feitas pessoalmente.

Uma abordagem de longo prazo

Não há atalho para criar um bom relacionamento com uma fonte de indicação profissional. Charles descobriu que, em geral, eram necessários dezoito meses de construção de relacionamento e educação de uma fonte de indicação antes que ele pudesse começar a esperar uma indicação. Em muitos casos, levava mais tempo, mas, quando a indicação chegava e o cliente ficava satisfeito, a taxa de indicações acelerava. Em alguns momentos, Charles estava recebendo três indicações por mês, e, às vezes, até mais.

Por meio de uma indicação de um influenciador, Charles acabou desenvolvendo contas com todos os executivos seniores de uma grande empresa de tecnologia. Como Charles conta a história: "Um dos cartões que recebi quando estava andando por prédios nos meus primeiros anos foi o cartão de uma advogada de direito familiar. Eu me encontrei com ela e desenvolvemos um bom relacionamento profissional. Seu marido era o CEO de uma pequena empresa de semicondutores que foi comprada por uma empresa de tecnologia maior e de capital aberto. Ele se tornou presidente de uma das divisões e me apresentou ao chefe de marketing de toda a empresa. Ele se tornou um cliente e me apresentou ao restante dos executivos seniores, e eu abri contas com cada um deles".

Outro influenciador era um contador público que se anunciava como especialista em serviços financeiros. No entanto, Charles percebeu rapidamente que a definição de "serviços financeiros" desse CPA era diferente da sua. Charles sabia que poderia ajudar esse contador a fazer jus ao seu faturamento. Devido à sua abordagem e à forma como ajudou esse CPA, ele recebeu 35 indicações ao longo dos anos.

A abordagem reversa

Depois que Charles construiu sua base de clientes, ele não precisava mais fazer *cold calling* para possíveis influenciadores. Em vez disso, perguntava aos seus clientes atuais se poderia entrar em contato com o contador público e/ou o advogado do espólio deles para beneficiá-los. O cliente sempre concordava, e o contador ou o advogado do patrimônio ficava feliz em marcar a primeira reunião como um favor comercial. Charles abordava o contador público ou o advogado do patrimônio da seguinte maneira:

"Jane Smith é uma cliente em comum, e estou realmente interessado em garantir que estejamos totalmente coordenados em tudo o que fizermos para ela. Gostaria de conhecê-lo. A propósito, Jane fala muito bem de você, e eu gostaria de saber mais sobre seu negócio, pois estou sempre procurando profissionais de primeira linha para incluir em minha rede profissional."

Os números

Charles entrou em contato com mais de quatrocentos diferentes profissionais influenciadores e reuniu-se de fato com duzentos deles. Cerca de cem demonstraram algum interesse em manter um relacionamento contínuo, cinquenta tornaram-se parte de sua rede e 25 forneceram várias referências. As cinquenta pessoas de sua rede profissional principal participavam de seus almoços educacionais trimestrais, e todas elas desenvolveram relacionamentos significativos com ele. No processo de construir esses relacionamentos e educar sua rede de indicações profissionais, ele abriu contas com praticamente todos os membros de sua rede. Charles agora tem um membro da equipe que dedica todo o seu dia a agendar reuniões mensais educacionais e de acompanhamento com sua rede de fontes de indicação profissional.

À medida que esses relacionamentos se desenvolviam, Charles informava seus CPAs e advogados que estava interessado em indicações. Às vezes, ele adotava uma abordagem sutil, outras vezes era mais direto. "A fonte de indicação perguntava como estava indo, e eu respondia que estávamos construindo nosso negócio e que atualmente tínhamos capacidade para adicionar clientes", diz Charles.

Ele também deixa claro para sua rede de indicações que nem sempre está em condições de retribuir. Seu valor para suas fontes de recomendação é aprimorar a carreira delas por meio de educação e recursos, e refletir bem sobre elas, cuidando bem das indicações fornecidas.

Três constituintes

Charles acredita que tem três componentes importantes em sua carreira:

- Clientes
- Prospects
- Fontes de referência profissional

De acordo com Charles, ele precisa avançar com esses constituintes o tempo todo, perguntando a si mesmo todos os dias o que está fazendo para promover esses relacionamentos. Ele acredita que, desde que passe todos os dias concentrado em seus constituintes, seus negócios continuarão a crescer.

AS MELHORES DICAS DE CHARLES PARA CRIAR UMA REDE DE INDICAÇÕES PROFISSIONAIS

- Peça a um contador ou advogado que se reúna com um cliente em comum para colaborar em estratégias de investimento e tributárias.
- Se não houver um relacionamento mútuo com um cliente, convide o contador ou o advogado para uma reunião para saber mais sobre o negócio deles.
- Diga a todos os seus clientes importantes que você pode fazer o melhor trabalho por eles se estiver em contato com o contador ou advogado deles. Peça permissão para se apresentar aos outros consultores e ofereça-se para colaborar em nome deles.
- Durante a primeira reunião com um contador ou advogado, converse sobre o cliente em comum e descubra mais sobre a carreira do outro profissional. Agende uma segunda reunião.
- Na segunda reunião, faça uma apresentação concisa, porém profissional, de seu processo de investimento e mostre como você se diferencia.

- Na segunda reunião, ofereça-se para ser um recurso para os influenciadores e concorde em educar e compartilhar informações que ajudem a carreira deles.
- Entregue em mãos suas informações de artigos técnicos (informações e ideias de investimento oportunas e relevantes com relação aos mercados de capitais), no escritório do influenciador.
- Desenvolva seminários de educação continuada com influenciadores sobre tópicos relevantes de impostos e investimentos.
- Organize eventos divertidos de construção de relacionamentos para sua rede de influenciadores, sem a presença de clientes.

Tim — a perspectiva de um CPA

Para complementar a perspectiva de Charles sobre o desenvolvimento de uma rede de referência profissional, entrevistei vários CPAs para entender como eles veem o relacionamento entre eles e os consultores financeiros. Tim é sócio sênior de uma empresa local de serviços contábeis muito bem-sucedida.

O processo de Charles para desenvolver uma rede profissional bem-sucedida foi totalmente validado por Tim, que disse que Charles havia criado a melhor maneira de um consultor financeiro abordar um influenciador profissional. De acordo com Tim, o relacionamento era o fator mais importante no fornecimento de indicações. "Você encontra pessoas de quem gosta, relacionamentos com os quais tem valores comuns e princípios comerciais comuns", diz Tim. Ao desenvolver um relacionamento com alguém, Tim tenta entender que tipo de pessoa ela é e quais são seus valores. Nas palavras de Tim, "Se você se senta com alguém e conversa com essa pessoa, você sai com uma impressão. A conversa foi sobre a pessoa ou sobre você? Um consultor nunca receberá uma indicação minha se a conversa for sobre ele. Se os consultores financeiros quiserem causar uma boa impressão em mim, o importante é o que eles podem oferecer, e não o que podem receber".

Normalmente, Tim indica clientes quando eles o procuram com um problema que ele não pode resolver. Sua filosofia é que, se os clientes precisam de algo e ele pode ajudar fazendo uma indicação, isso faz parte de seu trabalho. "Encaminho meus clientes para consultores que têm experiência na área específica necessária", diz ele. "Por exemplo, se eu tiver uma executiva trabalhando em um plano de sucessão ou em uma fusão e aquisição, eu a encaminharei a um consultor que seja especialista nessa área [e] que eu saiba que vai cuidar dela."

A maneira mais comum pela qual Tim desenvolve um relacionamento de indicação com consultores financeiros é trabalhando em conjunto com eles para o benefício de um cliente em comum. O consultor pode trazer Tim para uma reunião se ele precisar estar ciente da situação de investimento do cliente no que se refere aos impostos do cliente. Tim recomenda que os consultores analisem seus melhores clientes e desenvolvam um plano sobre como poderiam envolver um CPA em uma reunião de planejamento relacionada a impostos. Ele diz: "Fazendo negócios juntos, vocês podem ver como cada um trabalha. Se vocês puderem se sentar e analisar um caso juntos, o consultor poderá me impressionar sem me dizer o quanto ele é bom. Então, na próxima vez que surgir uma possível indicação, você provavelmente pensará nele. Você fica mais confiante de que o consultor financeiro será bom porque viu como ele foi bom com o cliente, além de seu profissionalismo e experiência".

A reserva de Tim com relação aos consultores financeiros é clara. "A pior coisa de indicar um cliente a um consultor financeiro é que eu me torno responsável pelo sucesso [dessa pessoa]. Há um risco absoluto nas indicações, e é por isso que tenho de ser muito cuidadoso com quem indico", diz. "Já perdi clientes porque os indiquei para consultores financeiros que fizeram um trabalho ruim, e, se não os perdi, perdi sua confiança. Por outro lado, se eu puder indicar meus clientes a bons consultores e eles forem bem atendidos, isso melhora meu relacionamento, e sei que terei esse cliente para sempre."

O relacionamento pessoal também desempenha um papel importante no desenvolvimento de um relacionamento de indicação. De acordo com Tim, "não faço negócios com ninguém com quem eu não jogaria golfe, não iria a um show ou a um jogo de bola. A melhor abordagem é construir um bom relacionamento".

Novamente, o e-mail não é a maneira de construir relacionamentos

Tim também concorda com nossos principais consultores sobre a ineficácia dos e-mails no que se refere à construção de relacionamentos. "Não estou interessado em trabalhar com um vendedor. Recebo três ou quatro e-mails por semana com atualizações para investidores de diferentes empresas de investimento. As informações que eles incluem são muito fáceis de obter, mas, francamente, estou muito ocupado para ler a maior parte delas", diz o CPA.

Em vez disso, Tim sugere a criação de uma rede de indicações por meio de reuniões pessoais, visando CPAs com interesses comuns, incluindo o crescimento de seus próprios negócios. Ele sugere um foco em pessoas que queiram criar sua própria rede. Não perca tempo com pessoas que não queiram ou não possam fornecer indicações. "Se você puder identificar essas coisas logo no início, não perderá seu tempo", diz ele.

Tim dá pelo menos 50% mais indicações do que recebe, e não se importa com isso. Nas palavras dele, "A rede de indicações com consultores financeiros não é recíproca. Os CPAs recebem a maior parte de suas indicações e negócios dos banqueiros, portanto não é uma relação circular".

NÚMEROS DO TIM:

- Número de consultores financeiros para os quais ele indica clientes a cada ano: 8

- Número médio de indicações por consultor: 3 (24 no total em um ano)
- Número de ligações por ano de diferentes consultores que querem se reunir com ele: aproximadamente 30
- Número de consultores financeiros adicionais para os quais ele poderia indicar negócios no futuro: 3
- Tempo médio para Tim fazer uma indicação desde a primeira reunião com um consultor financeiro: 18 meses

Implementando a lição nº 7

Como você pode ver, os números são convincentes demais para serem ignorados por qualquer consultor motivado. A primeira etapa, portanto, é reconhecer a importância desse princípio de sucesso e assumir o compromisso de desenvolver uma rede de fontes profissionais.

Antes de implementar a estratégia de rede de fontes de referência de influenciadores, é importante ter a mentalidade certa. Você deve ser paciente e saber de antemão que o desenvolvimento de relacionamentos com CPAs e advogados imobiliários leva muito tempo. De acordo com Charles (consultor financeiro) e Tim (contador público), são necessários, em média, dezoito meses desde o primeiro contato até o momento em que uma indicação real é fornecida. Além disso, para cada dez reuniões com CPAs e advogados que um consultor financeiro recebe, apenas uma se tornará uma fonte de indicação. Entretanto, não fique desanimado: há muitos CPAs e advogados por aí. Por exemplo, no mercado de Charles, em uma grande área metropolitana, há 4.500 CPAs e advogados.

Esteja preparado para construir um relacionamento com o influenciador profissional por meio da educação, não da venda ou da apresentação. O objetivo é construir um relacionamento de confiança fornecendo informações relevantes que ajudem o negócio do profissional que o indicou. Os mesmos princípios aprendidos no Capítulo 5, sobre a criação de um foco de relacionamento, aplicam-se aqui.

Sua meta deve ser desenvolver pelo menos três fontes de indicação profissional que forneçam indicações contínuas. Usando os números de Tim, vamos supor que conseguir três indicações de clientes por ano é uma expectativa razoável depois que um relacionamento profissional é estabelecido. Se um consultor tiver três fontes de indicação e obtiver um total de nove indicações delas, e depois fechar 90% das indicações fornecidas, o consultor deverá gerar oito novos clientes por ano.

Três etapas para uma reunião bem-sucedida com o influenciador

Etapa 1: Direcione seus influenciadores. A primeira maneira de conhecer novos influenciadores é trabalhar com seus clientes significativos atuais. Pergunte a eles se estão satisfeitos com o CPA e o advogado de planejamento patrimonial e se você poderia entrar em contato com esses profissionais para uma reunião. Se você não tiver uma base de clientes que possa ser aproveitada, use a abordagem direta e simples, como Charles usou quando começou, simplesmente pedindo a outros profissionais uma oportunidade de se reunir com você. Recomendo o seguinte roteiro como uma forma de se apresentar:

> "Meu nome é Jan Jones e sou consultor financeiro da XYZ Financial. Estou no processo de conhecer os melhores CPAs de nosso mercado com quem desenvolver um relacionamento profissional. À medida que continuo a desenvolver meu negócio, uma das minhas maiores prioridades é criar uma rede com os profissionais certos. Também acredito que há uma grande probabilidade de, no futuro, compartilharmos clientes em comum. Gostaria de ter a oportunidade de me encontrar com você e saber mais sobre seu negócio. Quando seria um momento conveniente para nos reunirmos para uma reunião introdutória?"

Etapa 2: Crie um pitch book. Em seguida, elabore um *pitch book* (uma apresentação formal) que descreva sua empresa, sua equipe e seu processo de gestão de patrimônio. O *pitch book* deve mostrar claramente aos CPAs/advogados o que você faz e como o faz. Inclua os seguintes elementos em sua apresentação:

- Descrição da equipe
- Seu histórico e experiência
- Descrição de sua empresa
- Sua especialidade
- Recursos disponíveis (por exemplo, análise Monte Carlo, ferramentas de alocação de ativos, planos financeiros, análise de aposentadoria)
- Processo e filosofia de investimento (processo de gerenciamento de patrimônio)

Etapa 3: Desenvolva uma "biblioteca de artigos técnicos". Esse grupo de documentos servirá como base para o processo educacional que você, como consultor financeiro, fornecerá mensalmente à sua rede de indicações profissionais. A lista de tópicos de Charles é um esboço perfeito para o desenvolvimento da biblioteca de artigos técnicos. Um tópico educacional muito eficaz é o compartilhamento de estudos de caso de sua própria clientela.

Esboço de reuniões de prospecção

A primeira reunião deve ser sobre a coleta de informações com foco no influenciador e nos negócios desse profissional. Exemplos de possíveis perguntas podem incluir:

- Fale-me sobre sua carreira.
- Conte-me sobre seu histórico.
- Que tipo de clientes você está procurando? Descreva seu cliente ideal.

- Qual é sua especialização?
- Como você consegue novos clientes?
- Você tem interesse em ofertas de educação continuada?
- Quais recursos seriam valiosos para seu negócio e poderiam ser fornecidos por uma empresa ou profissional de investimentos?
- Você pode compartilhar comigo o tipo de relacionamento que tem com outros profissionais de investimento?
- Como alguém como eu pode ajudar você e seu negócio da melhor maneira possível?

Ao final da primeira reunião, você deve fazer uma breve declaração sobre seu negócio de consultoria financeira e o valor que pode oferecer. Também deve marcar uma segunda reunião para compartilhar informações sobre sua empresa e, especificamente, como ela pode ser usada como um recurso (consulte a seção "Marcando uma reunião" deste capítulo para rever mais uma vez como Charles, nosso mestre do marketing de influência, se posiciona durante essas reuniões).

A segunda reunião deve ter dois objetivos. Você apresentará seu *pitch book* e estabelecerá a base para o processo educacional contínuo. Esse é o momento de compartilhar como você pode fornecer informações e recursos oportunos e relevantes que ajudarão o negócio existente do outro consultor profissional.

Agora o cenário deve estar pronto para o agendamento de reuniões mensais de acompanhamento (não mais do que trinta minutos), nas quais você pode passar por lá e fornecer materiais educacionais. A biblioteca de artigos técnicos fornece a base para essas reuniões contínuas. O processo de agendamento contínuo é simplesmente uma maneira de fornecer recursos e informações personalizadas para as necessidades do influenciador. Algumas dessas reuniões mensais podem ser de natureza mais social. Por exemplo, Charles organiza um almoço especial trimestralmente para os cinquenta membros de sua rede profissional. O objetivo é educar, criar e manter um relacionamento de longo prazo de valor e confiança com esses profissionais.

Outros tipos de influenciadores

Os CPAs e os advogados de patrimônio não são as únicas pessoas consideradas influenciadores. Outros recursos que você pode utilizar incluem corretores de negócios, banqueiros de investimento, advogados de fusões e aquisições, advogados de divórcio e contadores (contadores que não sejam da CPA). Os mesmos princípios se aplicam: seu objetivo principal é aprimorar os negócios deles por meio de educação e recursos de valor agregado para que você possa construir um relacionamento sólido e de longo prazo que, em última análise, levará a indicações de clientes.

LIÇÃO Nº 8

ENVOLVIMENTO EM ORGANIZAÇÕES SEM FINS LUCRATIVOS

UMA ORGANIZAÇÃO SEM FINS LUCRATIVOS oferece valor e recursos para o benefício da comunidade, inclusive artes cênicas e serviços de saúde, cívicos e humanitários. O objetivo de uma organização sem fins lucrativos não é obter lucro, mas arrecadar dinheiro ou prestar serviços para determinada organização. O trabalho voluntário em qualquer um desses tipos de grupos é não apenas uma boa maneira de retribuir à comunidade, mas também pode ser uma estratégia de marketing totalmente desenvolvida para sua empresa. Nossos principais consultores reconhecem que as pessoas mais ricas de suas comunidades estão muito envolvidas no mundo sem fins lucrativos. Em muitos casos, esses indivíduos ricos estão aposentados e podem direcionar suas energias e talentos para as causas em que acreditam apaixonadamente. Como eu disse anteriormente, os prospects muito ricos têm filtros excelentes. Normalmente, eles já têm um consultor e são muito prospectados. As organizações sem fins lucrativos dão acesso a essas pessoas; elas permitem que você construa relacionamentos pessoais e, depois, comerciais com pessoas ricas de forma orgânica. Entretanto, isso deve ser feito da maneira correta. É preciso paciência e disciplina para executar com sucesso essa estratégia de mercado e obter um retorno sobre seu investimento de tempo. Ao trabalhar com possíveis prospects nesse tipo de ambiente, você terá a oportunidade única de mostrar e demonstrar sua experiência, liderança e personalidade.

À medida que você se envolve mais com organizações sem fins lucrativos, precisa "pagar para jogar". As organizações sem fins lucrativos de maior prestígio exigem que você faça contribuições significativas antes de ser considerado para um cargo no conselho. No entanto, acredito que esse é um dos melhores investimentos que um consultor motivado pode fazer, devido ao acesso que você terá e à oportunidade de desenvolver relacionamentos com os membros mais abastados da comunidade. Muitos de nossos principais consultores doam individualmente mais de US$ 10 mil para organizações sem fins lucrativos nas quais estão envolvidos. Eles consideram essas despesas como lucros retidos.

Nossos principais consultores geralmente dedicam pelo menos cinco horas por semana ao seu trabalho em nome das organizações às quais pertencem. Muitas vezes, seus cônjuges também estão envolvidos na mesma organização. Ou os cônjuges escolhem outras organizações pelas quais são apaixonados. Nesse caso, o cônjuge pode alavancar os esforços do consultor, apresentando-o a um grupo separado de investidores afluentes. Muitos dos principais consultores conheceram alguns de seus clientes mais afluentes por meio do trabalho de seus cônjuges.

Selecionando sua organização preferida com sabedoria

Um de nossos principais consultores deu um conselho a seu filho quando ele estava começando no negócio. Seu filho passava o tempo no campo de tiro com pessoas mais jovens que não tinham muito dinheiro. Ele aconselhou o filho a passar o mesmo tempo envolvido em organizações que tivessem pessoas bem-sucedidas como membros. Ele indicou o Rotary Club local, grupos de ex-alunos e organizações religiosas, que são ótimas sugestões para o envolvimento sem fins lucrativos.

Devido ao trabalho e ao tempo necessários, sugiro que você escolha suas organizações sem fins lucrativos com cuidado. O trabalho é muito árduo, o compromisso de tempo é muito grande e o custo é muito alto para não se interessar e acreditar na causa da organização. No final, é a paixão semelhante que você e as pessoas ricas compartilham que forma o vínculo que se traduz em um relacionamento comercial.

A maioria dos nossos principais consultores iniciou seu envolvimento em organizações sem fins lucrativos em pequena escala. Eles escolheram organizações às quais podiam se associar, incluindo grupos religiosos locais, câmaras de comércio locais, organizações de serviços comunitários como Kiwanis, Jaycees e Rotary Clubs, interesses externos como Ducks Unlimited e grupos de ex-alunos de faculdades. Normalmente, essas organizações lhes davam acesso a prospects e exigiam muito pouco compromisso financeiro.

Ao começar no início das carreiras com a estratégia de marketing para organizações sem fins lucrativos, nossos principais consultores desenvolveram as habilidades de liderança e de construção de relacionamentos de que precisavam quando os riscos eram maiores. A partir de seu envolvimento com essas organizações menores e mais acessíveis, eles também construíram a base de seus negócios com muitos prospects que mais tarde se tornaram clientes de fato.

Dana fez da adesão a organizações sem fins lucrativos sua estratégia de marketing — um estudo de caso de implementação bem-sucedida

Uma de nossas histórias mais impressionantes envolve uma importante consultora que assumiu um grande compromisso com o mundo sem fins lucrativos. Dana mudou para um mercado muito rico e percebeu que muitos de seus prospects estavam aposentados ou não precisavam trabalhar. Ela percebeu que muitas dessas pessoas abastadas estavam direcionando seus talentos, energia e recursos para organizações sem fins lucrativos em seu mercado.

Dana criou uma abordagem organizada como estratégia de marketing para expandir seus negócios. Seu primeiro passo foi identificar os principais doadores e membros do conselho em seu mercado. Ela começou fazendo uma referência cruzada entre os membros do conselho e seus níveis de doações para descobrir quais indivíduos em sua comunidade estavam mais envolvidos e contribuíam mais para organizações sem fins lucrativos. Ela consultou os sites das organizações de maior prestígio e visibilidade em sua comunidade e compilou uma lista de membros da diretoria por nome. Geralmente, esses sites também publicam os níveis gerais de doações; caso contrário, ela entrava em contato com a organização sem fins lucrativos e solicitava um relatório anual ou um "programa" preparado para um evento de gala ou de arrecadação de fundos recente. O nível mínimo de contribuição que ela buscava era de pelo menos US$ 5 mil a US$ 10 mil. Esse processo de triagem do site produziu os nomes de 150 pessoas que ela queria conhecer, bem como os nomes dos conselhos aos quais essas pessoas estavam afiliadas. Ela estava procurando especificamente atingir diferentes tipos de conselhos sem fins lucrativos que proporcionassem uma diversidade de idades e interesses entre seus prospects.

Sua pesquisa mostrou que os dez principais doadores de sua lista pertenciam a uma ou mais de quatro diferentes diretorias de organizações sem fins lucrativos. Ela escolheu três delas com base na diversidade e em seu interesse pessoal nelas e na oportunidade que elas poderiam lhe proporcionar de construir relacionamentos com muitas das outras pessoas abastadas de sua lista de alvos. As diretorias sem fins lucrativos das quais ela participou incluíam a sinfônica local e outro grupo de artes cênicas. Seu marido também entrou em um conselho de alto nível voltado para esportes. Dana conseguiu ingressar nos conselhos obtendo a indicação e o endosso de algumas pessoas influentes com as quais já havia construído relacionamentos. Durante o processo de entrevista, ela indicou seu grande interesse na missão da organização sem fins lucrativos e sua disposição de fazer uma contribuição financeira significativa. O nível mínimo de contribuição exigido para esses cargos de diretoria era de US$ 10 mil. Para Dana, esse investimento de tempo e dinheiro valeu a pena, pois seu envolvimento resultou em mais de US$ 70 milhões em novos ativos no ano passado, devido à implementação bem-sucedida de sua estratégia sem fins lucrativos.

Como se tornar um líder

Como demonstrou Dana, ser um líder na organização sem fins lucrativos escolhida é essencial para que essa estratégia funcione. Não basta apenas estar nas mesmas organizações que seus prospects; você precisa causar uma boa impressão. O melhor lugar para assumir uma função de liderança é participar de um comitê que atenda aos seus pontos fortes. Embora a participação no conselho seja importante, é nos comitês que o verdadeiro trabalho é feito. Os melhores comitês podem mostrar seus pontos fortes e sua experiência e podem incluir comitês de finanças, desenvolvimento de negócios e nomeação. O comitê social deve ser evitado, porque é difícil mostrar sua experiência profissional ali. As consultoras, em especial, precisam evitar os comitês sociais ou de "gala", pois isso pode colocá-las em um papel tradicional que elas talvez queiram evitar.

Seu objetivo é demonstrar sua inteligência, seu valor agregado, seu nível de envolvimento e sua capacidade de ser o "aluno estrela". Use a oportunidade de liderança para demonstrar sua experiência financeira com investimentos e clientes atuais. Por exemplo, se estiver trabalhando no comitê financeiro, você pode declarar: "Com base em minha experiência como consultor financeiro, no atual ambiente de investimentos, devemos considerar o seguinte". Ou: "Dei aos meus clientes as mesmas recomendações que faço a este comitê sobre como devemos investir nossos ativos no ambiente atual".

Nesses exemplos, você está compartilhando, em um contexto apropriado, sua experiência no mercado e sua função como consultor profissional de investimentos. Isso deixa claro para os outros membros do comitê o que você faz e o seu nível de conhecimento. Há também um efeito psicológico natural que ocorre quando um consultor fez um bom trabalho para uma organização sem fins lucrativos. Os membros do comitê e do conselho transferirão naturalmente seus bons sentimentos em relação ao trabalho que você fez para a organização sem fins lucrativos para a qualidade do trabalho que você é capaz de fazer profissionalmente como consultor de investimentos. Esse é o "efeito halo", e é uma parte importante da estratégia de marketing da organização sem fins lucrativos.

Arrecadação de dinheiro

Outra excelente maneira de conhecer pessoas ricas é se envolver na arrecadação de fundos para a organização. Primeiro, você pode mostrar sua experiência em estratégias filantrópicas fazendo referência às estratégias que usa atualmente com seus clientes. Devido à experiência que a maioria dos consultores tem em pedir dinheiro, eles são melhores para abordar apoiadores ricos da organização e solicitar doações.

Solicitar doações também lhe dá a oportunidade de se conectar com outros prospects – fora do conselho – individualmente, em vez de em um comitê ou grupo. Outro benefício é que a maioria das doações vem acompanhada de um convite para um "grande evento" patrocinado pela organização sem fins lucrativos. Passar uma noite com prospects ricos e seus cônjuges é o melhor que se pode fazer em um primeiro encontro.

Muitos de nossos principais consultores optam por realizar eventos sem fins lucrativos em suas casas. Isso causa uma boa impressão em todos os participantes e coloca o consultor na melhor posição possível. Você aparece não só como um angariador de fundos comprometido, mas também como uma "pessoa real" para os outros membros da organização. Muitos dos principais consultores envolvidos em organizações sem fins lucrativos compartilham exemplos de como conheceram alguns de seus clientes mais significativos por meio de suas atividades de arrecadação de fundos. Por exemplo, Jack sempre esteve muito envolvido com a universidade em que se formou. Ele atuou no conselho da fundação por vários anos e, como resultado, desenvolveu relacionamentos com outros ex-alunos, bem como com alguns dos maiores doadores da universidade, alguns dos quais se tornaram seus clientes mais abastados.

Ao assumir a função de ajudar a arrecadar fundos para uma organização sem fins lucrativos, você pode oferecer seus insights sobre outras estratégias de investimento em fundos patrimoniais e experiência quando organiza reuniões sobre como arrecadar ativos para a organização. Uma das estratégias é instruir os membros da diretoria e os comitês de captação de recursos sobre estratégias filantrópicas, inclusive sobre fundos fiduciários remanescentes e de liderança para caridade. Você também pode trazer um especialista em fideicomisso que trabalhe para sua empresa ou seja alguém de sua rede. Dana compartilha regularmente sua experiência filantrópica e descobriu que essa é uma maneira bem-sucedida de atrair prospects.

Gerenciando o dinheiro

Outra estratégia que muitos dos principais consultores usam é gerenciar os ativos de organizações sem fins lucrativos. Essa estratégia não se aplica necessariamente às organizações às quais eles pertencem. A parte importante dessa estratégia é determinar a riqueza dos membros da diretoria, e não necessariamente a quantidade de ativos que a organização sem fins lucrativos tem para ser administrada. Ao se concentrar na riqueza dos membros do conselho e não no montante de ativos que a própria organização tem para investir, o consultor enfrentará pouca concorrência para administrar esses ativos menores da organização sem fins lucrativos.

Depois de garantir o negócio, você pode fazer apresentações formais trimestrais para a diretoria sobre o desempenho e a estratégia dos ativos sob gestão. Essas análises lhe dão a oportunidade de falar sobre os mercados, e você impressionará os membros do conselho com seu conhecimento e experiência em investimento de ativos. A estratégia vai além de causar uma boa impressão: o consultor está, na verdade, fazendo marketing de suas capacidades relacionadas à estratégia de investimento, filantropia e trabalho com pessoas afluentes.

Dana fez uma apresentação de revisão trimestral para sua diretoria sobre uma carteira de CDs de US$ 100 mil, mas ela a apresentou como se fosse de US$ 10 milhões. Durante a apresentação, ela incluiu uma explicação sobre o que faria em relação à estratégia de investimento quando o fundo patrimonial tivesse mais ativos. O conselho foi bem-sucedido na captação de mais fundos, e, em cinco anos, a carteira se tornou de fato de US$ 10 milhões. Além disso, Dana também garantiu o relacionamento de investimento com um membro do conselho para mais de US$ 10 milhões em ativos.

Construindo relacionamentos pessoais com outros membros da diretoria

A próxima etapa é construir um relacionamento pessoal com seus prospects afluentes sem fins lucrativos. Ao fazer um bom trabalho e mostrar seus talentos em comitês de trabalho, você já preparou o terreno para desenvolver relacionamentos pessoais. O fato é que fazer um bom trabalho e desenvolver relacionamentos com pessoas afluentes andam de mãos dadas.

Dana visava indiretamente pessoas ricas em seus quadros, com as quais ela se relacionava pessoalmente. "Sempre acho que o que importa é o relacionamento", ela me disse. "Se você desenvolve um bom relacionamento, ele é mútuo. Eu gosto deles, eles gostam de mim. Eu identificava os membros da diretoria com quem queria desenvolver relacionamentos comerciais e iniciava o processo de [primeiro] desenvolver um relacionamento pessoal com eles. Eu os convidava para jantar com um grupo de outras pessoas, em minha casa ou fora. Começava a conhecê-los socialmente. Com o tempo, o relacionamento geralmente se desenvolve até o ponto em que eles se sentem mais à vontade para falar comigo sobre negócios."

Entremeando-se no tecido da comunidade

Os principais consultores mais bem-sucedidos com a estratégia de marketing para organizações sem fins lucrativos foram além do simples envolvimento em organizações; eles surgiram com o tempo como parte da estrutura da comunidade em que viviam e trabalhavam. Em todos os casos, essa foi uma evolução que levou anos para ser alcançada. No entanto, o impacto nos negócios foi exponencial, pois eles desenvolveram uma reputação de membro influente da comunidade. Dana acrescenta: "Eu também senti que precisava ser influente na comunidade de outras maneiras. É aparecer nos jogos de seus filhos e em outros eventos importantes de suas vidas. É ser investido neles e na comunidade".

A realidade é que, independentemente do tamanho real da comunidade, ela se torna pequena quando se trata de identificar os verdadeiros líderes. A execução definitiva da estratégia sem fins lucrativos ocorre quando o consultor atinge o nível de um verdadeiro líder na comunidade. A barreira de entrada para esse status de elite é alta, devido ao tempo necessário. Entretanto, qualquer consultor que se comprometa pode se tornar parte desse tecido, e os negócios resultantes valem todo o esforço.

Formando sua própria organização sem fins lucrativos

Uma das estratégias de marketing mais bem-sucedidas é organizar e iniciar sua própria organização sem fins lucrativos. Isso exige muito trabalho no início, mas a recompensa pode ser muito grande. Por exemplo, Dana formou uma equipe de debate na escola particular que seus filhos frequentavam. Juntamente com vários outros pais, conseguiu levantar dinheiro para pagar um treinador de debates em tempo integral para a escola, o que aumentou a qualidade da experiência educacional. A equipe de debate foi muito bem-sucedida e recebeu uma grande quantidade de notícias da imprensa local. Como resultado, Dana foi apresentada como uma das pessoas mais influentes em sua comunidade rica por uma revista altamente conceituada, e foi nomeada como uma de suas "Pessoas do Ano". Além de ter recebido excelente publicidade, os outros pais abastados dos alunos da equipe de debate a viram em ação, profissionalmente, de forma muito positiva. Dana conquistou vários novos clientes abastados, o que ela atribui aos seus esforços no clube de debates, incluindo um cliente de US$ 10 milhões. Além disso, ela reconhece que a publicidade foi inestimável para sua reputação na comunidade.

Outro conselheiro formou um "Clube de Pais" [*Dad's Club*] na escola de seus filhos. Em três anos, o Clube de Pais tinha cinquenta membros ativos, incluindo alguns dos mais proeminentes da comunidade. Por meio da arrecadação de fundos e do trabalho voluntário, o Clube de Pais forneceu à escola mais de US$ 50 mil. O conselheiro que fundou o clube conseguiu mostrar suas habilidades de liderança e seu compromisso com a escola e gerou uma enorme boa vontade da comunidade. Ao mesmo tempo, ele conseguiu desenvolver muitos relacionamentos pessoais que levaram a relacionamentos comerciais com outros membros do Clube de Pais.

Em ambos os exemplos, as escolas envolvidas já existiam havia muitos anos, mas foi por meio da implementação de uma ideia nova e fresca nesses ambientes que esses dois consultores conseguiram angariar fundos e boa vontade. Eles foram vistos como líderes na comunidade e, como resultado, construíram relacionamentos com muitos prospects e conseguiram conquistar vários novos clientes de milhões de dólares.

Transição de uma organização sem fins lucrativos para uma empresa

Quando se trata de fazer a transição do envolvimento sem fins lucrativos para um relacionamento comercial, a mensagem geral de nossos principais consultores é *paciência*. Em muitos casos, foram necessários sete ou oito anos para que o relacionamento pessoal se transformasse em um relacionamento comercial significativo. Entretanto, em todos os casos, os consultores afirmaram que a paciência valeu a pena, pois esses relacionamentos se tornaram alguns de seus maiores clientes.

Nossos principais consultores descobriram que formaram conexões naturais com muitas das pessoas abastadas com quem trabalhavam no mundo sem fins lucrativos. Eles compartilhavam muitos interesses em comum e, à medida que o relacionamento de trabalho se desenvolvia e eles conheciam o prospect, encontravam e desenvolviam oportunidades de convidar esses prospects para participar de outras atividades – uma viagem para caçar, pescar ou esquiar, por exemplo, ou um passeio de golfe, uma noite de jantar requintado, uma aula de culinária ou o compartilhamento de uma experiência de artes cênicas ou de viagem. Cada atividade, realizada em conjunto com o futuro cliente, aproxima o consultor da oportunidade de um relacionamento comercial.

A próxima etapa envolve a preparação. Quando surgirem as inevitáveis perguntas sobre investimentos, você precisa estar pronto com uma resposta, que chamo de falas de transição. Conforme discutimos no Capítulo 5, o segredo é transformar a oportunidade em vantagem para que você possa fazer uma transição bem-sucedida da parceria pessoal para uma possível parceria comercial. Aqui estão dois exemplos:

E se um membro do conselho ou um prospect perguntar sua opinião sobre os eventos recentes do mercado? Nessa situação, você pode responder dizendo: "Acredito que os mercados irão [forneça uma breve explicação], mas descobri que o processo de investimento é mais importante do que os mercados em determinado momento. Gostaria de compartilhar com você, durante um café, como ajudamos nossos clientes em nosso processo de gestão de patrimônio. Podemos marcar uma hora e um local?".

Um relacionamento que você desenvolveu em uma organização sem fins lucrativos indica que ela pode estar interessada em conversar com você sobre investimentos, mas atualmente está trabalhando com outra pessoa. O prospect diz, por exemplo: "Estou impressionado com você, mas todo o meu dinheiro está com a ABC Financial" ou "Sei que você é uma pessoa inteligente, mas já estou trabalhando com outra pessoa". Nesse caso, você pode responder dizendo: "Entendo que você esteja trabalhando com outra pessoa; meus clientes também são leais. Mas, se você decidir mudar, eu gostaria de fazer parte da pequena lista de pessoas que você consideraria. Acredito que temos um processo de investimento único e bem-sucedido e gostaria de ter a oportunidade de compartilhá-lo com você, caso suas circunstâncias mudem, ou se você conhecer alguém que se beneficiaria com nossa forma de trabalhar".

É importante deixar claro para os prospects que há exclusividade em seu negócio: que suas estratégias não são para todos. Essa abordagem permite que o prospect afluente saiba que você é seletivo em relação a quem trabalha com você, assim como ele é ao decidir se quer trabalhar com você. Sua atitude de demonstrar o orgulho que tem pelo seu trabalho precisa ser transmitida como confiança aos prospects. Um exemplo é quando lhe perguntam o que você faz na Financeira XYZ. Você pode responder: "Trabalho com um grupo seleto de famílias para atingir suas metas e objetivos financeiros de longo prazo por meio de nosso processo exclusivo de gestão de patrimônio. Ficaria feliz em compartilhar como trabalhamos com nossos clientes, se você estiver interessado".

A essência do processo de transição do pessoal para o comercial não é uma oportunidade única. O prospect pode não ser receptivo na primeira vez, mas, à medida que o relacionamento se desenvolve, tenha certeza de que o assunto voltará à tona. Os prospects ricos farão negócios com pessoas de quem gostam e em quem confiam, e, à medida que o relacionamento pessoal se desenvolve, o consultor, em quase todos os casos, terá a oportunidade de expandir esse relacionamento pessoal para um relacionamento comercial, se estiver preparado.

* * *

Já vi consultores financeiros se envolverem em organizações sem fins lucrativos, mas não terem sucesso na aquisição de novos clientes ou ativos afluentes. Normalmente, eles não estão seguindo as lições dos melhores consultores:

- Eles não se tornam líderes dentro da organização.
- Eles não deixam claro para os outros membros da organização sem fins lucrativos qual é sua ocupação.
- Eles não desenvolvem relacionamentos pessoais com outros membros da organização sem fins lucrativos.
- Eles não têm falas de transição preparadas quando a oportunidade se apresenta.
- Eles não são pacientes o suficiente para dar tempo para que essa estratégia funcione.

Acredito firmemente que as pessoas querem fazer negócios com outras que conhecem, confiam e com as quais têm interesses em comum – e o princípio de sucesso das organizações sem fins lucrativos oferece a oportunidade para que isso aconteça. Quando eu era gerente em Atlanta, fui convidado a fazer parte da diretoria do Woodruff Arts Center, uma das mais prestigiadas diretorias de organizações sem fins lucrativos da cidade. Tive a oportunidade de interagir e desenvolver relacionamentos com o "Who's Who" (Quem é Quem) de Atlanta. No conselho, eu tinha a responsabilidade de entrar em contato com pessoas muito ricas que haviam feito contribuições significativas para as artes cênicas no passado e pedir-lhes contribuições novamente. Muitas vezes, essas solicitações eram seguidas de um convite para um jantar ou evento de alto nível. Essa era a oportunidade perfeita para chamar esses doadores para serem meus convidados e começar a construir um relacionamento com eles. À medida que esses relacionamentos se desenvolviam, eu tinha muitas oportunidades de falar sobre investimentos, mercados, o que minha empresa pensava sobre os mercados, e assim por diante. Se eu fosse um consultor financeiro ativo na época e tivesse usado as falas de transição que descrevi neste capítulo, tenho certeza de que poderia ter transformado muitos desses relacionamentos em negócios.

LIÇÃO Nº 9
ORIENTAÇÃO A LONGO PRAZO

A MAIORIA DE NOSSOS PRINCIPAIS CONSULTORES começou com uma visão simples: sobreviver primeiro e, no processo, construir uma carreira bem-sucedida. À medida que seus negócios cresceram, todos tiveram de equilibrar suas próprias metas financeiras entre o curto e o longo prazo. Uma abordagem do tipo "produto do dia" – em que você se concentra na venda de determinado produto em vez de um processo de investimento – pode ajudar os negócios no curto prazo, mas nem sempre resulta em um bom desempenho para o cliente no longo prazo. Com o tempo, nossos consultores conseguiram fazer a transição para uma abordagem abrangente e de longo prazo de gestão de patrimônio, que será descrita no Capítulo 11.

Primeiro, porém, este capítulo aborda a mentalidade necessária para seguir uma abordagem de orientação de longo prazo para esse negócio. Nossos melhores consultores aprenderam a adotar uma perspectiva de longo prazo na maioria de suas decisões diárias, o que significa investir dinheiro de volta em seus negócios, ser paciente com os prospects, fazer marketing e demonstrar seu compromisso com a prestação de serviço. Uma perspectiva de longo prazo também inclui estabelecer uma visão para sua empresa. Isso significa ser proativo e trabalhar para alcançar uma visão todos os dias, em vez de reagir à crise do momento. Trata-se de criar um negócio que sustente a qualidade e que não apenas perdure, mas cresça com o tempo.

A diferença entre nossos melhores consultores e aqueles que não são tão bem-sucedidos não é apenas o desenvolvimento de uma visão, mas a disposição de fazer os sacrifícios financeiros e de tempo que geralmente são necessários para implementar uma mentalidade de orientação de longo prazo. Por exemplo, sei que é difícil comercializar e executar uma lista de prospects ou "pipeline" eficaz. O marketing é como um exercício; no curto prazo, é difícil começar, mas os benefícios de longo prazo superam o esforço despendido.

Outro aspecto da orientação de longo prazo é que os melhores consultores não têm medo de se afastar de prospects que não se encaixam em seu modelo de negócios. Em vez de aceitar o novo relacionamento que proporcionaria renda a curto prazo, mas dores de cabeça a longo prazo, nossos melhores consultores podem desistir de um relacionamento devido à sua orientação de longo prazo. Pode ser por causa da personalidade do prospect, de expectativas irreais ou simplesmente porque sua abordagem ou estilo de investimento é muito diferente. Acrescentar mais clientes que possam gerar receita a curto prazo, mas que tragam mais aborrecimentos e conflitos, não é algo que nossos melhores consultores aceitariam.

Com uma exceção, todos os nossos principais consultores começaram com um negócio baseado em transações, no qual cobravam uma taxa por cada transação de títulos. Entretanto, todos os seus negócios evoluíram para uma orientação baseada em taxas, em que cobram uma taxa não sobre cada transação, mas, sim, como uma porcentagem dos ativos. Eles aprenderam que um negócio baseado em taxas não gera tantos negócios quanto um baseado em transações no curto prazo, mas, no longo prazo, contribuirá muito mais, devido ao fluxo contínuo de receita. Como uma estrutura baseada em taxas é uma porcentagem dos ativos, ela é cobrada independentemente do número de transações de valores mobiliários.

Ao mesmo tempo, todos os nossos principais consultores seguem uma abordagem de gestão de patrimônio para investir, o que coloca o processo à frente de um único investimento e adota uma visão de longo prazo com base em um plano cuidadoso. É necessário um grande compromisso para entrevistar cada cliente e descobrir suas metas, tolerância a riscos e prioridades; também leva tempo para desenvolver um plano sobre como esses objetivos serão alcançados. Mas dedicar esse tempo prepara o terreno para um relacionamento produtivo de longo prazo. Mais uma vez, você está demonstrando uma orientação de longo prazo, em vez de apenas investir os ativos do cliente sem o processo de gestão de patrimônio.

A orientação de longo prazo está relacionada especificamente a três importantes estratégias de negócios: foco no cliente, marketing e lucros retidos.

Foco no cliente

A única maneira de criar clientes satisfeitos e de longo prazo é sempre colocar o interesse deles em primeiro lugar. Todos os nossos principais consultores acreditam que, para ter sucesso, precisam fazer sempre a coisa certa para seus clientes. Então, o futuro se encarrega de si mesmo, porque clientes satisfeitos estabelecem a base para descobrir mais ativos, obter melhores indicações e fazer mais negócios em geral. Não sei se cada um deles nasceu com uma forte bússola moral ou se a desenvolveu quando entrou nesse negócio, mas o fato é que cada um deles tem uma.

Colocar os interesses do cliente à frente dos seus próprios é considerado uma abordagem de longo prazo para os negócios porque, às vezes, as oportunidades de negócios de curto prazo precisam ser deixadas de lado para atender melhor ao cliente. Por exemplo, muitas vezes a melhor recomendação para determinado cliente é não fazer nada com seu dinheiro ou adiar a compra ou venda de um investimento. Embora esse conselho se traduza em perda de comissão no curto prazo, você está construindo um relacionamento de confiança no longo prazo.

Uma das marcas registradas de um consultor de primeira linha é a capacidade de deixar passar negócios de curto prazo. Vez por outra, esses consultores darão a um prospect sua opinião honesta sobre a boa situação de seu portfólio atual; eles podem recomendar que nenhuma mudança seja feita. Eles oferecerão uma taxa com desconto a um bom cliente, mesmo que ele não a solicite, renunciarão à taxa de um produto hipotecário para que os números funcionem e mudarão de ações para dinheiro e renunciarão às taxas. Nossos melhores consultores tomaram essas decisões de bom grado porque sabem que, a longo prazo, essas ações mostram que eles trabalham em uma posição em que os interesses do cliente estão em primeiro lugar. Eles também aprenderam que, no mundo do dinheiro, abrir mão de parte dele em benefício do ganho de outra pessoa é "inestimável".

Um relacionamento de confiança é conquistado por meio de ações, não de palavras. Os clientes afluentes testam, tanto consciente quanto inconscientemente, o relacionamento com seus consultores financeiros. Se o consultor passar no teste de confiança, ele terá acesso a mais ativos e indicações do cliente, e o cliente aceitará a maioria, se não todas, as suas recomendações. Uma parceria de confiança é o que todos os nossos principais consultores buscam a longo prazo.

O consultor Mike expressa sua orientação de longo prazo da seguinte forma: "Meu pensamento sempre foi descobrir como trabalhar melhor com um cliente para que eu possa continuar aconselhando sua família daqui a 25 anos. Sei que essa estratégia leva a uma maneira diferente de fazer negócios, o que afeta a forma como tomo decisões, atendo meus clientes e me comunico com eles. É muito diferente de alguém que quer fazer uma venda rápida. De muitas maneiras, essa estratégia significou adiar o sucesso. Isso significava que a venda poderia levar um ano ou dois anos, porque essa era a maneira correta de fazê-la. Mas isso resulta em um relacionamento de qualidade muito mais alta, que será mantido".

Investindo tempo no desenvolvimento das habilidades de seus clientes potenciais e clientes de fato

David, outro de nossos principais consultores, nunca gostou de golfe, mas sabia que precisava praticá-lo em benefício de sua carreira. Ele me disse: "Durante anos, resisti a jogar golfe por causa do tempo que exigia, mas acabei percebendo que era o esporte que muitas das minhas principais fontes de referência e clientes praticavam. Como resultado, comecei a praticá-lo". A mesma filosofia vale para todos nós. Para nos colocarmos em posição de conhecer investidores ricos e desenvolver relacionamentos com eles, temos de fazer o que nossos prospects e clientes-alvo fazem. Seja pescar com mosca, desenvolver gosto pelas artes cênicas, andar a cavalo ou ir à sinfonia, você deve estar disposto a investir tempo nessas atividades porque, a longo prazo, elas serão recompensadas.

Foco em marketing

O marketing, por sua natureza, exige uma abordagem de longo prazo, mas, para que funcione com os afluentes, é preciso ainda mais tempo. Todos os principais consultores estão comprometidos com o marketing como parte de uma orientação de longo prazo. Vários deles fazem contato direto com o marketing e são muito eficazes nisso; no entanto, a maioria dos consultores de primeira linha adota uma abordagem mais sutil.

Sam se associou a um *country club* de prestígio antes de poder pagar; aprendeu a jogar golfe, a pescar com mosca e a caçar porque, em seu mercado, era assim que ele conheceria investidores ricos. Essa foi uma estratégia de longo prazo muito deliberada que exigiu um compromisso monetário e de tempo para colocá-lo na frente de seus clientes afluentes em potencial. Essa estratégia funcionou para Sam: com o tempo, ele assumiu um papel de liderança no *country club* e construiu relacionamentos sociais que acabaram se tornando clientes.

Como já discutimos, duas das estratégias de marketing mais eficazes são a criação de uma rede de referências profissionais (Capítulo 7) e a participação em organizações sem fins lucrativos (Capítulo 8); ambas exigem uma orientação de longo prazo. O sucesso ocorre quando você constrói relacionamentos com pessoas que podem ter um impacto positivo nos negócios.

A criação de uma rede de influenciadores envolve o desenvolvimento de relacionamentos com CPAs e advogados que indicarão investidores ricos para você. Todas as pesquisas indicam que essa é a principal maneira pela qual os milionários escolhem seu consultor financeiro. Entretanto, é preciso uma orientação de longo prazo para que essa abordagem funcione. Primeiro, é preciso tempo para desenvolver os relacionamentos certos com os influenciadores, e, depois, levará ainda mais tempo até que alguém comece de fato a fornecer indicações. Muitos consultores tentam essa estratégia, mas fracassam porque não dedicam tempo suficiente para desenvolver um relacionamento profissional e pessoal com o influenciador. A prática comum é que eles se reúnam com o influenciador, façam uma apresentação e esperem as indicações aparecerem. Em minha pesquisa com CPAs, são necessários pelo menos dezoito meses para conhecer um consultor antes que esses influenciadores se sintam à vontade para fazer uma indicação para um de seus clientes.

Uma abordagem de marketing sem fins lucrativos também exige paciência. A pedra angular dessa estratégia é assumir uma posição de liderança em uma organização sem fins lucrativos para desenvolver relacionamentos com outras pessoas ricas envolvidas no grupo. Dessa forma, o consultor tem acesso a pessoas ricas que dificilmente seriam abordadas de outra forma. Entretanto, o acesso é apenas o primeiro passo: ser um líder na organização e conquistar o respeito dos membros do conselho leva tempo. Os relacionamentos pessoais são desenvolvidos por meio do respeito mútuo e da paixão pela organização que está sendo atendida. Pode levar anos para desenvolver essas parcerias e, por fim, transformá-las em relacionamentos comerciais. Mas, para o consultor paciente, a oportunidade de passar do relacionamento pessoal para o comercial chegará.

Lucros retidos

Nossos principais consultores sabem que é preciso gastar dinheiro para ganhar dinheiro. De fato, todos eles investem dinheiro de volta em seus negócios. Um dos maiores erros que vejo os consultores cometerem é a falta de disposição para gastar em seus próprios negócios. É preciso uma orientação de longo prazo para que os consultores invistam em seus negócios, mas os melhores consultores reconhecem que esse investimento é necessário para o crescimento de seus negócios.

Por exemplo, John começou no negócio quando tinha 26 anos de idade, sem contatos, e trinta anos depois está fazendo negócios no valor de US$ 7 milhões. John credita grande parte de seu sucesso à sua disposição de reinvestir no próprio negócio. Ele organiza jantares de alta qualidade para os clientes, com serviço de bufê e os melhores vinhos, tudo à sua própria custa. Ele também organiza eventos anuais de reconhecimento de clientes de primeira classe, pagos por ele mesmo. John paga o almoço de sua equipe todos os dias e financia todas as despesas de treinamento em que ela incorrer.

Quanto reinvestir?

Anne provavelmente expressa isso melhor quando lhe perguntam quanto dinheiro ela reinveste em seu negócio. Sua resposta é: "O quanto for preciso". O valor médio que nossos principais consultores reinvestem em suas despesas comerciais é de 15% de sua remuneração total. O número mais alto foi de 20% dos negócios gerados, e o mais baixo foi de 10%. Esse investimento total normalmente era dividido da seguinte forma:

- 75% em despesas com folha de pagamento de funcionários
- 25% em despesas de viagem, entretenimento e caridade

Por exemplo, se nossos principais consultores gerassem US$ 5 milhões em negócios e recebessem US$ 2,5 milhões, eles investiriam US$ 250 mil em sua empresa. Dos US$ 250 mil, eles podiam gastar aproximadamente US$ 185 mil em honorários relacionados a funcionários e US$ 65 mil em viagens, entretenimento e despesas com caridade. De acordo com nossos consultores, essa porcentagem de lucros retidos permaneceu constante ao longo de suas carreiras. Se você deseja ser um consultor de primeira linha, precisa assumir os compromissos de longo prazo que os consultores de primeira linha assumem. Desenvolver um orçamento de lucros acumulados de 10% do negócio é um bom ponto de partida.

Implementando a lição nº 9 — um estudo de caso

Minha experiência como consultor financeiro baseou-se em uma visão de longo prazo que incorporou muitas dessas lições dos principais consultores, embora eu não os conhecesse ou não conhecesse suas filosofias na época. Eu queria me tornar um consultor de US$ 1 milhão e, embora não tivesse a menor ideia de como fazer isso, entendia que as atividades certas levavam aos resultados certos. Este estudo de caso incorpora muitas das lições de longo prazo deste capítulo.

A primeira etapa foi definir metas comerciais de longo prazo e dividi-las em mensurações anuais, mensais e semanais. Algumas dessas metas incluíam novos negócios gerados, novos ativos trazidos, novos clientes afluentes adquiridos e novos prospects adicionados ao pipeline de prospects. Uma vez estabelecidas, pude planejar minhas atividades diárias necessárias para atingir as metas definidas. Aprendi que acompanhar as atividades e os resultados era muito importante: aprendi a acreditar no lema "Não é possível gerenciar nada que não seja mensurado".

Em seguida, incorporei meu foco de nicho ao meu plano de longo prazo. Minha visão era que seria mais fácil conseguir compromissos em cidades menores com pessoas ricas do que na cidade em que eu morava. Comecei a implementar minha visão visitando essas cidades todas as semanas para desenvolver relacionamentos com as pessoas ricas e os centros de influência da comunidade. Foi preciso tempo e consistência para que eu pudesse construir um relacionamento de confiança e começar a abrir novas contas. Também tive de mergulhar na cidade selecionada lendo o jornal local, desenvolvendo fontes de referência, discursando nos clubes cívicos locais, entrando para a câmara de comércio e contribuindo para as instituições de caridade locais. Quando as pessoas da cidade-alvo souberam que eu estava comprometido com elas e com a comunidade, meus negócios cresceram exponencialmente.

Em 1983, juntei-me a outro consultor do meu escritório que estava fazendo mais ou menos o mesmo nível de negócios. Fomos uma das primeiras equipes da nossa região: nosso gerente achava que éramos loucos. No entanto, ele nos permitiu seguir em frente, mesmo sabendo que meu parceiro e eu não tínhamos ideia de como formar uma equipe. A formação de uma equipe exigia visão e implicava riscos, mas nós dois acreditávamos no benefício de longo prazo de trabalharmos juntos. Descobrimos o valor do brainstorming e do compartilhamento de ideias e recursos. Juntos, criamos uma visão. Dividimos nossas metas de negócios e atividades e nos responsabilizamos por elas.

Também percebemos que, para atrair e manter uma assistente de vendas altamente qualificada, era necessário investir dinheiro de volta em nossa empresa, o que era essencial para a execução de nosso plano de longo prazo. Convencemos nosso gerente a nos permitir compartilhar uma assistente; pagamos parte de seu salário. Ela era tão boa que, para mantê-la, sabíamos que precisaríamos lhe dar um bônus também. Todas essas ações levaram aos resultados desejados, e nosso negócio cresceu 50% em nosso primeiro ano completo como equipe.

Meu sócio e eu também investimos nosso próprio dinheiro em novas tecnologias. Compramos um computador Apple IIe em 1983.

Embora não pareça uma ideia radical para os padrões atuais, naquele momento foi um dos primeiros computadores pessoais trazidos para nossa empresa. Na época, ele custava US$ 5 mil, o que parecia ser uma despesa comercial enorme, e exigia um compromisso de longo prazo para obter lucro com ele. No entanto, essa tecnologia nos ajudou a rastrear nossos clientes e a manter contato com prospects de uma forma que nos diferenciou e contribuiu significativamente para o sucesso de nossos negócios.

Acabei me tornando gerente do meu escritório, mas, como era um escritório pequeno, a maior parte da minha renda vinha das minhas contas. Percebi que era demais tentar expandir meu negócio, atender meus clientes e gerenciar o escritório. Assim, todos os anos, eu eliminava do meu negócio as contas menores e as entregava a um novo consultor. Muitas vezes, esses clientes menores faziam mais negócios com seu novo consultor do que comigo. Mas eu não olhava para trás e me arrependia de tê-los passado adiante, porque minha visão não estava de acordo com o tamanho desses clientes. E funcionou. Apesar de trabalhar com menos clientes, meus negócios continuaram a crescer. Assumi um risco de curto prazo ao abrir mão de meus clientes pequenos, mas isso foi essencial para minha visão de longo prazo de trabalhar com investidores mais afluentes e oferecer a eles o modelo de serviço de que necessitavam.

Também entrei para o Kiwanis Club, um clube de campo, a câmara de comércio e o grupo de ex-alunos da minha faculdade. Tornei-me comissário do júri, participei ativamente da minha igreja e mudei minha família para um bairro mais agradável. Tudo isso exigiu tempo e dinheiro, mas foram os melhores investimentos que eu poderia fazer. Levou vários anos até que esse compromisso desse resultado, mas, quando isso aconteceu, a recompensa foi significativa. Eu estava conhecendo todas as pessoas certas e me integrando ao tecido da minha comunidade.

Finalmente, pude me concentrar exclusivamente em clientes afluentes, o que era o cerne da minha visão de longo prazo.

Minha história é apenas um exemplo de como a adoção de uma mentalidade de orientação de longo prazo valeu a pena. Todos os nossos principais consultores têm uma história semelhante sobre como desenvolveram uma visão de longo prazo para seus negócios e trabalharam para alcançar essa visão, investindo o tempo e o dinheiro necessários para transformar sua visão em realidade.

LIÇÃO Nº 10

CRIANDO UMA EQUIPE

A PROLIFERAÇÃO DE EQUIPES no setor de serviços financeiros foi um fenômeno bastante recente, ganhando força na década de 1990. Com uma única exceção, nenhum de nossos principais consultores teve a oportunidade de ser sócio júnior, porque as oportunidades de trabalho em equipe simplesmente não existiam quando a maioria deles começou. Em muitos casos, eles foram pioneiros na formação de equipes em nosso setor. No entanto, cada um dos principais consultores me disse que trabalhar com uma equipe lhes deu a oportunidade de passar mais tempo fazendo o que fazem de melhor: reunir-se com clientes afluentes e prospects. A abordagem de equipe fez, universalmente, uma diferença positiva no sucesso de seus negócios.

Hoje cada um de nossos principais consultores é o líder de uma equipe vertical estruturada para dar suporte ao consultor principal. A estrutura da equipe permite que o líder faça o que sabe fazer melhor, que é criar e desenvolver relacionamentos com clientes e prospects, definir a política e os processos de investimento e atrair novos negócios. O restante da equipe inclui pessoal de apoio e até mesmo outros consultores financeiros que são considerados sócios juniores no negócio. À medida que seus negócios cresceram, todos os nossos principais consultores continuaram a reconhecer que precisavam atrair e manter os "melhores" para apoiá-los. Portanto, eles são muito generosos com os membros de suas equipes. Muitos dos associados seniores ganham de duas a três vezes a remuneração que uma empresa tradicional pagaria.

Essa alta remuneração é justificada porque o custo da rotatividade é muito maior do que a generosa remuneração paga aos membros da equipe que já se provaram. Perder alguém significa uma interrupção no atendimento ao cliente e uma perda de impulso para todos. A maioria dos principais consultores tem pelo menos um associado sênior do cliente que está com eles há muitos anos, em alguns casos há mais de vinte anos. Esse associado sênior geralmente atua como chefe de equipe e tem excelente relacionamento com os clientes. Uma alta taxa de rotatividade é quase um modo de vida nos serviços financeiros, mas, com base em minha experiência, a rotatividade ocorre com menos frequência nas equipes de nossos principais consultores. Isso se deve não apenas à remuneração, mas também ao orgulho de fazer parte de uma equipe bem-sucedida.

John acredita que um dos fatores responsáveis pelo seu sucesso é a sua equipe e a lealdade deles com ele. "Meu associado sênior está comigo há 23 anos, e tenho dois outros associados que fazem parte da minha equipe há quinze e dez anos", diz. "A maioria das pessoas do meu grupo se juntou a mim logo depois de sair da faculdade, então elas cresceram juntas e realmente gostam de trabalhar juntas. Acredito que sou tão bom quanto a equipe que me apoia."

Como regra geral, nossos principais consultores são considerados, por muitos padrões, como tendo excesso de pessoal. Entretanto, todos eles acreditam que esse é um dinheiro bem gasto. Em sua visão, é impossível atender demais os clientes, e ter a oportunidade de delegar tarefas diárias vale cada dólar. Suas equipes evoluíram, em muitos casos, durante um longo período. Por exemplo, quando eu era gerente do John, ele estava sempre sugerindo que a empresa deveria pagar por mais um associado para o cliente. Quando eu fornecia um assistente adicional, ele também contratava um segundo, pagando por esse funcionário de seu próprio bolso.

Todos cometem erros de contratação

Assim como qualquer um que contrata pessoas em qualquer negócio, nossos principais consultores cometeram erros na contratação.

Escolher os membros da equipe pode ser como escolher um cônjuge, e, apesar das melhores intenções de todos, mesmo os casamentos supostamente bons nem sempre funcionam. Por exemplo, é impossível saber de antemão se um novo funcionário se dará bem com o restante da equipe. Por exemplo, John foi um dos primeiros a adotar equipes, mas, ao longo dos anos, perdeu vários funcionários. Hoje John tem quatro membros de sua equipe com mais de dez anos de experiência, e seu negócio continua a crescer, porque sua equipe trabalha muito bem em conjunto.

Benefícios de uma estratégia de equipe

Fazer parte de uma equipe como consultor financeiro não é garantia de sucesso. No entanto, se os elementos de uma bem-sucedida estratégia de equipe estiverem presentes, isso aumentará muito a probabilidade de obter ótimos resultados financeiros. O objetivo é liberar tempo para o líder da equipe fazer o trabalho que ele não pode delegar. Conforme discutido, isso geralmente significa trabalhar com os melhores clientes e desenvolver novos relacionamentos com prospects de alto patrimônio líquido.

Nossos melhores consultores fornecem descrições de trabalho muito específicas para todos os membros de suas equipes, de modo que todos tenham responsabilidades claramente definidas e saibam pelo que são responsáveis. As tarefas podem incluir:

- administrativo;
- relacionamento com os clientes;
- implementação do investimento;
- especialidades de produtos;
- atendimento ao cliente;
- marketing.

Sam coloca isso muito bem quando oferece o seguinte conselho: "A humildade é uma virtude importante neste negócio. É muito melhor formar uma equipe forte e poder falar sobre a qualidade da sua equipe para os prospects, do que se concentrar em como você é bom. A sua equipe também pode posicioná-lo de forma positiva e fortalecê-lo com clientes e prospects de uma forma que você não pode fazer sozinho".

Estrutura da equipe

Todos os nossos principais consultores estruturaram suas equipes de forma diferente. Alguns têm sócios juniores que recebem uma divisão minoritária dos negócios; outros têm suporte administrativo que recebe remuneração suplementar além de seus salários. No entanto, todos eles têm certos elementos em comum: posicionamento vertical que dá suporte ao consultor principal e membros da equipe que são bem remunerados.

Mais da metade dos nossos quinze consultores principais mantém um sócio consultor júnior. Esses sócios juniores geralmente chegaram a seus cargos como resultado de algum contato com o consultor principal, fosse pessoalmente, fosse por trabalharem no mesmo escritório. Eles foram designados ou o consultor sênior os notou no escritório e foi atraído por sua ética de trabalho. Em alguns casos, eles eram membros da família. A função do sócio júnior é aumentar a capacidade de marketing ou atuar como gerente de relacionamento com o cliente, uma vez que ambas as funções liberam o consultor sênior para se concentrar mais no desenvolvimento de negócios e nos clientes mais lucrativos.

Ross dá ao seu sócio um enorme crédito por ter levado a equipe na direção do dinheiro em movimento, com foco no mercado executivo, o que elevou seus negócios a um novo patamar. Seu sócio desenvolveu os conhecimentos necessários e trabalhou agressivamente para posicionar a equipe de Ross como líder nessas áreas. Os negócios da equipe cresceram significativamente como resultado dos esforços do sócio júnior, que é muito bem remunerado.

A equipe de Sam inclui ele próprio e um sócio. Eles dividem os lucros dos clientes existentes de Sam: 63% para Sam e 37% para seu sócio. Toda a receita de novos negócios foi colocada em um pool 50/50, e ambos os sócios têm o mesmo peso quando se trata de fornecer e implementar a visão para que a equipe atinja suas metas. Sam e seu sócio gastam cerca de 10% de sua renda em renda suplementar para os associados. Eles têm três assistentes para apoiar a equipe: dois dos assistentes dividem igualmente os sessenta clientes e um é responsável apenas pelas tarefas administrativas. Sam vincula seu modelo de negócios diretamente à estrutura de sua equipe, dizendo: "Temos um sistema de contato com o cliente que se baseia em contatos mensais e revisões trimestrais presenciais. Para essas reuniões, escolho os tópicos a serem seguidos. Um dos meus assistentes colocará toda a documentação de apoio por trás da pauta e o que eu devo destacar. Se eu tivesse que prepará-la sozinho, ela não seria concluída".

John gasta de 10% a 15% de seus ganhos com a remuneração da equipe. Ele tem quatro associados de clientes que atendem a seus oitenta clientes. A cada um deles são atribuídos investidores específicos, mas todos os associados conhecem cada um dos clientes de John. "Os quatro associados de clientes têm, cada um, vinte contas com as quais trabalham diretamente, e fazem tudo por esses clientes. Eles desenvolvem relacionamentos profundos e realmente se relacionam com eles. Se alguém precisa de alguma coisa, um assistente cuida disso, eles não me chamam", diz John. "Portanto, eu não tenho contato com o cliente, exceto nos contatos mensais e nas revisões trimestrais." John também tem dois analistas em sua equipe – um que fornece materiais de apresentação e outro que prepara todas as revisões mensais e trimestrais. Além disso, John tem um membro da equipe dedicado aos seus esforços de marketing, incluindo o acompanhamento de seus prospects.

Mike descreve sua equipe da seguinte forma: "Dirijo uma equipe vertical, e todos os negócios passam por mim. Os analistas ajudam a gerenciar o processo de investimento. Eles se concentram na análise de estratégias e alternativas de investimento no *front end* e ajudam a garantir que os ativos sejam alocados de acordo com o plano. Eles são responsáveis por gerar os relatórios de desempenho de nossos clientes, para que eles saibam como estão se saindo e também para que possam fazer diagnósticos e descobrir onde podemos fazer mudanças. Meus associados de clientes cuidam dos requisitos administrativos e de serviços de meus clientes".

Joseph gasta 10% de sua remuneração com sua equipe e descreve seu negócio como uma pirâmide, sendo ele o CEO. Ele tem dois sócios juniores que estão na faixa dos 30 anos e compartilham a filosofia de negócios de Joseph e a forma de administrar o dinheiro. Eles têm seus próprios números de produção e recebem cerca de 10% cada um do total do negócio, deixando Joseph com 80%. Eles dividem todos os novos negócios igualmente e depois fazem ajustes no final do ano com base em quem trouxe mais negócios. De acordo com Joseph, "Temos um cliente associado que cuida de nossas contas menores e da parte menor de nossos negócios. Depois, temos quatro associados de clientes que são responsáveis por nossos clientes maiores. A cada um desses clientes maiores é atribuído um associado líder, mas toda a equipe de suporte pode substituir um ao outro quando necessário".

David acredita que ainda tem um crescimento fenomenal pela frente, e a maneira de chegar lá é por meio de sua estrutura de equipe. Atualmente, David tem dois associados de clientes. Um deles faz todo o trabalho administrativo, agendando viagens, mantendo sua agenda e atendendo aos clientes. O outro associado prepara as avaliações de desempenho, ajuda na estrutura do portfólio e trabalha com alguns clientes. David deseja adicionar pelo menos mais uma pessoa para melhorar ainda mais o atendimento aos seus clientes, permitindo que ele dedique mais tempo ao desenvolvimento de negócios. Embora delegue a maioria das tarefas, ele continua responsável pela elaboração de estratégias de ideias de investimento, dizendo: "Tenho de estar preparado para fornecer boas ideias de investimento que ofereçam valor aos meus clientes".

A equipe de Rob administra US$ 1,4 bilhão em ativos para 78 clientes; o tamanho mínimo do cliente é de US$ 10 milhões. Rob gasta 10% de seus ganhos em despesas extras, e cerca de 75% desse valor é para remuneração da equipe acima do que a empresa paga. Rob é o rosto da organização para fechar negócios e apresentar propostas. A estratégia de investimento da equipe é de sua responsabilidade. Ele tem uma equipe de seis pessoas, incluindo ele próprio e seu sócio júnior, dois analistas e dois associados de clientes. Seu sócio é responsável pela implementação da estratégia de investimento e pela administração. Seus analistas são responsáveis pela elaboração de propostas, pesquisa e análise de investimentos. Dois associados são intercambiáveis no atendimento aos clientes.

Anne tem um sócio com quem divide os negócios em um acordo de 75%/25%. Um analista cuida de todos os investimentos em renda fixa da equipe, e há dois associados de clientes. Devido à experiência de Anne com executivos e serviços corporativos, ela desenvolveu uma segunda equipe que cuida dos clientes que estão abaixo de seu mínimo. Esses clientes chegam até ela como um desdobramento de seus negócios corporativos; normalmente, esses clientes são inferiores a US$ 5 milhões. Essa segunda equipe tem dois consultores e um assistente, e ela divide os negócios com os clientes que deu a eles na proporção 50/50. Anne é a única pessoa de sua equipe que atua ativamente no mercado; ela é a única responsável pela estratégia e pelo planejamento de seus principais clientes. Os associados são responsáveis pela agenda da sócia e pelo atendimento ao cliente e são treinados para substituírem uns aos outros. Sua equipe trabalha com 62 clientes, com ativos de US$ 1,3 bilhão. Ela retém 20% de seus ganhos para despesas comerciais e gasta 75% desse valor com a remuneração da equipe.

Ross e seu sócio gastam cerca de 10% de seus ganhos em seus negócios, e 70% de seus ganhos retidos são gastos em remuneração suplementar para seus associados. A equipe trabalha com 120 clientes e US$ 1,3 bilhão em ativos. A equipe de Ross é formada por um sócio júnior e dois associados de clientes. Ele divide os negócios com seu sócio da seguinte forma: os primeiros US$ 2 milhões são divididos em 70/30; de US$ 2 milhões a US$ 3 milhões, a divisão é 60/40; e acima de US$ 3 milhões, 50/50. A divisão no ano passado foi, em média, de 66/34. O motivo pelo qual os primeiros US$ 2 milhões são divididos em 70/30 é que Ross fazia regularmente negócios de US$ 1,5 milhão antes de seu sócio entrar para a equipe. Quando o sócio entrou na equipe, Ross disse a ele: "Vou pagar a mais para você no início da sua carreira e você vai me pagar a mais no final da minha carreira". Ross quis dizer que, no final, ele trabalharia menos, mas ainda assim deveria ser bem pago pelo sócio mais jovem.

O restante da equipe de Ross inclui um associado de clientes que se concentra na parte administrativa e um associado sênior cuja principal responsabilidade é a solução de problemas e o atendimento. Cada associado tem uma experiência diferente com os diferentes produtos que a equipe oferece a seus clientes. Por exemplo, um associado tem experiência em ações restritas, outro em empréstimos. Ross explica como os associados de clientes trabalham: "Ambos são responsáveis pelo atendimento e atendem a todas as chamadas de clientes que chegam. Em alguns casos, ambos podem falar com o mesmo cliente: um pode estar trabalhando em uma hipoteca e depois passar para o outro, para acompanhar um problema operacional".

Jack tem dois sócios consultores em sua equipe, com os quais divide os negócios em 60/30/10. Jack é quem tem a visão de longo prazo e planeja as jogadas (a função do quarterback no futebol americano), e trabalha com um de seus sócios (seu filho) no desenvolvimento dos negócios. O sócio de 10% concentra-se na estrutura e nas regras de planos de aposentadoria, empréstimos e seguros. O sócio de 30% tem uma forte orientação para o lado das ações do negócio, enquanto Jack é mais equilibrado entre ações e títulos. Jack trabalha com cerca de metade dos clientes, geralmente os maiores, e divide o restante da seguinte forma: o sócio de 10% cuida dos clientes menores, e o sócio de 30% assume o restante. Jack traz o sócio de 30% sempre que inicia um novo relacionamento, e o novo cliente gosta de conhecer os dois consultores desde o início. A equipe tem dois associados de clientes, sendo que um trabalha principalmente com Jack e seus clientes e o outro associado trabalha com os dois sócios juniores.

Jack descreve a interação dos sócios da seguinte forma: "Temos contato constante uns com os outros e, como resultado, não temos reuniões formais. Já observei equipes diferentes que parecem estar de mãos dadas e se reunindo o tempo todo. Nós não fazemos isso. Interagimos durante todo o dia, pedindo a opinião uns dos outros sobre as coisas".

William administra sua empresa como um consultório médico

William tem uma equipe vertical com três associados de clientes. Um dos associados faz todas as análises, os produtos de crédito e os seguros. Outro associado é licenciado e registra todos os seus negócios. Esses dois associados atendem os clientes e preparam as análises deles para William. Ele também tem um associado de meio período para fazer o trabalho administrativo, para aliviar a carga dos associados. Ele descreve sua equipe da seguinte forma:

> "Criei meu negócio com base no modelo do médico. Quando você vai a um consultório médico, entra na sala de exames e outra pessoa entra e pergunta sobre seus sintomas; ela

> preenche o prontuário, mede sua pressão arterial, sua temperatura, e o prepara para o médico. Em seguida, colocam sua ficha em uma prateleira na porta, e há sete portas no corredor, todas com pacientes esperando. Quando chega a sua vez, o médico entra, pega o prontuário da porta e passa trinta segundos olhando para ele antes de se encontrar com você.
>
> "Quando os clientes vêm me ver em meu escritório, a reunião ocorre da mesma forma. Eu analiso o arquivo do Sr. Smith por cerca de cinco minutos enquanto ele toma uma xícara de café com alguém da minha equipe. Minha equipe preparou sua análise para que ela esteja pronta para ser distribuída na minha mesa. Eu entendo o que quero fazer; analiso a alocação de ativos, procuro posições que não estamos mais usando ou coisas que quero trocar. Em seguida, nós o trazemos de volta para se reunir comigo. E eu não agendei essa revisão, não enviei um lembrete para ela, não imprimi nenhuma documentação, não a preparei. Para mim, a capacidade de fazer uma revisão a cada hora, durante seis horas seguidas, sem ter de fazer nenhuma preparação, é a única maneira de fazer esse volume. Conheço pessoas que fazem apenas duas ou três revisões por semana e acham que isso é um grande problema. Nós fazemos seis por dia."

William não quer perder nenhum cliente afluente e percebe a importância do serviço proativo para a alta retenção. Seus planos de longo prazo incluem a inclusão de outro associado cujo trabalho principal será melhorar o atendimento ao cliente para que aqueles existentes não abandonem a clínica, "porque, quando vejo a lacuna em meus negócios, preciso fornecer um serviço mais proativo, em vez de reagir", diz William. "A porta da frente está bem aberta. Até setembro, adicionamos onze novos clientes afluentes neste ano [passado], enquanto a média de nossa empresa é de apenas dois. Eu escancarei a porta da frente ao trazer muitos novos clientes afluentes. No entanto, ainda estou preocupado com a perda de clientes pela porta dos fundos."

Implementando a lição nº 10

A primeira etapa para implementar esse princípio é analisar seu modelo e estrutura de negócios atuais. Se você não faz parte de uma equipe existente, pergunte a si mesmo se, no momento, tem apoio suficiente para se concentrar na construção de relacionamentos com os clientes existentes, no desenvolvimento de negócios e na prestação de serviços de primeira classe aos seus melhores clientes. Caso contrário, sugiro enfaticamente que considere a possibilidade de contratar um associado ou dividir o custo com outro consultor altamente motivado que esteja disposto a investir em uma equipe. Em muitos casos, essa despesa será adicional ao salário do associado do cliente pago por sua empresa.

Se você faz parte de uma equipe existente, compare sua estrutura e práticas atuais com as dos principais consultores e determine se é necessário fazer alguma alteração. Mesmo que você não seja o membro sênior de uma equipe ou que seu grupo não seja uma organização vertical, ainda assim é possível incorporar muitas das melhores práticas de equipe a seguir.

Seis elementos de uma equipe bem-sucedida

Como já disse, uma equipe é como um casamento, e muitos dos elementos de um casamento bem-sucedido se aplicam a uma equipe bem-sucedida. Os elementos mais importantes de uma equipe bem-sucedida são ter o ajuste certo e o mesmo nível de comprometimento, além de compartilhar uma visão e metas comuns. Uma vez que esses elementos estejam presentes, levar a equipe ao próximo patamar envolve seis práticas importantes, que podem ser aplicadas independentemente ou não de a equipe ser estruturada verticalmente.

- *Valores compartilhados.* Os valores centrais devem ser estabelecidos pelo líder da equipe, depois compartilhados com o restante da equipe e seguidos por todos. Os valores importantes da equipe podem incluir a experiência do cliente, como os membros da equipe são remunerados e reconhecidos e como os portfólios são investidos. O líder da equipe precisa comunicá-los claramente a todos os membros da equipe, especialmente aos novos. A falta de valores da equipe, ou a falta de comunicação desses valores, resultará em problemas inevitáveis, pois nem todos os membros agirão de acordo com esses valores, o que resultará em uma desconexão entre eles.

- *Visão.* Todos os membros da equipe são melhores e mais produtivos quando estão trabalhando para atingir metas específicas e uma visão. A visão não precisa permanecer a mesma – na verdade, ela deve ser flexível e ajustada ao longo do tempo. O fator mais importante é que haja uma visão de equipe com metas específicas de curto e longo prazos que o líder deve desenvolver e articular para o time. Minha experiência passada mostrou que os consultores que têm metas específicas se saem melhor do que aqueles que não têm.
- *Responsabilidade.* Uma vez que a visão e os valores tenham sido estabelecidos e comunicados, cada membro da equipe deve ser responsabilizado por seu papel no alcance das metas e na realização da visão da empresa. Um alto nível de responsabilidade serve como um poderoso motivador e aumentará o foco e a produtividade de cada membro da equipe.

  Deve-se escrever uma descrição de cargo para cada membro da equipe que descreva as responsabilidades dessa pessoa. A remuneração e o reconhecimento devem ser baseados nas contribuições que cada um faz em sua área de responsabilidade. Em intervalos regulares, os membros da equipe devem compartilhar seus resultados em comparação com suas metas de longo prazo. Esse processo proporciona a responsabilidade necessária.

- *Comunicação frequente e aberta.* A boa comunicação é essencial para qualquer empreendimento em equipe. Os problemas mais frequentes que observei nas equipes – e os mais fáceis de resolver – são de comunicação. As equipes devem estabelecer meios para comunicação e promover um diálogo aberto e franco. Recomendo que façam uma reunião de uma hora uma vez por semana. Use uma agenda para manter a reunião focada e no caminho certo. O encontro pode reforçar os valores, a visão, a responsabilidade, e oferecer uma oportunidade para os membros contribuírem com novas ideias. Deve-se reservar um tempo durante cada reunião para brainstorming e uma discussão aberta para compartilhar ideias sobre o que pode melhorar a equipe. Além disso, o sócio sênior deve ter uma política de portas abertas e incentivar os membros da equipe a se sentirem à vontade para compartilhar suas preocupações, problemas e ideias.
- *Compensação justa.* A remuneração deve ser justa para todas as partes para que uma equipe seja eficaz. À medida que a equipe cresce, os responsáveis por esse crescimento devem ser remunerados por suas contribuições. Isso é particularmente verdadeiro com os sócios menos experientes. Os sócios juniores querem participar do crescimento da empresa com a esperança de alcançar a paridade no futuro. Se os consultores bem-sucedidos e de alto potencial forem limitados a uma pequena porcentagem do negócio, ficarão frustrados e poderão acabar saindo. A responsabilidade e a remuneração devem andar de mãos dadas para que a equipe seja eficaz. O reconhecimento pode ser tão importante quanto a remuneração, especialmente para os associados de clientes. Um dos aspectos positivos de uma equipe é que os membros estão trabalhando por uma causa maior do que apenas eles mesmos. O reconhecimento reforça e motiva as pessoas a se esforçarem mais.

- *Plano de sucessão.* A aposentadoria de um sócio sênior é inevitável, e, como resultado, um plano de sucessão precisa ser desenvolvido e comunicado a todos os clientes, bem como aos membros da equipe. Muitos consultores seniores não se sentem à vontade com um plano de sucessão porque temem que as circunstâncias possam mudar no futuro. No entanto, ao não comunicar uma estratégia, os outros sócios não sabem qual é a posição e qual será a sua participação na parceria. Essa incerteza pode se tornar uma distração contínua que afeta o moral e a lealdade.
  Um plano de sucessão pode ser alterado e aperfeiçoado ao longo do tempo com a contribuição da equipe, mas sempre deve haver um plano em vigor. O plano de sucessão oferece a todos uma visão clara de suas funções no futuro da equipe e pode servir como um motivador positivo para garantir que todos os membros estejam comprometidos com o sucesso a longo prazo.

* * *

Depois de ler este capítulo, pode parecer irreal que sua empresa atual seja capaz de suportar equipes tão grandes quanto as de nossos principais consultores. O importante a ser lembrado é que você não precisa ter uma megaequipe para ter sucesso, mas precisará ter o nível certo de suporte para que sua empresa possa crescer. Desenvolver uma equipe para apoiar seus esforços custa dinheiro, mas, como nossos principais consultores descobriram, é um dos melhores investimentos que podem fazer.

LIÇÃO Nº 11

GESTÃO DE PATRIMÔNIO

A GESTÃO DE PATRIMÔNIO é um processo de investimento abrangente e holístico que integra as metas de longo prazo de uma pessoa com soluções financeiras, usando uma abordagem consultiva e baseada em planejamento. Os gestores de patrimônio se concentram em entender o cliente previamente e dedicam todo o tempo necessário para isso antes de fazer o primeiro investimento. Muitos consultores não dedicam tempo para realmente entender as metas e os sonhos de seus clientes ou sua tolerância a riscos. Eles não incorporam essas informações vitais em um plano abrangente projetado para atingir metas dentro de um parâmetro de risco específico. Ao mesmo tempo, os gerentes de patrimônio podem oferecer uma variedade de produtos e serviços financeiros, todos relacionados à situação financeira total do cliente, como serviços bancários, gestão de passivos, hipotecas, proteção de ativos, planejamento patrimonial ou serviços filantrópicos.

Nossos principais consultores vão muito além da mera compra e venda de investimentos. Em vez disso, eles se veem como gestores de patrimônio. Todos eles têm o compromisso de investir seu tempo no início de um relacionamento comercial para obter uma compreensão profunda da mentalidade, da tolerância a riscos, da experiência anterior e das metas de longo prazo de seus clientes. Ao compreender seus "medos" e "sonhos", eles podem elaborar um plano de investimento personalizado para atingir as metas do cliente. Esse processo de descoberta permite que os consultores informem desde o início se as metas dos clientes são razoáveis, considerando sua tolerância ao risco. Se as metas financeiras não forem razoáveis, os consultores terão a oportunidade de instruí-los sobre a dinâmica do risco e da recompensa, de modo que o consultor possa dar ao cliente a perspectiva e as expectativas corretas. No entanto, muitos dos consultores de nosso setor não adotam essa abordagem.

O desenvolvimento de um documento formal que sistematicamente estabeleça o plano de investimento é outro aspecto importante do processo de gestão de patrimônio. O valor do plano é que ele torna real o processo intangível dos investimentos. O cliente pode lê-lo, entendê-lo, consultá-lo novamente e compartilhá-lo com outros consultores (um contador público e/ou advogado imobiliário, por exemplo) e membros da família. Também é muito importante para o consultor, para que ele possa consultar o plano durante as revisões trimestrais e colocar o desempenho do investimento em um contexto de longo prazo.

Mas a gestão de patrimônio na verdade vai além dos investimentos do cliente. O objetivo de todo gestor de patrimônio é ser o estrategista de toda a vida financeira do cliente. Esse trabalho se estende ao planejamento patrimonial, empréstimos, seguros, aposentadoria e planejamento educacional. Ao discutir todos os aspectos da vida financeira do cliente durante o processo de descoberta e planejamento, os melhores consultores se posicionam como pessoas capazes de unir tudo em um plano abrangente. Essa abordagem atrai clientes afluentes porque ter um consultor para coordenar todos os aspectos de sua vida financeira simplifica o que pode ser um processo muito complexo.

É possível que cada consultor não seja especialista em todos os aspectos não relacionados a investimentos do quadro financeiro de um cliente, mas ele pode montar uma equipe de especialistas a ser contratada conforme necessário. Essa equipe pode ser criada dentro de uma empresa de serviços financeiros usando especialistas internos ou pode ser montada trazendo especialistas externos. Os consultores precisam fazer a devida diligência para montar uma equipe de advogados qualificados e experientes em planejamento patrimonial, especialistas em seguros, banqueiros e contadores públicos. Depois que a equipe é montada, o consultor está em posição de ser o "estrategista" em todos os aspectos da vida financeira do cliente.

Ao adotar esse tipo de abordagem abrangente, nossos principais consultores descobriram que seus negócios e ativos aumentaram, enquanto a retenção de clientes melhorou. Melhor ainda, descobri que os consultores que ofereciam a mais ampla variedade de produtos e serviços de investimento conseguiam aumentar exponencialmente seus negócios. Observei que a retenção quase perfeita ocorre quando um cliente afluente precisa de seis ou mais produtos e serviços financeiros diferentes. Exemplos disso podem incluir (além da conta de investimento principal) uma conta separada para negócios e serviços bancários, seguro de vida, hipotecas, empréstimos para aquisição de imóveis residenciais, serviços fiduciários, uma conta de poupança para saúde, um plano de poupança para faculdade, pagamento de contas on-line, serviço de depósito direto, assistência médica de longo prazo e cartões de crédito e débito. Além disso, conforme discutido no capítulo sobre construção de relacionamentos, minha experiência indica que os ativos mais fáceis para um consultor obter são aqueles que os clientes guardaram. O primeiro passo para adquirir esses ativos retidos é descobrir sobre eles, o que é feito durante a reunião de descoberta e planejamento, na primeira etapa do processo de gestão de patrimônio.

Uma situação em que todos saem ganhando

A abordagem de gestão de patrimônio é uma situação clássica de "ganha-ganha" tanto para o cliente quanto para o consultor. Todos os consultores entrevistados para este livro se transformaram em gestores de patrimônio ao descobrirem que essa é a maneira como os clientes afluentes querem fazer negócios. A atratividade da abordagem de gestão de patrimônio para os milionários é validada por um estudo realizado por Russ Alan Prince e compartilhado no livro *Cultivating the Middle-Class*

Millionaire (Cultivando o milionário de classe média). Prince descobriu que 77% dos milionários preferiam trabalhar com gerentes de patrimônio. A definição de Prince de um gestor de patrimônio é aquela que "adota uma abordagem abrangente e holística para oferecer soluções integradas". Prince pesquisou mais de quinhentos consultores financeiros e descobriu que apenas 8,4% deles se enquadravam nessa descrição. A maioria dos consultores pesquisados eram generalistas de investimento (79%) que se descreveram como "oferecendo uma ampla gama de produtos de investimento, mas não têm uma orientação de planejamento abrangente".

Nossos principais consultores capitalizaram essa lacuna entre as necessidades do investidor rico e o que está disponível no mercado de serviços financeiros. Em um setor altamente competitivo, oferecer uma diferenciação que seja atraente para o comprador faz a diferença entre o sucesso e o fracasso.

Veja a seguir alguns dos muitos benefícios da abordagem de gerenciamento de patrimônio:

- Mais negócios chegam. Quando os clientes aumentam o número de produtos e serviços de investimento diferentes que utilizam, seus negócios aumentam exponencialmente.
- A retenção aumenta significativamente com a expansão dos produtos e serviços de investimento, bem como com o contato proativo regular que faz parte do processo de gestão de patrimônio.
- A descoberta de ativos de clientes existentes leva à aquisição desses ativos.
- Esse processo incorpora os outros consultores dos clientes, o que pode levar ao desenvolvimento de fontes profissionais de referência.
- Os clientes afluentes preferem trabalhar com gestores de patrimônio em vez de generalistas de investimento, o que dá ao gestor de patrimônio uma vantagem em um setor altamente competitivo.

O processo de gestão de patrimônio

O processo de gestão de patrimônio requer um investimento substancial por parte dos consultores financeiros que o adotam. Não há atalhos para se tornar um gestor de patrimônio eficaz, mas as recompensas, como nossos principais consultores descobriram, valem o tempo investido. Eles precisam investir em seu desenvolvimento profissional para atingir um nível de especialização que os clientes que desejam ser aconselhados exigem em relação a todos os aspectos de suas vidas financeiras. O consultor financeiro deve entender os mercados e ser capaz de interpretá-los para seus clientes, enquanto investe os portfólios por meio de um processo disciplinado e de longo prazo. Ele deve investir tempo para entender o nível de tolerância ao risco de seus clientes e desenvolver uma estratégia de alocação de ativos que seja consistente com a tolerância ao risco dos clientes. Ele deve investir tempo no processo de descoberta e desenvolver um plano antes que qualquer investimento seja feito. Também deve investir tempo na montagem de uma equipe de especialistas que possa ser trazida para ajudá-lo a fornecer a abordagem abrangente que a gestão de patrimônio exige. Além disso, deve fazer um acompanhamento regular para revisar e atualizar o plano.

Os principais consultores seguiram o processo de gestão de patrimônio, mas, como todos os outros princípios de sucesso que implementaram, eles o fizeram à sua maneira. Embora existam práticas comuns, também há diferenças. Alguns dos principais consultores eram mais formais no processo de gestão de patrimônio do que outros. Por exemplo, os planos de John são muito detalhados e formalmente apresentados, com muitos gráficos e tabelas. Joseph opta por criar um plano estruturado de forma mais flexível para cada cliente.

A criação de um plano financeiro, independentemente do nível de formalidade, é a primeira etapa do processo. Ele permite que os consultores façam perguntas pessoais e discutam as metas, os sonhos e a tolerância a riscos do cliente. Acredito que você poderia descobrir

50% ou mais dos ativos que estão guardados apenas fazendo um perfil completo de um cliente e atualizando essas informações todos os anos. Como afirma o consultor Jack, "Você ficaria surpreso com a quantidade de ativos dos clientes na metade superior da carteira que você não tem. Você precisa fazer perguntas como: quanto você deve? Qual é sua renda? Quanto você gasta e economiza? Quantos ativos totais você tem e onde eles estão? Que responsabilidades financeiras você tem com os filhos e os pais?".

Jack então se posiciona para ser um membro essencial da equipe de seus clientes. Isso significa dar a seus clientes acesso total a ele, 24 horas por dia, 7 dias por semana. Ele incentiva as pessoas a telefonarem para ele em casa e está disposto a se reunir nos fins de semana. Sua filosofia é que, se seus clientes tiverem um problema, ele quer saber. Em sua opinião, ele desempenha um papel importante ao ajudar a garantir que seus clientes não vivam mais do que sua riqueza, o que significa trazê-los à realidade sobre seus hábitos de gastos (eles estão vivendo dentro de suas possibilidades?) e ser realista sobre os retornos de seus investimentos.

O objetivo de David é ter a total confiança de seus clientes para que ele possa supervisionar e cuidar de todos os aspectos de suas vidas financeiras. Essa é a única maneira pela qual ele entraria em um relacionamento com o cliente; ele não quer ser uma pequena parte da situação financeira geral. Ele acredita que isso seria um desperdício de suas capacidades e um desserviço para seus clientes. Nas palavras de David, "Descobri que meus clientes ricos querem que eu me envolva em suas vidas financeiras, e espero que esses clientes paguem uma taxa razoável por esse [serviço]. Sinto que sei mais sobre gestão de investimentos do que qualquer cliente com quem estou interagindo. Se você não estiver envolvido nisso – se não estiver fazendo [gestão de patrimônio] no dia a dia e pensando nisso –, não conhece realmente esse negócio. É difícil para as pessoas que não estão fazendo isso todos os dias; não é fácil fazer isso".

William compartilha uma história que ilustra o poder da abordagem de gestão de patrimônio e por que ela é tão atraente para os investidores ricos. Certa vez, William foi indicado a um prospect de US$ 10 milhões que iria entrevistar três equipes. William não sabia o que os outros haviam dito, mas suspeitava que eles falaram sobre o desempenho de seus investimentos anteriores. No entanto, William reservou um tempo para analisar as informações do prospect antes de sua apresentação e descobriu que ele tinha feito um truste em vida, mas que isso não estava incluído em nenhum de seus documentos. Além disso, nada estava registrado no truste e nenhum beneficiário havia sido nomeado. William disse ao prospect: "Sabe, eu não trouxe nenhum investimento para falar sobre porque isso não importa; tudo isso vai virar imposto de qualquer maneira, porque o que você tentou fazer não vai acontecer. Se você estiver comigo, primeiro vamos nos preocupar com os pequenos detalhes e depois nos preocuparemos com os investimentos a serem feitos". William venceu a concorrência e conseguiu a conta.

Sam coordena os demais consultores de seus clientes, inclusive os consultores tributários, como parte de seus serviços. Ele também dedica tempo para conversar com os filhos do cliente e com o cônjuge do cliente. Sam me disse: "Se um cliente morre e os filhos assumem o controle, para onde ele vai? É melhor você ter um relacionamento com os filhos". Em relação ao ponto de vista de Sam, em minha experiência como gerente, tenho visto com frequência grandes contas serem transferidas para longe dos consultores quando um cliente morre, porque o consultor não investiu tempo para estabelecer relacionamentos com os filhos do cliente. Consequentemente, não há lealdade ao consultor de seus pais.

Joseph oferece uma ampla gama de serviços

Joseph fecha pelo menos 75% das pessoas que passam por esse processo com ele. Como ele quer que seus clientes o procurem para tudo o que fizerem em termos financeiros, não é incomum que seus clientes perguntem se podem comprar um carro novo ou se devem reformar a casa. Assim, Joseph inicia cada relacionamento com o cliente com uma abordagem baseada em planejamento, embora valorize mais a execução do que a sofisticação do plano. Por exemplo, quando Joseph se reúne com um prospect pela primeira vez, ele descreve o processo da seguinte forma:

> "Quero ouvir sobre tudo o que eles fazem, e tudo é importante. Eu pergunto: 'O que mais é importante para você?', pergunto 'o que mais?', na primeira reunião, pelo menos meia dúzia de vezes. Obtenho muitas informações perguntando 'o que mais'. Finalmente, quando eles dizem 'Bem, não consigo pensar em mais nada', [então] tenho as informações de que preciso.
>
> "Na primeira reunião, uma das coisas que digo às pessoas é que não sou a pessoa certa para todo mundo, mas, quando nos encaixamos bem, fazemos um trabalho realmente valioso para nossos clientes. Portanto, o que quero fazer é descobrir se somos adequados um para o outro. Depois de conversarmos sobre o que é importante para o cliente no que se refere a sua vida e suas finanças, compartilho um pouco de nossa metodologia e escrevo um curso de ação formal. Com base nessa reunião de descoberta e no plano subsequente, eles podem decidir se sou ou não uma boa opção.
>
> "Na reunião seguinte, já fiz uma lista de tudo o que conversamos. Digo 'Aqui estão as coisas que entendi que são importantes para vocês', e as listo, geralmente [como questões] de 1 a 17, e as pessoas ficam surpresas com o fato de termos conseguido escrever 17 coisas, e acabam dizendo 'Nossa, não sabíamos que tínhamos todas essas questões'. Então eu digo 'Aqui está o que recomendamos', e, à medida que compartilhamos nossas recomendações, nós as relacionamos com seus problemas. Quando terminamos de recomendar o curso de ação, já abordamos todos os objetivos. A maioria dessas recomendações inclui investimentos, planejamento patrimonial e questões de seguro.

> "Depois de passar por esse processo, pedimos feedback: eles gostaram de nossa abordagem? O que eles acham? Com base em sua resposta e entusiasmo, nós os incentivamos a assinar a papelada e abrir uma conta, ou os incentivamos a refletir sobre o curso de ação recomendado e a marcar uma reunião de acompanhamento na semana seguinte, para que possamos resolver quaisquer diferenças e decidir se eles estão interessados em trabalhar conosco."

A forma como nossos melhores consultores investem o dinheiro é menos um diferencial do que o processo de gestão de patrimônio. No livro *Breaking Through* [sem publicação no Brasil], John Bowen expressa muito bem esse ponto quando escreve: "Já foram feitas tantas pesquisas acadêmicas sobre metodologia de investimento e alocação de ativos que a maioria dos consultores está fazendo um bom trabalho com os investimentos de seus clientes. Podemos discutir sobre os últimos 5% de como gerenciar o dinheiro de nossos clientes, mas 95% da solução está claramente visível e disponível para qualquer consultor que queira usá-la".

Uma abordagem conservadora

Todos os nossos principais consultores utilizam uma abordagem conservadora para investir os ativos dos clientes. Ao trabalhar com um número cada vez maior de investidores afluentes, eles aprenderam que a preservação do patrimônio é mais importante do que expor os clientes a riscos desnecessários para obter retornos mais altos. Por exemplo, Joseph acredita que é mais importante como você se sai em um mercado ruim do que em um mercado bom. John compartilha essa filosofia de usar uma abordagem conservadora ao investir os ativos dos clientes. "Se eu pudesse mudar alguma coisa em minha carreira", diz John, "seria assumir menos riscos com o dinheiro dos clientes e ser mais avesso a riscos. Meus clientes são muito mais abastados agora do que nos primeiros anos da minha carreira, e meu principal objetivo é tentar preservar o patrimônio deles, não correr muitos riscos para obter um alto retorno."

Mike também adota uma abordagem bem conservadora para investir o dinheiro de seus clientes. Ele descreve sua abordagem de investimento da seguinte forma: "Procuramos otimizar os retornos ajustados ao risco com um foco significativo no gerenciamento de riscos. Todos os nossos clientes já são ricos, portanto nosso trabalho é mantê-los ricos, em primeiro lugar, e depois aumentar seu patrimônio a uma taxa aceitável ao longo do tempo. Dedicamos uma quantidade enorme de tempo à diversificação e à qualidade dos investimentos que utilizamos. Se eu resumisse nosso processo de investimento em poucas palavras, seria diversificação, diversificação e diversificação".

Anne compartilha sua abordagem conservadora de investimento, dizendo: "Acho que o maior risco para nossos clientes é que a inflação vai corroer sua capacidade de transmitir seu patrimônio daqui a três gerações, então é aí que entra nosso modelo de crescimento. A maioria de nossos clientes não precisa de mais dinheiro para atingir seus próprios objetivos de vida". Anne é muito baseada em processos em sua abordagem de investimento. "Tudo tem um processo", diz ela. "Sou muito disciplinada em seguir minha estratégia de alocação de ativos e me certifico de revisar e realocar fundos regularmente para manter a alocação consistente com a estratégia. Também tenho um plano de reserva para cada processo: certifico-me de que a equipe monitore a alocação de ativos de cada cliente e garanta que ela seja consistente com o plano. Não queremos surpresas. Sei que tenho uma responsabilidade incrível e estamos empenhados em cumpri-la bem."

Implementando a lição nº 11

A implementação do princípio de sucesso do gestor de patrimônio começa com a compreensão do processo de gestão de patrimônio. A seguir, um resumo de cada uma das etapas:

- *Reunião de descoberta e planejamento.* Essa reunião inicial é a primeira etapa essencial do processo de gestão de patrimônio. Por meio de uma extensa entrevista, o consultor descobre as metas financeiras, a tolerância a riscos e a experiência anterior de investimento do cliente ou do prospect. Recomenda-se também uma análise dos documentos financeiros relacionados, incluindo extratos bancários recentes, declarações de imposto de renda, planos imobiliários, apólices de seguro e documentos de hipoteca ou empréstimo.
- *Desenvolvimento de um plano.* O consultor, então, pega as informações obtidas na reunião de descoberta e desenvolve um plano por escrito que é projetado para atingir as metas financeiras do cliente. Esse plano deve ser consistente com a tolerância ao risco do cliente. Ele pode ser formal ou informal, dependendo da preferência do consultor, mas deve ser um plano por escrito. Recomenda-se que seja feita uma análise de Monte Carlo para determinar a probabilidade de a estratégia de investimento recomendada atingir as metas financeiras do cliente. As recomendações devem incluir estratégias de responsabilidade, planejamento patrimonial e seguros, quando apropriado. As melhores ações, os melhores títulos, fundos e gerentes são identificados, examinados e selecionados com antecedência para serem usados na parte de investimento do plano.
- *Revisão do plano.* O consultor marca uma segunda reunião para analisar o plano com o cliente e o cônjuge do cliente. Essa reunião deve fornecer uma visão geral do plano, incluindo como (se seguido) ele atingirá as metas do investidor. Outros consultores que trabalham com o cliente, inclusive contadores e advogados de patrimônio, podem ser convidados para essa sessão de revisão do plano.

- *Implementação do plano.* Uma vez que o cliente tenha sido assegurado e o plano tenha sido acordado por todas as partes, o consultor inicia o processo de alocação de ativos e seleção de investimentos. Deve haver um processo disciplinado para determinar quais ações e títulos serão comprados e quais gerentes ou fundos serão usados. Quando apropriado, investimentos alternativos também devem ser considerados para o portfólio. Recomenda-se o desenvolvimento de uma matriz de investimento para cada classe, tamanho e estilo de investimento. Outras etapas de implementação podem incluir o desenvolvimento ou a atualização de um plano patrimonial, a adição de cobertura de seguro ou a substituição de apólices existentes e revisões de crédito e hipoteca (para refinanciamento ou substituição de linhas de crédito, quando apropriado). Na maioria dos casos, esses produtos e serviços que não sejam de investimento devem ser decididos em conjunto com a equipe de especialistas do consultor.
- *Revisões de desempenho do plano.* O consultor precisa entrar em contato com o cliente regularmente para analisar o plano e fazer as alterações adequadas. Essas revisões devem ser feitas formalmente a cada trimestre, e a realocação de ativos deve ser recomendada durante cada revisão trimestral, quando apropriado. O desempenho do portfólio também deve ser revisado no contexto do plano, e as possíveis mudanças devem ser recomendadas.
- *Atualização anual do plano.* A atualização anual deve ser uma revisão mais extensa do plano. Além de receber uma recapitulação do investimento, o cliente deve ser questionado sobre os ativos retidos e as oportunidades de indicação. A atualização anual também é uma oportunidade de fazer uma revisão dos

serviços, verificar as metas e a tolerância ao risco do cliente e reexaminar as partes do plano que não são de investimento.

Manter o contato com o cliente é fundamental

Depois que as etapas de gestão de patrimônio são incorporadas ao negócio do consultor, o contato mensal com os clientes é um ingrediente necessário para o processo de gestão de patrimônio. Em minha experiência analisando centenas de pesquisas de satisfação de clientes, o contato com o cliente é o fator número um que influencia a retenção deles. Os clientes afluentes querem um contato proativo de seus consultores, e uma vez por mês parece ser o "ponto ideal".

Se você tiver um total de cem clientes, então fará cinco contatos proativos por dia para que todos os seus clientes sejam contatados uma vez por mês. Esses contatos mensais incluem as revisões trimestrais e anuais. Esses contatos mensais não apenas resultarão em bons relacionamentos com os clientes, mas também darão a você a oportunidade de aproveitar a boa vontade deles e buscar oportunidades de marketing e coleta de ativos. A estrutura desses contatos mensais é analisada em detalhes no Capítulo 16.

LIÇÃO Nº 12

COMPROMISSO COM O SERVIÇO

TODOS OS NOSSOS MELHORES CONSULTORES reconhecem que ter clientes que Kenneth Blanchard chama de "fãs alucinados" é fundamental para seu sucesso. Os "fãs alucinados" são clientes leais e afluentes que oferecem um número significativamente maior de indicações, trazem mais ativos e fazem muito mais negócios do que os clientes "satisfeitos". Para aumentar o número de clientes fãs, nossos principais consultores estão todos comprometidos em oferecer um nível de serviço muito alto. De fato, nossos principais consultores são fanáticos pelo atendimento ao cliente. Quando perguntados sobre seu modelo de serviço, eles sempre respondiam que seu negócio consistia em oferecer "serviço impecável". Sam acredita que, em muitos casos, o serviço pode ser mais importante do que o desempenho. "Espera-se um retorno de investimento razoável, mas, em muitos casos, o serviço pode ser o diferencial", diz ele.

O princípio de sucesso do serviço está intimamente ligado aos princípios de orientação de longo prazo, "alavancagem de tamanho", equipes e processo de gestão de patrimônio. Ao começar a trabalhar com clientes mais ricos, você verá que as expectativas dos clientes em relação a um serviço excelente são altíssimas e que, se você não cumprir o que promete, seu relacionamento com eles estará em risco. Devido a essa dinâmica, todos os nossos principais consultores reconhecem a importância de criar um modelo de serviço sólido em seu negócio.

O desafio que qualquer consultor que trabalhe com clientes altamente afluentes enfrenta é como atender às altas expectativas que eles têm em relação ao serviço. Por exemplo, Anne tem uma base de clientes muito afluentes, e sua abordagem de serviço reflete seu compromisso com eles. "É nossa prioridade número um", diz ela. "Trabalhamos com pessoas muito poderosas em suas empresas, e elas estão acostumadas a que todos atendam às suas solicitações imediatas. Portanto, vamos fazer isso também. Estou sempre com excesso de pessoal, o que é contraintuitivo para a maioria das empresas. Sempre tenho capacidade na minha equipe, portanto tenho mais pessoal do que preciso no momento. Assim que sentir que todos estão em plena capacidade, contratarei mais alguém, porque acredito que o serviço é muito importante." Anne acrescenta que "nossos clientes estão nos dando a responsabilidade, na maioria dos casos, por 100% de seu patrimônio; um erro é um erro a mais do que o suportável, e a única maneira de evitar isso é ter processos e, em seguida, fazer uma verificação desses processos em todos os momentos".

A pedra angular de um modelo de serviço sólido é sempre colocar o cliente em primeiro lugar, o que exige uma orientação de longo prazo. Se os clientes souberem que você está comprometido com eles, serão leais. Sua equipe também garante que você possa prestar um serviço excelente: nossos principais consultores desenvolveram suas equipes para oferecer aos afluentes níveis mais profundos de serviço. Isso significa que eles desenvolveram sua infraestrutura de modo que tenham tempo suficiente para fornecer contato frequente e consistente com os clientes. A frequência que parece melhor é uma vez por mês. Alguns clientes exigem mais, e outros, menos, mas a experiência da maioria dos principais consultores é que um contato proativo mensal é o "ponto ideal". Esse compromisso limita o número de clientes com os quais um consultor pode trabalhar de forma eficaz.

Todos os membros da equipe devem ter um compromisso com o serviço semelhante ao do aspirante a consultor principal; todos devem compartilhar a visão de que o cliente é a prioridade mais importante de seu trabalho. Se houver um elo fraco na cadeia, a experiência de serviço será prejudicada. Nossos principais consultores incutiram essa mentalidade nos membros de suas equipes e assumiram a responsabilidade de garantir que eles fossem treinados para oferecer esse nível de experiência.

Por fim, a abordagem de gestão de patrimônio é essencial para a experiência de atendimento ao cliente, pois quanto mais abrangente for o relacionamento entre o consultor e o cliente, mais satisfeito ele ficará. Nossos principais consultores descobriram que, se seus clientes precisarem de uma ampla gama de produtos e serviços que eles possam oferecer, isso consolidará seu relacionamento no longo prazo. Um estudo de retenção do setor apoiou essa abordagem, mostrando que clientes afluentes com seis ou mais produtos e serviços diferentes têm uma taxa de retenção de 99% com seu consultor.

Serviço proativo vale a pena

A maior diferença no modelo de serviço de nossos principais consultores, em comparação com os menos bem-sucedidos, é ser proativo. Minha experiência mostra que a maioria dos consultores reage aos problemas dos clientes em vez de se posicionar diante deles. Nossos melhores consultores descobriram que, para atrair e manter clientes ricos, é necessário oferecer um serviço proativo e de alto contato.

Prestar um serviço proativo significa antecipar as necessidades de seus clientes antes deles mesmos, e nossos melhores consultores reconhecem que o fator mais importante para a satisfação do cliente é o contato proativo entre eles e seus clientes. Isso dá ao cliente afluente a sensação de que o consultor e sua equipe estão no controle dos assuntos e têm tempo para prestar um serviço excepcional. Todas as pesquisas com clientes indicam que o motivo pelo qual a maioria deles abandona um consultor é o fato de não terem notícias suficientes do consultor. Isso é validado por minha própria experiência. Quando eu fazia contato de acompanhamento com grandes clientes que transferiam suas contas para outra empresa, na maioria dos casos, os clientes indicavam que o motivo de sua saída era o fato de nunca terem ouvido falar de seu consultor.

Mike descreve sua empresa como proativa e acredita que é isso que a faz se destacar: "Não gosto de reagir. Gosto de ser proativo. Geralmente, estamos à frente das coisas, chamando a atenção de nossos clientes. Acredito que nossa iniciativa é o que faz a diferença. Isso nos dá a capacidade de sermos mais atenciosos e focados".

Esse serviço também é a base do modelo de negócios de Sam. De acordo com Sam, "Todos os associados de nossos clientes fazem chamadas de serviço proativas. Nossa equipe tem uma reunião mensal para identificar antecipadamente possíveis problemas. Entre os exemplos, podemos citar a informação aos nossos clientes de que um relatório fiscal K1 de determinado portfólio foi enviado pelo correio ou está on-line para ser visualizado. Outro exemplo é informá-los de que a declaração fiscal de final de ano acabou de ser enviada e [perguntar] se eles gostariam que enviássemos uma cópia para seu contador. Queremos fazer chamadas de serviço proativas quando antecipamos um possível problema e contatar ativamente nossos clientes antes que eles entrem em contato conosco".

Ross descreve seu processo de contato com o cliente da seguinte forma: "Usamos um programa de contato com clientes baseado em computador que organiza mensalmente os contatos com eles. Antes de terminarmos qualquer conversa ou revisão, agendamos o próximo contato mensal, como se fosse uma consulta médica".

Joseph fala com todos os clientes pelo menos uma vez por mês. Sua equipe lhe dá uma lista de nomes toda semana para que ele possa fazer as ligações. "Sempre que falo com um cliente, apresento uma atualização do mercado e pergunto como ele está se saindo. Nós nos reunimos pessoalmente com todos os nossos melhores clientes duas vezes por ano, o que é uma revisão formal", diz Joseph.

William está comprometido com ligações mensais de contato e, durante esses contatos, faz as seguintes perguntas: "Há algum problema de explicação ou questões que não foram resolvidas? Há algo em sua mente com o qual possamos ajudá-lo? Estamos atendendo às suas expectativas de serviço?".

Na verdade, David se reúne com seus clientes trimestralmente, em vez de ligar para eles mensalmente. "Meus clientes sabem que vão me ver uma vez por trimestre, quer gostem ou não. Eles sabem que discutiremos o desempenho, que discutiremos todos os aspectos da estratégia, e esperam ansiosamente por essas reuniões", diz ele. "No entanto, com base nas condições do mercado, podemos fazer algumas alterações ao longo do trimestre."

Um serviço excelente tem um significado diferente para cada pessoa

Embora todos os principais consultores estejam comprometidos em prestar um excelente serviço a seus clientes, suas táticas e metodologias são diferentes. Por exemplo, Joseph prefere tratar seus clientes de forma "majestosa". Em suas palavras, "Quando os clientes entram pela porta, a equipe se compromete a tratá-los como se fossem as pessoas mais importantes do mundo. Se um cliente quiser algo que seja peculiar ou fora do comum, nossa equipe estará lá para oferecer isso. A equipe está lá para que [nossos clientes] não fiquem frustrados com os problemas que precisam resolver".

John acredita que o núcleo de uma excelente experiência de serviço é uma equipe bem treinada: "Se alguém ligar para o nosso escritório, nunca receberá uma mensagem de voz. Ele entrará em contato com uma pessoa altamente treinada e de qualidade. Todos em nossa equipe conhecem todos os nossos clientes. Quando contratamos novos [funcionários], nós os submetemos a um extenso programa de treinamento, para que eles realmente aprendam nossos processos e clientes. Quando começam, uma de suas primeiras tarefas é preparar as revisões trimestrais para que entendam como os portfólios são formados e tenham uma visão interna de cada cliente. Incentivo todos os membros da nossa equipe a ter uma capacitação profissional, que é paga por mim".

Anne compartilha a filosofia de John sobre a importância de sua equipe na prestação de um serviço de alto nível aos clientes. "Os membros da minha equipe são inteligentes, rápidos, adaptáveis", diz ela, "e [eles] são definitivamente proprietários do negócio, portanto têm tantos motivos para querer garantir que esses clientes sejam atendidos quanto eu. Minha equipe executa as táticas do nosso modelo de atendimento ao cliente. Sou uma pessoa de visão geral e, quando há trabalho a fazer, quero que seja feito. Na verdade, não quero participar da forma como minha equipe vai fazer isso acontecer. Eu me envolvo quando algo dá errado e ajudo a consertar, se for necessário. Estamos sempre tentando melhorar e conversando sobre como podemos melhorar e garantir que os problemas sejam previstos e, quando isso está em nosso controle, não ocorram novamente."

Rob compartilha alguns exemplos do serviço que presta. "Se eu estiver fora do escritório, o cliente nunca ouvirá 'Não posso ajudá-lo, ele não está no escritório'. Os problemas são resolvidos, não importa onde eu esteja, porque ou são resolvidos [pela equipe] ou uma ligação é feita para mim, e eu forneço a resposta e o problema é resolvido. Não fazemos distinção entre clientes A, B ou C; se eles são um dos nossos 78 clientes, eles recebem um serviço de primeira classe", diz ele. A equipe de Rob pode resolver a maioria dos problemas imediatamente, e ele dá este exemplo: "Se um cliente diz que quer fazer uma doação para o Museum of Science, em dez minutos o associado do cliente examina as posições apreciadas para determinar a melhor posição para doar, informa o cliente e cuida da logística da doação".

William acredita que deixou de prestar o alto nível de serviço que prestava no passado, dizendo: "O serviço que prestávamos costumava ser melhor do que é agora. Quando recebíamos um novo cliente, fazíamos uma pasta de extratos para ele e tínhamos uma reunião separada para ensiná-lo a ler seus extratos. Minha meta é voltar a oferecer uma excelente experiência de serviço para nossos clientes afluentes, e é disso que se encarregará o novo associado que pretendo contratar. Esse associado do cliente fará chamadas de serviço proativas e perguntará: 'Há algum problema ou questão no extrato que não foi resolvido? Há algo impreciso ou faltando? Em que podemos ajudá-lo? Você precisa falar com William por algum motivo?'".

De acordo com Ross, é especialmente importante fazer com que a experiência inicial do cliente seja muito positiva, por isso sua equipe dedica muito esforço e tempo ao relacionamento no início. Depois que o relacionamento é estabelecido, ele acha que isso exige menos tempo. Ele também tenta personalizar o serviço de acordo com as necessidades de cada cliente. Ross dá um exemplo do tipo de serviço que sua equipe oferece: "Tínhamos um cliente que fazia doações para sua *alma mater*, Dartmouth, todos os anos. Todo ano ele não precisa nos ligar, porque um de nossos associados já lhe enviou o formulário, e tudo o que ele faz é colocar o número de ações e assinar. Ele não sabe como fazemos isso".

Greg oferece um serviço impecável

Greg acredita que oferecer a seus clientes o mais alto nível de serviço é uma exigência:

> "Qualquer cliente que trabalhe conosco terá uma experiência impecável na parte administrativa do negócio. Portanto, quando os clientes chegam, eles sabem que estão em um ambiente profissional. Todos aqui são treinados e têm a capacidade de lidar com nossos clientes da maneira mais profissional possível. Meus clientes adoram minha associada do cliente; ela cuida de

tudo, e eles lhe enviam presentes. Ela começa abrindo a conta, transferindo fundos, substituindo cartões de crédito perdidos e lidando com a parte financeira de presentes, educação, morte ou doença de nossos clientes e suas famílias.

"Agora, o lado do investimento é muito mais cinza: eu gostaria que o lado do investimento fosse tão impecável."

Greg acredita que deve estar acessível a seus clientes sempre que eles precisarem dele. "Estou disponível 24 horas por dia, 7 dias por semana", diz ele, "e, com o e-mail, todos tiram proveito disso. Recebi um e-mail no último domingo à noite, às 22h47. Era uma pergunta sobre a criação de um tipo específico de conta de aposentadoria. Respondi a ela trinta segundos depois, dizendo que pesquisaríamos o assunto pela manhã e entraríamos em contato com ela na segunda-feira. Ela me enviou um e-mail dizendo: 'Vá dormir, você se tornou um viciado em Blackberry'. E ela tem razão."

Greg compartilha outra história de como seu compromisso com o serviço valeu a pena:

> "Nosso gerente nos deu uma conta relativamente pequena. Ligamos para o cliente e depois enviamos uma carta, porque não conseguimos entrar em contato com ele. Um dia, recebemos uma ligação frenética da esposa do cliente, porque seu marido estava em uma viagem de negócios e ela precisava de dinheiro transferido. Minha assistente lidou com a situação prontamente e enviou o dinheiro. A cliente ficou muito feliz com a forma como lidamos com a situação. Quando o marido voltou de sua viagem de negócios, ele conversou com a esposa sobre como suas solicitações haviam sido bem atendidas, viu a carta que eu havia enviado e disse que não sabia que nossa empresa tinha todos esses serviços para oferecer. Isso acabou se tornando um relacionamento de US$ 25 milhões."

Implementando a lição nº 12

Todo entusiasta de esportes entende que, sem uma defesa forte, até mesmo o melhor ataque falhará. No desenvolvimento de uma empresa financeira de consultoria de primeira linha, é tão importante ter um modelo de serviço de primeira classe quanto ter um modelo de aquisição de clientes de primeira classe. A consciência da importância dessa dinâmica chamou minha atenção quando minha empresa criou um programa de incentivo para a aquisição de novos clientes. Muitos de nossos consultores atingiram o nível de aquisição de quatro novos clientes afluentes em um período de doze meses. Mas o incentivo era baseado no número líquido de novos clientes: clientes adquiridos menos clientes perdidos. Apenas um número relativamente pequeno de consultores ganhou o incentivo devido ao requisito "líquido". Isso significa que, no geral, os clientes não receberam o nível de atendimento necessário para retê-los.

Um modelo de serviço superior começa com um número gerenciável de clientes. À medida que a riqueza de seus clientes aumenta, você descobrirá que é necessário um nível mais alto de serviço. Uma das melhores citações que ouvi no setor é que todos merecem estar na lista "A" de alguém. Para os novos consultores que ainda não atingiram o total de cem clientes, eu recomendaria que, ao chegar a cem clientes, o processo se torne um processo de atualização e que, se um novo relacionamento com o cliente for adicionado, um cliente menor e de menor potencial seja descartado. Para os consultores que já têm muito mais de cem clientes, eu recomendaria que os clientes menores, menos produtivos e de baixo potencial fossem transferidos para outro consultor que tenha um mínimo menor e possa oferecer um nível mais alto de serviço para esses clientes menores.

Quando sua infraestrutura tiver um número gerenciável de clientes, você precisará investir tempo e energia no desenvolvimento de um sistema proativo de contato com o cliente. Na minha experiência, esse contato proativo mensal com o cliente deve ter quatro partes:

1) Estabeleça uma conexão com o cliente desde a última vez em que vocês conversaram sobre um assunto pessoal ou profissional.
2) Conduza uma análise do portfólio. Prepare uma atualização sobre o portfólio de investimentos do cliente e como ele se relaciona com o ambiente atual do mercado.
3) Use a alavancagem do marketing. É aqui que um bom relacionamento com o cliente realmente entra em ação. Os exemplos podem incluir indicar clientes, posicionar o contato com outros consultores (influenciadores), sugerir produtos e/ou serviços adicionais e apropriados, convidar um cliente e um convidado para participar de um evento divertido ou educativo ou sugerir que o cliente traga "ativos retidos".
4) Faça a pergunta "mais alguma coisa". Encerre o contato mensal dizendo: "Há mais alguma coisa em sua mente que gostaria de trazer à minha atenção?". Isso facilita a comunicação aberta e dá aos clientes a chance de falar sobre o que está em sua mente.

A revisão trimestral deve incluir o mesmo formato do contato mensal, exceto que é mais formalizada e ampliada. Recomendo que, sempre que possível, as revisões trimestrais sejam feitas pessoalmente. Outra sessão de planejamento deve ocorrer uma vez por ano durante a revisão anual. Essa revisão anual deve ser uma avaliação ainda mais detalhada do portfólio, bem como a oportunidade de modificar o plano do cliente e ajustá-lo e atualizá-lo conforme necessário. Além disso, recomendo o uso de uma agenda na revisão anual, para que seja organizada de modo a abranger uma grande quantidade de material em um período razoável de tempo.

Uma recomendação de tempo ideal para cada contato proativo com o cliente é a seguinte:

Tipo de revisão	**Tempo necessário**
Contato mensal	30 minutos
Revisão trimestral	45-60 minutos; substitui o contato mensal
Sessão formal de planejamento	1 a 1½ hora; substitui o contato mensal e a revisão trimestral

Essa programação se traduz em aproximadamente dez horas por ano, incluindo eventos com clientes – revisões trimestrais e anuais substituem esses contatos mensais por cliente –, ou aproximadamente 50% das horas de trabalho de um consultor, para implementar esse sistema de contato proativo com o cliente.

Foco no desempenho para alcançar a excelência em serviços

Nesse caso, estou me referindo ao desempenho relativo às metas individuais do cliente, e não ao desempenho absoluto. Há tantos fatores necessários para a estratégia adequada de alocação de ativos que medir o desempenho em uma base absoluta não é uma medida justa. Você deve lembrar aos clientes que eles alocaram seus ativos com base em sua tolerância ao risco, e, devido à combinação de classes de ativos, seu desempenho pode não ser o mesmo de um índice do mercado de ações ou comparado ao de um amigo que pode estar assumindo muito mais riscos para obter um retorno maior. O objetivo é vincular o desempenho ao plano geral e à tolerância ao risco, e não ao desempenho de determinado trimestre. O índice a ser medido deve ser o "índice do plano", e não o S&P 500. Não há dúvida de que os ganhos financeiros são importantes para a retenção do cliente, mas esse desempenho deve estar sempre relacionado à realização dos objetivos de longo prazo do cliente. Muitas vezes, os clientes precisam ser lembrados do panorama de longo prazo e não se distrair com a volatilidade de curto prazo inerente aos mercados. Durante os períodos de mercado em baixa, quando a maioria dos portfólios está em baixa e as discussões sobre desempenho são mais difíceis, você deve ser o parceiro do seu cliente – fornecendo atualizações contínuas, colocando as coisas em uma perspectiva de longo prazo e ajudando-o a evitar que suas emoções tomem decisões de investimento ruins.

Expansão de suas ofertas de serviços

O consultor deve tentar ser um "balcão único" para os clientes e o estrategista de toda a sua situação financeira. Entretanto, esse relacionamento pode não acontecer logo no início. O contato mensal é um excelente momento para sugerir produtos ou serviços adicionais apropriados que você pode oferecer e que se encaixariam bem no plano geral do cliente. Os exemplos incluem:

- Oportunidades de empréstimo
- Serviços bancários
- Hipotecas
- Planejamento patrimonial
- Contas de poupança para a faculdade
- Contas de poupança de saúde
- Planos de aposentadoria
- Proteção de ativos (seguro)

O associado do cliente também pode recomendar diferentes serviços de conveniência que podem se adequar bem à situação do cliente. Os exemplos incluem:

- Pagamentos de contas on-line
- Depósito direto
- Cartões de crédito/débito

Desenvolvimento de um plano para a resolução de problemas

Não só a resolução de problemas é importante, como também a comunicação entre você e o cliente precisa ser sempre muito clara. Recomendo que você desenvolva com antecedência um procedimento operacional padrão (POP) para a solução de problemas.

O POP deve incluir as etapas que cada membro da equipe usa quando um problema não pode ser resolvido imediatamente. Às vezes, o problema simplesmente precisa ser levado a alguém em um nível de autoridade mais alto. Descobri que, na maioria dos casos, problemas razoáveis podem ser resolvidos se levados à atenção da pessoa certa. Com muita frequência, os problemas ficam atolados por pessoas que não têm autoridade ou confiança para resolvê-los sozinhas. A estratégia que adotei é que cada consultor deve ser "dono" dos problemas de seus clientes. Algumas questões que podem surgir são o relatório oportuno de declarações de impostos para contadores, entrega de ações, transferências de fundos, transferência de ativos ou fundos para outra conta, estornos de taxas e distribuições de contas de aposentadoria – todos são exemplos de transações comerciais em que podem ocorrer problemas que precisam de uma resolução rápida. A resolução de qualquer um desses problemas pode ser delegada, mas o consultor sênior deve supervisioná-la e assumir a responsabilidade final pelo resultado.

A seguir, apresentamos um exemplo de POP que pode servir como diretriz para a configuração de seu próprio sistema de resolução de clientes. Esse sistema é baseado em um consultor que trabalha com uma equipe de uma grande empresa de serviços financeiros. Esse modelo de POP também se baseia em uma filial/infraestrutura regional. Para os consultores que trabalham como independentes ou consultores de investimento registrados, o modelo precisa ser adaptado à estrutura de suporte de que você dispõe. O conceito mais importante é que o consultor assuma a responsabilidade pelo problema, supervisione a resolução, comunique-se com o cliente e eleve o problema até que a resolução seja satisfatória.

Procedimento operacional padrão para resolução de problemas

ETAPA 1: DELEGAÇÃO DO PROBLEMA DO CLIENTE AFLUENTE QUE PRECISA SER RESOLVIDO – PRIORIDADE "A"

- Associado do cliente tenta resolver o problema de prioridade "A" em um dia útil (no máximo dois dias).
- Se for bem-sucedido, o associado do cliente comunicará a resolução bem-sucedida ao cliente e ao consultor financeiro sênior.
- Se o problema não puder ser resolvido pelo associado do cliente em um dia útil, o consultor sênior será imediatamente notificado.

ETAPA 2: O CONSULTOR FINANCEIRO SÊNIOR TENTA RESOLVER O PROBLEMA DO CLIENTE

- O consultor financeiro sênior trabalha para resolver o problema durante o horário administrativo diário.
- Se o problema for resolvido, o cliente será imediatamente notificado.
- Se o problema não for resolvido nas próximas 24 horas, o gerente de operações ou o gerente administrativo será notificado.
- O cliente é notificado sobre o status do problema e as próximas etapas esperadas.

ETAPA 3: O GERENTE DE OPERAÇÕES/ADMINISTRATIVO TENTA RESOLVER O PROBLEMA DO CLIENTE

- O gerente de operações/administrativo trabalha para resolver o problema.

- Se o problema for resolvido, o consultor financeiro sênior e o cliente serão notificados.
- Se o problema não for resolvido em um dia útil, o gerente da filial será notificado.

ETAPA 4: O GERENTE DA FILIAL TENTA RESOLVER O PROBLEMA DO CLIENTE

- O gerente da filial trabalha para resolver o problema.
- Quando o problema for resolvido, o consultor financeiro sênior será notificado.
- O consultor financeiro notifica o cliente sobre a resolução do problema.

Criação da experiência de "nova conta"

As interações iniciais entre um consultor e um cliente definirão o cenário para todo o seu relacionamento. Ter uma experiência positiva em um novo relacionamento também prepara o terreno para as indicações de clientes. É por isso que nunca há um momento mais importante para prestar um serviço impecável do que nos primeiros noventa dias. Todos na equipe devem estar comprometidos em fazer a sua parte. Os procedimentos operacionais padrão para esse evento devem ser definidos com antecedência.

Para começar, crie uma nova lista de verificação de conta que todos na equipe sigam. Essa lista de verificação pode incluir toda a documentação que precisa ser preenchida e revisada. Em seguida, o associado do cliente deve fazer uma ligação introdutória proativa para o cliente, bem como uma chamada de acompanhamento para revisar o primeiro extrato. Os contatos mensais proativos devem começar imediatamente. Você deve entrar em contato com os clientes após os primeiros noventa dias e perguntar como está indo. Quando o cliente responder positivamente, você pode aproveitar a oportunidade para perguntar: "Há mais alguém que você conheça que se beneficiaria da forma como fazemos negócios?".

O toque extra

Os contatos suplementares muitas vezes podem fazer a diferença na percepção do cliente quanto a um serviço excepcional. Os contatos suplementares vão "além" dos contatos mensais proativos e fazem com que o cliente afluente se sinta importante. As oportunidades são ilimitadas se você puder aumentar seu nível de conscientização e incorporar contatos suplementares ao seu modelo de serviço. Aqui estão alguns exemplos que considero bem-sucedidos:

- Enviar cartões de aniversário a seus clientes com vales-presente de ingressos de cinema ou telefonar para desejar-lhes um feliz aniversário
- Enviar uma nota manuscrita no aniversário de abertura da conta
- Parabenizar os clientes por suas realizações profissionais ou pessoais, inclusive as de membros da família
- Tomar nota dos interesses pessoais e enviar aos clientes informações relacionadas ou convidá-los para eventos que eles gostariam de participar
- Fazer com que o gerente do escritório (se aplicável) ligue e agradeça aos clientes por seus negócios

Todos esses extras de serviço remontam ao entendimento dos consultores de primeira linha de que, à medida que a riqueza do cliente aumenta, também aumenta a exigência de serviço. Proporcionar uma experiência positiva de atendimento ao cliente é uma das medidas mais importantes que um consultor pode tomar na jornada rumo ao status de consultor de primeira linha.

LIÇÃO N° 13

GERENCIAMENTO DO TEMPO

NOSSOS MELHORES CONSULTORES reconhecem o valor de seu tempo e a importância de usá-lo de forma produtiva. Não se trata tanto de quantas horas eles dedicam aos seus negócios, mas de como essas horas são preenchidas fazendo as coisas certas. Embora todos os nossos consultores se considerem trabalhadores árduos, eles não estão desperdiçando seus dias com tarefas que não contribuem para seus resultados.

Uma ética de trabalho puritana

A ética de trabalho de muitos de nossos principais consultores, especialmente no início das carreiras, é lendária em nosso setor. Por exemplo, Joseph sabia desde o começo que ele era diferente dos outros consultores com quem trabalhava. "Acho que era minha disciplina. Fiz 175 contatos com prospects por semana durante meu primeiro ano", diz ele. "Percebi que o maior produtor de nosso escritório sempre chegava às 7h, então decidi que chegaria antes dele, um hábito que ainda mantenho. Durante meus primeiros cinco anos, trabalhei das 6h30 às 20h, de segunda a quinta-feira. Nas tardes de sexta-feira, todos os rapazes iam para o bar, e eu tinha mais seis ligações para fazer, e sempre as fazia. Era durante uma das últimas três ou quatro ligações na tarde de sexta-feira que eu geralmente encontrava um prospect."

John conta que trabalhava pelo menos oitenta horas por semana durante seus dois primeiros anos no negócio. Em suas palavras, "eu sabia que tinha uma oportunidade incrível nessa carreira e queria ter certeza de que seria bem-sucedido. A única coisa que eu podia controlar no início era como eu gastava meu tempo. Eu não permitiria que o único fator sobre o qual eu tinha controle absoluto fosse a diferença entre o meu sucesso e o fracasso". O trabalho árduo de John valeu a pena; ele atingiu o nível de US$ 1 milhão em seu quinto ano no negócio, há 25 anos.

Anne atribui grande parte de seu sucesso ao seu trabalho árduo. Ela explica: "No início, eu trabalhava treze horas por dia durante a semana, e todos os sábados e domingos pela manhã. Fiquei surpresa com o fato de as pessoas não trabalharem mais em meu escritório, especialmente no início de suas carreiras".

Mike estava sob pressão para ter sucesso quando começou no negócio. "Quando fui contratado, fui encarregado de criar uma base de clientes significativa, e a regra geral implícita era que eu tinha dois anos para chegar ao ponto em que meus honorários excedessem meu salário; caso contrário, seria dispensado. Eu tinha um grande medo do fracasso e trabalhava muito, muito mesmo", diz ele. "Eu vivia e respirava esse negócio no início da carreira e fazia o que fosse preciso. Passei muito tempo viajando, longe de casa, muitas noites e fins de semana longe das coisas que eu queria fazer. O motivo pelo qual entrei no negócio foi para que meu sucesso dependesse do que eu fizesse, e não esperar que alguém fizesse algo por mim." Mike dá este conselho aos aspirantes a consultores de alto nível: "No início, é preciso perceber que o tempo é limitado, portanto um senso de urgência é fundamental". Mike atingiu US$ 4 milhões no sétimo ano no negócio.

Greg teve a sorte de fazer parte de uma equipe no início da carreira, mas isso foi resultado de muito trabalho. Ele diz: "Eu sempre chegava cedo; estava no escritório às 7h. Havia um corretor sênior muito bem-sucedido que chegava às 7h e éramos os únicos no escritório. Ele percebeu minha ética de trabalho e me ofereceu um emprego para trabalhar com ele como seu sócio júnior. Eu trabalhava com ele o dia todo, analisando as carteiras dos clientes até o jantar, e então recebíamos os clientes. Eu estava trabalhando 24 horas por dia, 7 dias por semana, antes que o termo '24 horas por 7' existisse".

Um dia típico

Nossos principais consultores estão com pressa, concentrados no que estão fazendo e sempre ocupados. Quando eu trabalhava diretamente com eles, raramente podia "aparecer", porque eles estavam sempre ao telefone ou tinham um cliente no escritório. Eles raramente passavam tempo com outros consultores e não participavam de "fofocas" ou "política" do escritório. Se não estivessem em uma reunião durante o almoço, comiam em suas mesas, pois estavam ocupados demais para socializar.

Certa vez, Joseph me disse que, na verdade, ele não fazia parte da estrutura de seu escritório, porque nunca passava muito tempo com outros consultores: "Nunca fui almoçar com nenhum dos consultores do escritório. Eu simplesmente comia algo em minha mesa, e é isso que faço até hoje". Joseph chega ao trabalho entre 6h e 6h30 e trabalha até as 16h30. No meio do dia, ele se exercita por uma hora. Durante o verão, sai mais cedo um dia por semana para jogar golfe, deixando o trabalho ao meio-dia. Ele calcula que 90% de seu tempo é gasto com clientes e prospects.

Ross tem uma visão e um cronograma semelhantes. "Quando estou no trabalho, não vou socializar com os rapazes. Estou lá com um propósito, que é fazer o melhor trabalho possível para nossos clientes e equipe. Raramente saio para almoçar. Na verdade, na maioria das vezes, minha equipe almoça em sua mesa." Ross começa o dia lendo *The Wall Street Journal*, verificando e-mails e desenvolvendo suas ideias de negócios. Em seguida, determina o dinheiro a ser pago e analisa suas chamadas agendadas. "Normalmente, tenho de três a quatro chamadas ou revisões agendadas todos os dias, além de duas reuniões com clientes ou prospects", diz ele. "Incentivamos os clientes a virem ao nosso escritório: é lá que estão as ferramentas do nosso trabalho. Almoçamos às 11h30 e saímos entre quatro e seis horas." Ross calcula que 65% de seu tempo é gasto na interação com clientes e prospects. Ele gasta, em média, uma hora por dia em contatos de marketing, chamadas de acompanhamento de prospects ou compromissos com prospects.

Recentemente, conversei com Sam depois de cinco anos sem vê-lo. Embora tivéssemos um ótimo relacionamento quando fui seu gerente, perdemos contato. Quando nos encontramos, Sam se desculpou pela falta de contato, mas admitiu: "Não é que eu não me importe com você, é que, honestamente, tenho muito pouca energia emocional sobrando depois de passar um tempo concentrado nos clientes que são importantes para o meu negócio, e a energia que sobra é reservada para a minha família". Não me ofendi, Sam. Ele se descreve como muito regrado e previsível, dizendo: "Eu me exercito no mesmo horário todos os dias. Vou para a cama no mesmo horário todas as noites. Acordo cedo. Não perco tempo. Eu me esforço o dia todo, das 7h30 às 17h30. Começo o dia colocando os e-mails em dia, lendo as notícias e tendo uma noção do que está acontecendo no dia. Começo a me preparar para reuniões, revisões, análise de portfólio, reuniões com minha equipe. Então, por volta das nove horas, o telefone começa a tocar. Passo o resto do dia fazendo análises de clientes, recebendo ligações e fazendo ligações proativas". Sam calcula que pelo menos 50% de seu tempo é gasto com clientes e outros 10% em atividades de marketing, o que ele lamenta. "Não estou prospectando o suficiente", diz ele. "Essa é a maior fraqueza que tenho. Gosto de prospectar, mas não estou fazendo isso como costumava fazer."

Anne geralmente trabalha em casa pela manhã, das 6h às 9h, analisando e-mails, fazendo ligações e verificando se nada foi esquecido. Ela chega ao escritório às 10h e fica até as 16h três dias por semana. Em dois dias ela trabalha à noite, geralmente recebendo clientes ou prospects. Ela também tenta trabalhar pelo menos uma manhã nos fins de semana, fazendo trabalhos administrativos. Anne calcula que passa 70% do seu dia de trabalho com clientes e prospects e 30% com sua equipe em questões administrativas, revisões de propostas e atividades de acompanhamento. Dos 70% de seu tempo dedicado a clientes e prospects, 20% são dedicados à prospecção.

William usa a seguinte analogia: "Se você entra às oito e sai às cinco, então você é um locatário. Se você acredita que seu tempo é seu e que trabalhará mais de segunda a quinta-feira para poder jogar golfe na sexta-feira, então você é um proprietário. Tenho colegas no escritório que me dizem que eu ajo como se fosse o dono do lugar, e acho que esse foi o melhor elogio que já recebi. Porque não é uma questão de ego; é o fato de eu me sentir como um proprietário, não como um locatário". William descreve seu horário típico começando todos os dias às 8h30 e trabalhando até as 17h30 às segundas e quartas-feiras, e até as 15h30 nos outros dias, e depois tira todas as sextas-feiras que puder de folga. Quando lhe perguntam quanto tempo passa prospectando, ele responde: "Cem por cento das horas em que estou acordado penso em marketing – quer esteja com meus clientes, [no] grupo da igreja, em um avião, jogando golfe, estou sempre pensando nisso. Estou sempre procurando as oportunidades certas para construir relacionamentos que possam resultar em negócios".

John começa o dia fazendo exercícios às seis da manhã (em sua casa). Ele toma café da manhã com os filhos e chega ao trabalho às 8h15. Às nove, ele tem uma teleconferência agendada com um cliente ou prospect, outra às dez e outra às onze. Normalmente, ele almoça com um cliente às 11h30 e volta às 13h. Ele tem teleconferências agendadas para a uma e duas da tarde com um prospect ou cliente. John explica que "geralmente a cada hora, de hora em hora, há algo programado para eu fazer. Minha equipe me mantém ocupado durante todo o dia. Por exemplo, hoje tive oito reuniões, e, dessas, duas foram presenciais, e as demais foram chamadas em conferência.

Quatro dessas chamadas foram com prospects com os quais estávamos trabalhando". John calcula que passa 70% do tempo com prospects e clientes; a maior parte desse tempo é trabalhando para conseguir novos clientes. Ele tenta sair às 17h30, exceto às segundas-feiras à noite, quando trabalha até mais tarde. Ele também viaja, em média, três dias por mês. John acredita em trabalhar duro e se divertir muito e, depois de trinta anos no negócio, passa os fins de semana com a família e tira seis semanas de férias por ano.

Rob divide seu dia em três partes. Como ele explica: "Procuro dedicar um terço do meu tempo ao desenvolvimento de negócios, um terço à estratégia de investimento e um terço à análise de clientes. O desenvolvimento de negócios é minha responsabilidade para a equipe; meu sócio faz toda a implementação de nossos negócios".

Jack está entre os nossos principais consultores que mais trabalham. Ele está no negócio há mais de quarenta anos e ainda chega ao escritório às 8h30, depois de se exercitar pela manhã, e trabalha até as 17h30 ou 18h na maioria das noites. Ele explica que só sai para almoçar algumas vezes por ano, porque o almoço é um bom momento para seus clientes entrarem em contato com ele.

Embora todos os nossos principais consultores trabalhem arduamente e se concentrem nas atividades certas, eles também reservam tempo para suas famílias e para momentos pessoais. Embora as horas de trabalho sejam longas, esses consultores gostam do que fazem, interagindo com os clientes de forma profissional e pessoal, bem como da emoção de aumentar seus negócios por meio do desenvolvimento de negócios. Jack fala por muitos dos principais consultores quando diz: "Não penso nisso em relação a estar trabalhando ou não, é apenas quem eu sou".

Implementando a lição nº 13

Todos os principais consultores continuam a trabalhar arduamente, mas não da mesma forma que faziam quando começaram. À medida que construíram seus negócios bem-sucedidos, começaram a trabalhar de forma mais inteligente, pois aprenderam com a experiência técnicas eficazes de gerenciamento de tempo. Por exemplo, esse negócio sempre foi e sempre será baseado na construção de relacionamentos com investidores afluentes. Nossos principais consultores entenderam logo no início da carreira que, para serem bem-sucedidos, precisavam passar a maior parte do tempo se colocando diante de pessoas que tinham dinheiro e, em seguida, cultivando esses relacionamentos, para criar confiança. Não existem atalhos para o processo de construção de relacionamentos, e é aí que a maior parte de seu tempo continua a ser gasta. Alguns de nossos consultores são mais estruturados com seu tempo do que outros, mas todos eles têm um foco comum nas atividades que contam – prospecção e relacionamentos com clientes.

Perguntei a todos os consultores de alto nível qual era a porcentagem do seu dia dedicada a clientes e prospects. A variação foi de 50% a 90% de suas horas de trabalho. Isso inclui as horas gastas no escritório, bem como o tempo gasto em atividades de liderança sem fins lucrativos, compromissos com clientes e outras atividades externas que envolvem clientes e prospects.

A importância de delegar

Na maioria das vezes, nossos melhores consultores conseguem delegar atividades administrativas aos membros de suas equipes; na verdade, eles criaram suas equipes com base na ideia de que ter uma equipe de suporte de alto nível lhes permitiria passar mais tempo com prospects e clientes de fato. Como diz William, "muitos consultores não colocam um preço em seu tempo, mas, quando você está fazendo fotocópias, está ganhando US$ 8 por hora; quando está fazendo uma análise do cliente, está ganhando US$ 500 por hora".

Mike descreve sua visão sobre delegação da seguinte forma: "À medida que avançava em minha carreira, aprendi a delegar. No início da carreira, por ter mania de controle, eu queria ser o dono de tudo, para garantir que tudo fosse feito corretamente. Agora cheguei a um ponto em que reconheço que preciso ser dono das coisas realmente importantes, mas que não posso ser dono de tudo. Por isso, delego muito mais os aspectos administrativos das necessidades dos clientes".

Anne me disse que é uma grande delegadora. "Minha empresa é como uma linha de montagem", diz ela. "Delego o máximo que posso para o resto da minha equipe, ou não teria qualidade de vida. Também sou o tipo de pessoa que contrata com sobra e estou disposta a pagar mais para poder ter a capacidade de delegar."

A única maneira de você passar mais tempo com clientes e prospects é delegar para outra pessoa o máximo possível de atividades que não sejam de relacionamento. A primeira etapa é determinar o que pode ser delegado e para quem. As tarefas que podem ser delegadas devem ser priorizadas e designadas com um prazo. Um exemplo pode ser: tarefas "A" realizadas em um dia útil, tarefas "B" realizadas em uma semana e tarefas "C" realizadas sempre que houver tempo.

Todos os dias deve ser realizada uma reunião entre o consultor e o membro da equipe responsável pela conclusão das tarefas delegadas. Na reunião, o consultor entrega a tarefa a ser concluída juntamente com sua classificação de prioridade, e o membro da equipe devolve as tarefas que já foram concluídas. O consultor verifica as tarefas em uma lista de tarefas delegadas. O membro da equipe informa ao consultor se alguma questão de resolução de problemas relacionados ao cliente está atrasada, de acordo com o POP, ou procedimento operacional padrão de resolução do cliente (conforme abordado no Capítulo 12). Essa reunião diária deve durar de quinze a trinta minutos.

Bloqueio de tempo

Nossos principais consultores agrupam atividades semelhantes, em vez de fazer todos os diferentes tipos de atividades em uma hora. Esse é um processo chamado de *bloqueio de tempo*. Eles podem fazer os contatos mensais com os clientes ou as revisões durante uma parte do dia e os contatos e compromissos de marketing em outro momento. Por exemplo, Ross programa sua semana com antecedência para aproveitar ao máximo o bloqueio de tempo. Ele faz todos os contatos e compromissos com os clientes na segunda, terça e quarta-feira. Na quinta e na sexta-feira, ele deixa um espaço na agenda para atividades de marketing e prospecção.

Há um ritmo e uma eficiência que ocorrem quando tarefas semelhantes são realizadas em conjunto; as tarefas ficam mais fáceis à medida que se cria um impulso e você se torna melhor em realizá-las. É preciso disciplina para não se distrair durante um bloco de tempo, mas a recompensa vale a pena no que diz respeito à produtividade.

Priorização

O modo como você gasta seu tempo definirá seu sucesso. Uma das lições mais importantes que podemos aprender com nossos principais consultores é como eles utilizam o tempo. Todos eles passam a maior parte do dia concentrados em contatos e compromissos com clientes e prospects afluentes.

Uma das melhores ferramentas de gerenciamento de tempo para ajudar na priorização é um registro de tempo. Essa é uma ferramenta de valor inestimável para você ver como o tempo real é gasto em comparação com o tempo percebido. Ela também pode servir como uma motivação firme para ajustar sua agenda e seu comportamento para alinhar seu tempo gasto com as agendas de nossos principais consultores.

Recomendo usar um registro de tempo por pelo menos um mês, mas ele certamente pode ser usado por um período mais longo. A ideia é registrar como você gasta seu tempo durante o dia, trabalhando em incrementos de trinta minutos. Ao analisar o registro, você deve anotar como cada trinta minutos foi gasto, rotulado por atividade. As categorias de atividades podem incluir:

- Contato com cliente
- Contato com prospect
- Administração
- Reuniões de equipe
- Reuniões do escritório
- Preparação
- Leitura
- Treinamento
- Outros

Depois de alguns dias, você verá como está literalmente gastando seu dia. O tempo de contato (chamadas e compromissos) com clientes e prospects deve ser dividido pelo tempo total de trabalho para determinar a porcentagem de tempo produtivo gasto todos os dias. Se o número diário e cumulativo for inferior a 50%, sua agenda deverá ser ajustada para garantir que mais de 50% do seu tempo seja produtivo.

A programação

O desenvolvimento de um cronograma a ser seguido todos os dias ajuda a colocar as atividades diárias necessárias em uma estrutura viável. Nenhum dia é perfeito, e o cronograma diário deve ser visto como uma diretriz, não como algo absoluto. Como em qualquer negócio, muitas "surpresas" acontecem todos os dias, o que torna impossível seguir um cronograma perfeitamente.

Esbocei um exemplo de programação diária que tenho orientado os consultores a usar há anos. Ele foi projetado para ser simples o suficiente para permitir flexibilidade, mas estruturado o bastante para incorporar os princípios fundamentais de gerenciamento de tempo. A programação foi elaborada para consultores experientes com uma base de clientes estabelecida, mas pode ser facilmente adaptada para novos consultores simplesmente substituindo o contato com o cliente por contatos de marketing para compromissos com novos prospects.

O conceito por trás dessa técnica de agendamento é que, até o almoço e durante o almoço, você está envolvido em atividades proativas, ou seja, contato com o cliente e captação de novos negócios. Após o almoço, você passa para o modo reativo, o que significa lidar com problemas de clientes existentes e outros itens administrativos. Isso garante que pelo menos 50% do seu dia seja proativo e dedicado às suas atividades prioritárias.

Para estruturar seu dia dessa forma, a programação coloca as atividades mais importantes e mais proativas no início do dia: contato com clientes e prospects. Ao programar as atividades de maior prioridade primeiro, você garante a probabilidade de que elas sejam realizadas. O almoço é o horário ideal para uma reunião com um cliente ou prospect e segue os princípios de gerenciamento de tempo empregados por nossos principais consultores, que usam o horário de almoço de forma eficaz. Todas as outras atividades que não estejam relacionadas a clientes e contatos e compromissos com prospects devem ser realizadas à tarde. Estar "disponível, mas não de plantão" pela manhã é o conceito operacional. Isso significa que você estará disponível para retornar chamadas não relacionadas ao mercado à tarde, após a conclusão da parte proativa do seu dia.

Os clientes aceitarão receber uma ligação de volta dentro de um intervalo razoável (dentro de um dia), a menos que se trate de um item importante de ação do mercado. O e-mail pode ser uma grande distração e deve ser adiado para a tarde. As tardes certamente podem ser usadas para contatos e compromissos adicionais com clientes e prospects, mas esse tempo deve ser flexível, para acomodar as exigências administrativas necessárias do trabalho.

Exemplo de cronograma

8h-10h30:	Contato mensal com o cliente, revisões trimestrais e anuais
10h30-12h:	Contato com o pipeline de prospects, contatos de marketing para agendamento de novos prospects
12h-13h30:	Almoço/compromisso com cliente ou prospect
13h30-17h:	Retorno de chamadas telefônicas, e-mails e outras tarefas administrativas

Criação de processos repetíveis

Todos os aspectos desse negócio são baseados em processos, o que significa que há um processo em vigor para cada função importante do trabalho. Ao criar os processos certos para a sua empresa, você garante um nível mínimo de tempo de inatividade durante o dia para que possa dedicar pelo menos 50% do seu tempo às atividades de maior prioridade. Por exemplo, a maioria das análises de clientes e apresentações de marketing pode ser criada antecipadamente com base em um modelo que pode ser personalizado em minutos. Sua estratégia de investimento pode ser facilmente executada por sua equipe quando esse modelo estiver definido.

Nas palavras de John, “Nós realmente tentamos ter procedimentos que sejam reproduzíveis. Temos um e-mail preparado com antecedência para os prospects que fala sobre nossa equipe, nossa experiência e abordagem do negócio. E você realmente precisa se certificar de que as tarefas sejam atribuídas adequadamente. Se eu tiver as revisões trimestrais chegando, minha equipe saberá automaticamente o que precisa ser feito. Eu reviso o trabalho deles para verificar e me certificar de que está correto, mas eles sabem como será cada revisão do trimestre, porque o trabalho foi produzido em massa”.

Assim como John, William acredita firmemente em ter processos estabelecidos em seu negócio. “Sou um cara muito ligado em sistemas”, diz William. “Escrevo para a minha equipe com tinta azul, eles escrevem para mim em preto, e nós fazemos as correções em vermelho. Nossos processos são configurados de forma que estamos sistematicamente em contato com nossos clientes. Enviamos cartões de aniversário, cartões de Ação de Graças e lembrancinhas de Natal. Se precisarmos fazer uma mudança de investimento, faremos uma postagem cruzada e, em seguida, um membro registrado da minha equipe fará as ligações para os clientes para recomendar a mudança. Isso dá às pessoas a confiança de que estamos observando as contas entre as revisões.”

Você pode desenvolver processos estabelecidos para as seguintes atividades:

- *Contato mensal com o cliente/revisões trimestrais.* É necessário um processo que rastreie quais clientes foram contatados a cada mês e quais clientes precisam ser contatados. As informações sobre cada cliente precisam estar disponíveis em relação ao desempenho do investimento do cliente, à expansão do produto/serviço e aos ativos retidos, o que requer anotações e a capacidade de acessar as anotações feitas durante o último contato. As revisões trimestrais e anuais devem ter pautas preparadas com antecedência e enviadas aos clientes antes da realização das revisões.
- *Primeiro encontro com o prospect.* As perguntas devem ser preparadas com antecedência para indagar aos prospects sobre sua situação atual de investimento
- *Apresentação do prospecto.* A apresentação – chamada de *pitch book* – deve fornecer informações sobre a empresa, a equipe, o processo de gestão de patrimônio, os recursos e as próximas etapas recomendadas. Ela deve ser de alta qualidade, condensada e prática. O objetivo do *pitch book* é ser usado durante a

segunda reunião, para compartilhar com os prospects o que eles podem esperar de você como consultor.

- *Gerenciamento do pipeline de prospects.* É possível estabelecer um sistema de contato para que cada prospect seja contatado pelo menos uma vez por mês. Anotações podem ser feitas e consultadas, e uma lista de verificação das atividades de construção de relacionamento pode ser consultada durante o processo de prospecção.
- *Lista de verificação de novas contas.* Uma lista de verificação deve ser desenvolvida e seguida pelo membro da equipe responsável, para garantir uma experiência de nova conta com qualidade. Consulte o Capítulo 12 para obter mais detalhes.
- *Triagem de chamadas.* Desenvolva um processo para saber como a equipe gostaria que o telefone fosse atendido. O associado do cliente deve se oferecer para ajudar; se a oferta não for aceita, ele deve dizer quando o consultor retornará a ligação.
- *Resolução de problemas.* Estabeleça um procedimento operacional padrão para todos os membros da equipe usarem na resolução de problemas do cliente. Consulte o Capítulo 12 para obter mais detalhes.
- *Processo de gerenciamento de patrimônio.* Esse processo deve incluir perguntas de planejamento, desenvolvimento de um plano de investimento e estratégia de alocação de ativos, apresentação do plano e acompanhamento. Consulte o Capítulo 11 para obter mais detalhes.
- *Processo de investimento.* Para esta atividade, você precisa de um processo para identificar quais veículos de investimento devem ser usados para implementar a parte de investimento do processo de gestão de patrimônio.

SEGUNDA PARTE

COLOCANDO AS LIÇÕES EM PRÁTICA

14

TAYLOR GLOVER: LIÇÕES DO MELHOR DE TODOS

UM DE NOSSOS PRINCIPAIS CONSULTORES FINANCEIROS se destacou dos demais, em minha opinião, como o melhor de todos, do grupo e do setor. Seu nome é Taylor Glover, e ele trabalhou em uma grande empresa nacional de serviços financeiros em Atlanta. Taylor se aposentou dessa empresa após trinta anos e atualmente é o presidente e CEO da Turner Enterprises. As lições que podem ser aprendidas com Taylor são tão poderosas e importantes que achei que valia a pena ter um único capítulo focado nele e em suas práticas.

Trabalhei com Taylor por quatro anos quando fui gerente do escritório de Atlanta dessa empresa nacional de serviços financeiros, e aprendi tanto sobre nosso negócio observando-o quanto em qualquer outra experiência em minha carreira. Taylor foi o consultor financeiro número um em sua empresa durante os quatro anos em que fui seu gerente: ele tinha ativos de US$ 4 bilhões sob sua gestão e gerava entre US$ 10 milhões e US$ 15 milhões em negócios a cada ano. Observar Taylor trabalhando, em muitos aspectos, era como ser o gerente dos Yankees na época de Babe Ruth e assistir ao Babe jogar beisebol em primeira mão. Reconheci que estava testemunhando a "grandeza" e aproveitei ao máximo minha posição para aprender o máximo que pude com ele.

O que torna a história de Taylor tão convincente é o fato de ele ter começado no setor de serviços financeiros aos 22 anos de idade, quando se formou na faculdade, sem nenhuma conexão com o setor. A experiência de Taylor prova que não é necessário ter conexões anteriores, um MBA ou fazer parte de uma grande equipe para ter sucesso.

Sua história mostra como muitos dos princípios e lições de sucesso são poderosos quando executados no mais alto nível, e as enormes quantidades de negócios que resultarão disso.

Taylor construiu a carreira a partir do início mais humilde e deve servir de inspiração para todos os consultores financeiros que aspiram a um negócio multimilionário. Nem todo mundo pode ser Taylor Glover, mas qualquer pessoa que esteja disposta a trabalhar duro pode aprender as lições do "melhor" e, ao implementar essas lições, levar seu negócio a um nível significativamente mais alto.

No início...

Em 1973, Taylor se formou na Universidade da Geórgia e, aos 22 anos, seis dias depois, se candidatou a uma vaga em uma grande empresa nacional de serviços financeiros. Sua decisão de trabalhar nessa empresa baseou-se nas solicitações de seu antigo colega de quarto, a única pessoa da sua idade que ele conhecia trabalhando como consultor financeiro na época. Esse amigo apresentou Taylor ao seu gerente. Durante a entrevista inicial, o gerente perguntou a Taylor se ele conhecia alguém que pudesse investir com ele. Taylor respondeu que conhecia vinte pessoas que tinham pelo menos US$ 1 mil para investir (mais tarde, ele me confessou que, quando começou a trabalhar, não tinha a menor ideia de como construiria seu negócio). No final, o gerente concordou em enviar Taylor a Nova York para uma entrevista, mas à custa de Taylor. Taylor nunca havia entrado em um avião e teve de pedir dinheiro emprestado ao irmão para pagar a passagem aérea. Ele recebeu uma oferta de emprego da empresa após a entrevista em Nova York.

Taylor trabalhou arduamente durante toda a carreira, mas principalmente no início. Ele chegava ao trabalho às seis da manhã todos os dias da semana e trabalhava até as oito da noite, além de trabalhar todos os sábados pela manhã. Tão importante quanto as horas que trabalhava, ele também trabalhava de forma inteligente. Taylor passava o tempo no trabalho tentando entrar em contato com prospects. No início da carreira, ele decidiu que não iria almoçar com outros consultores financeiros. Eles não iriam fazer negócios com ele, portanto ele não queria desperdiçar seu valioso tempo de prospecção. Em vez de almoçar com outros consultores, passou a dedicar esse tempo à prospecção. Com frequência, ele parava em um restaurante bem-sucedido para almoçar, e, com o tempo, desenvolveu um relacionamento com o proprietário; por fim, o proprietário abriu uma conta e se tornou um cliente muito importante.

Taylor não conhecia ninguém com muito dinheiro em Atlanta, por isso folheava os jornais e encontrava artigos ou anúncios sobre coisas boas que aconteciam com pessoas ou oportunidades que mostravam dinheiro em potencial em movimento. Ele pediu à sua esposa, Shearon, que escrevesse os nomes desses prospects em fichas de arquivo, para ajudar a organizar seus esforços. Taylor então ligava para essas pessoas e as parabenizava, apresentando-se e pedindo um encontro. Ele dizia: "Sei que você está familiarizado com o Condado de Cobb [como exemplo], e eles estão oferecendo alguns títulos isentos de impostos. Você estaria interessado?". Se a pessoa estivesse interessada, ele vendia os títulos; se não, ele a mantinha em um arquivo de acompanhamento para ligar mais tarde. Em ambos os casos, tentava agendar uma reunião presencial para que pudesse conhecer seus prospects.

Desenvolver relacionamentos com pessoas ricas era uma prioridade para Taylor desde o início. Quando os prospects demonstravam algum sinal de interesse, ele continuava ligando para eles todos os meses. Todos os dias, ele tinha uma pilha de fichas para trabalhar: alguns prospects novos e outros já existentes. Esse foi o método de prospecção que Taylor usou para captar seus primeiros cem clientes: muitos eram contas pequenas, mas o mais importante é que algumas dessas contas pequenas pertenciam a pessoas abastadas que mais tarde se tornaram contas muito grandes.

O PRÓXIMO PASSO: ENVOLVIMENTO EM ORGANIZAÇÕES SEM FINS LUCRATIVOS

Depois de conquistar seus primeiros cem clientes, Taylor tomou a decisão fundamental de mudar seus métodos de marketing. Em suas palavras, ele começou a "refinar" sua abordagem. Taylor sabia que era bom em reconhecer oportunidades de negócios em potencial. Entretanto, também sabia que precisava estar no lugar certo e na hora certa para atingir o nível de investidor que desejava. Ele começou a se envolver em organizações que tinham membros que ele queria conhecer.

No início, Taylor estava limitado pelas organizações das quais podia se dar ao luxo de participar, mas participou de muitas delas. Tornou-se membro e líder do Kiwanis Club, da organização de ex-alunos de sua faculdade, do grupo de sua igreja, da Ducks Unlimited e do The Quarterback Club. Nenhuma dessas organizações custava muito dinheiro, mas, à medida que ele começou a encontrar investidores cada vez mais qualificados e seu sucesso aumentou, o mesmo aconteceu com seu orçamento.

Taylor prosseguiu na carreira e tornou-se membro das mais importantes diretorias de Atlanta. Ele simplesmente continuou aumentando a aposta, tornando-se líder das diretorias sem fins lucrativos mais visíveis e prestigiadas à medida que a carreira avançava. Tornou-se o rosto de sua grande empresa nacional de serviços financeiros em Atlanta. Tinha um interesse pessoal muito forte em todas as organizações sem fins lucrativos das quais participava e sempre assumia uma posição de liderança. Ele impressionava os outros membros do conselho com sua energia, comprometimento e entusiasmo. Taylor nunca esperou que sua empresa contribuísse para uma organização da qual ele queria fazer parte. Em vez disso, ele mesmo financiava suas associações. Em sua opinião, era o custo de fazer negócios.

À medida que o preço do ingresso aumentava, também aumentava a riqueza das pessoas às quais ele estava exposto. Taylor era muito cuidadoso ao abordar essas oportunidades no momento apropriado; estava muito ciente de não chegar cedo demais, com pressão demais. Reconhecia que o primeiro passo era construir um relacionamento, e não apressar os negócios antes que o relacionamento fosse construído.

Em 1985, Taylor tinha muitos clientes com mais de US$ 1 milhão em ativos. Ele nunca parou de elevar o nível, reconhecendo que a alavancagem nesse negócio é o tamanho do relacionamento. Taylor adquiriu vários dos clientes de US$ 100 milhões que desenvolveu, inclusive um bilionário, por meio de seu envolvimento em várias organizações. Às vezes, levava mais de dez anos para que esses relacionamentos pessoais se transformassem em relacionamentos comerciais significativos. Uma de suas técnicas favoritas para fazer a transição de um relacionamento pessoal para um relacionamento comercial era envolver o prospect em uma discussão sobre o mercado. Sempre que conversava com um colega sobre o mercado de ações, passava a pergunta para o prospect. Taylor sempre perguntava: "Estou procurando ideias no momento, do que você gosta?". Isso levava a uma conversa sobre investimentos. O objetivo de Taylor era levar o prospect para uma conversa, descobrir o máximo que pudesse sobre a situação da pessoa, desenvolver um relacionamento pessoal e, com o tempo, transformar esse relacionamento em um cliente comercial.

Taylor Glover se encontra com Ted Turner

Taylor teve um grande avanço quando, como jovem consultor financeiro, desenvolveu um relacionamento com o futuro bilionário Ted Turner. Taylor conheceu Ted Turner da mesma forma que muitas pessoas conhecem Ted, pedindo-lhe dinheiro. Na época, Taylor estava em um cargo de liderança na Ducks Unlimited e era responsável pelo leilão beneficente. Taylor ligou para Ted (um colega da DU) e pediu que ele doasse um par de ingressos para a temporada do Atlanta Hawks, o time profissional de basquete do qual Turner era proprietário. Ted não quis doar ingressos para a temporada e se ofereceu para doar ingressos para um único jogo. Taylor finalmente o convenceu a doar os ingressos para a temporada e ser seu convidado no evento do leilão, o que Ted aceitou.

Durante o evento, também foi leiloado um fim de semana em um chalé de caça. Ted ficou tão entusiasmado com o evento que se ofereceu para doar um fim de semana em seu chalé e conseguiu um ótimo preço por ele em nome da Ducks Unlimited. Nesse meio-tempo, Ted comprou muitos dos itens do leilão, inclusive cães de caça vivos. Ele perguntou a Taylor se ele poderia cuidar de suas compras e entregá-las a ele. Taylor concordou e, no dia seguinte, apareceu com todos os itens que Ted comprou, inclusive os cães. Ted convidou Taylor para acompanhá-lo no fim de semana seguinte em seu chalé de caça para prepará-lo para os caçadores que haviam comprado uma estadia de fim de semana no leilão e, mais uma vez, Taylor concordou. Esse foi o início de um relacionamento muito forte que já dura mais de trinta anos.

Entretanto, Taylor só começou a fazer negócios reais com Ted Turner dez anos depois de se conhecerem. O milionário tinha a maior parte de seu dinheiro investida em seus diferentes e crescentes negócios, incluindo o Atlanta Braves, o Atlanta Hawks e a CNN. Na verdade, de acordo com Taylor, "quando Ted vendeu sua empresa original de outdoors, ele investiu o dinheiro da venda comigo por um ano e depois reinvestiu em seus novos negócios".

Mas o fato de Ted não ter feito negócios com Taylor não significa que ele não o tenha ajudado indiretamente. Ted Turner era uma estrela em ascensão em Atlanta, e o fato de ser visto como sócio e amigo de Ted Turner ajudou a facilitar a reputação de Taylor como líder na comunidade. De acordo com Taylor, "embora Ted não tenha feito negócios significativos comigo no início, eu certamente me beneficiei. As pessoas nos viam juntos e presumiam que Ted investia muito dinheiro comigo. Isso me deu grande credibilidade com muitos investidores ricos de Atlanta".

Taylor nunca tirou proveito do relacionamento e nunca pediu nada a Ted. Pagou tudo sozinho. Ele foi apresentado aos amigos de Ted, que também eram pessoas muito ricas, às quais Taylor não teria acesso de outra forma. Em muitos casos, esses amigos de Ted Turner se tornaram clientes, e Taylor começou a desenvolver uma base de clientes entre as pessoas mais ricas de Atlanta.

O clube dos US$ 100 milhões

Quando eu era gerente do escritório de Atlanta, perguntei a Taylor se ele tinha um relacionamento com clientes de tamanho mínimo, e ele respondeu: "Sim, US$ 100 milhões". Fiquei surpreso. Eu havia conhecido poucos consultores com um relacionamento de US$ 100 milhões, mas nunca imaginei que esse poderia ser o tamanho mínimo necessário para qualquer consultor. Para deixar claro, a equipe de Taylor trabalhava com muitos clientes abaixo de US$ 100 milhões, mas esse era o tamanho mínimo necessário para que Taylor trabalhasse diretamente com o cliente. Taylor havia adquirido pelo menos dez clientes de US$ 100 milhões.

Entretanto, ele não teria conseguido manter nenhum desses clientes sem um forte senso do princípio da "alavancagem do tamanho", bem como sem a mentalidade correta. Taylor nunca se intimidou ou se impressionou com seus maiores clientes, alguns dos quais eram bilionários. Ele discutia e desafiava seus principais clientes da mesma forma que faria com um membro da família ou amigo. Por ter a confiança de ser ele mesmo, surgia como um par e amigo de seus clientes mais ricos. Taylor descobriu que as pessoas ricas preferiam trabalhar com um par, em vez de um subordinado.

Muitos consultores se sentem intimidados pelos ricos e não demonstram confiança para atrair e manter essas pessoas como clientes. Aprenda com a abordagem confiante de Taylor, que lidou com algumas das pessoas mais ricas do país.

Orientação de longo prazo

Taylor tinha uma regra rígida de prospecção: nunca deixava um cliente grande passar e, na maioria das vezes, acabava conseguindo-o como cliente. Essa filosofia resume o princípio de sucesso da orientação de longo prazo. Taylor conheceu a maioria de seus clientes mais abastados por meio de interesses externos. Por exemplo, conheceu Brandon por meio de seu envolvimento com a Ducks Unlimited. Devido à posição de liderança de Taylor na DU, ele foi convidado, juntamente com outros líderes, a participar do clube de caça particular de Brandon. Isso foi no início da carreira de Taylor, e ele viu esse convite como uma oportunidade maravilhosa para iniciar um possível relacionamento comercial com Brandon. Taylor sabia que Brandon vinha de uma família muito rica e, por isso, abordou-o nessa viagem e disse-lhe que sua empresa tinha um analista muito bom que cobria o setor em que a empresa da família de Brandon estava inserida, e ofereceu-se para fornecer a ele todas as pesquisas atuais que sua empresa tinha disponíveis sobre esse setor e organizar uma teleconferência com o analista da empresa que cobria a empresa de Brandon. Brandon respondeu a Taylor de forma muito direta, dizendo: "Eu o trouxe aqui para caçar, não para falar de negócios. Tenho pessoas que leem todos esses relatórios e me fornecem relatórios sobre os relatórios, e não tenho interesse em receber pesquisas de sua empresa".

Taylor ficou envergonhado. Não havia como escapar da viagem de caça, já que o transporte para chegar lá havia sido providenciado, então Taylor ficou de mau humor e se retirou do grupo. Naquela tarde, Brandon se aproximou de Taylor e se ofereceu para levá-lo em sua canoa para caçar. Taylor concordou, e foi aí que o relacionamento começou a se desenvolver.

Durante anos, o relacionamento continuou, mas Brandon e Taylor não falavam em negócios. Brandon foi enviado a todo o país para aprender sobre os negócios da família. Taylor manteve contato, principalmente por meio de cartões de Natal e uma ligação ou visita ocasional quando Brandon voltava para Atlanta. Oito anos depois, Brandon retornou a Atlanta permanentemente e convidou Taylor para caçar com ele. Na viagem de volta, ele disse a Taylor: "Estou recebendo uma pequena distribuição fiduciária e gostaria de saber se você poderia administrá-la para mim". Taylor fez um bom trabalho ao administrar o fundo para ele, e Brandon o encaminhou para sua tia, a matriarca dos negócios da família. Com o tempo, esses dois clientes passaram a ter mais de US$ 100 milhões em ativos com Taylor.

Outra parte importante de sua orientação de longo prazo era sua disposição de gastar seu próprio dinheiro como um investimento no crescimento de seus negócios. Taylor acreditava na "retenção de lucros" e, à medida que a riqueza de seus clientes e prospects crescia, aumentava também a quantidade de dinheiro que ele gastava. Fez doações pessoais para fazer parte das diretorias mais prestigiadas de Atlanta. Comprou um jatinho, contratou um piloto e pagou todas as despesas de combustível porque essa era a maneira mais eficiente de viajar (e as viagens aéreas particulares eram a maneira como seus clientes e amigos viajavam). Ele nunca deixou que nenhum desses custos atrapalhasse um bom investimento comercial. As despesas de Taylor podem parecer extremas, mas não começaram assim. No entanto, à medida que seu sucesso comercial crescia, suas despesas também aumentavam. À medida que ganhava dinheiro com o negócio, ele sempre estava disposto a reinvesti-lo de volta em sua empresa.

Especialização

À medida que Taylor começou a acumular riqueza, desenvolveu interesse e experiência em investir em empresas privadas e startups. Aprendeu como as empresas bem-sucedidas eram construídas e desenvolveu um conhecimento especializado em trabalhar com empreendedores bem-sucedidos. Por exemplo, no final da década de 1990, um jovem empresário procurou Taylor para obter financiamento para uma pequena empresa cujo capital ele queria abrir. O empresário havia sido indicado por um primo de Taylor e estava procurando possíveis investidores. O jovem empresário havia se formado recentemente na faculdade, e, depois de conhecê-lo, Taylor gostou de sua ideia de negócio e forneceu uma parte do capital de investimento necessário. A empresa foi vendida em seis meses por duas vezes e meia o valor de seu investimento inicial. Taylor pegou o dinheiro e os ganhos que obteve no primeiro empreendimento e o investiu com o mesmo empresário para financiar outra ideia inovadora, que acabou se tornando uma conhecida empresa de capital aberto. Como resultado, esse homem passou a fazer parte dos clientes de Taylor no valor de US$ 100 milhões, com os lucros da venda de sua empresa.

Construção de relacionamentos

Taylor, talvez o maior construtor de relacionamentos com quem já trabalhei, me disse que seus relacionamentos mais significativos com os clientes começaram como amizades. Ele descreve seus melhores clientes como seus três amigos mais próximos. Retrata seus relacionamentos da seguinte forma: "Se eu ligasse para qualquer um desses três agora mesmo, não importa em que lugar do mundo eles estejam, eles atenderiam ao meu chamado. Tenho um relacionamento com cada um de seus assistentes que é tão estreito quanto o que tenho com meu próprio assistente".

Outro cliente de Taylor era o CEO de uma empresa muito conhecida da lista das quinhentas maiores da Fortune. Taylor conheceu Rick (nome fictício) por meio de sua esposa, Shearon, que jogava tênis com a esposa de Rick. Como casal, eles começaram a estabelecer um relacionamento com Rick e a esposa dele. Inicialmente, Rick estava cético em relação a Taylor por causa de sua posição como consultor financeiro. Com o passar dos anos, à medida que o relacionamento entre eles cresceu e se tornaram amigos, Rick se sentiu à vontade para conversar com Taylor sobre assuntos financeiros e de investimento.

Quando Taylor incentivou Rick a considerar a possibilidade de estabelecer um relacionamento de banco de investimento com sua empresa, Rick ficou interessado. Até aquele momento, havia usado outra grande empresa, mas Taylor argumentou que o poder da distribuição de varejo de sua companhia era um ativo real. Rick concordou, e Taylor fez a apresentação aos banqueiros de investimento. Um grande negócio foi concluído, e Taylor recebeu um honorário considerável pela indicação. Mais tarde, quando Rick saiu da empresa, ele procurou Taylor para aconselhá-lo na negociação de um acordo. E Taylor, por meio de várias indicações de advogados, ajudou Rick a negociar um acordo muito favorável.

Certa vez, Taylor conheceu um dos cidadãos mais proeminentes e bem-sucedidos de Atlanta, que chamaremos de Cameron, em um campo de golfe exclusivo em Atlanta. Taylor havia sido patrocinado para esse clube de golfe por outro cliente abastado. Cameron frequentemente perguntava a Taylor sobre investimentos e mercados, e, embora Taylor nunca solicitasse seus negócios, fornecia a Cameron suas melhores ideias. Em uma ocasião, Cameron perguntou a Taylor sobre uma subscrição de investimento bancário para sua empresa, e Taylor apresentou Cameron aos banqueiros de investimento que cobriam seu setor. Os banqueiros de investimento ficaram impressionados com a empresa de Cameron, e o negócio foi fechado. Esse foi apenas o início de seu relacionamento comercial. Hoje Taylor faz parte do conselho administrativo da empresa de Cameron, e Cameron tem mais de US$ 100 milhões em ativos investidos com Taylor.

Quando cheguei a Atlanta como gerente, em 1998, presenciei um fenômeno que nunca tinha visto antes. Taylor estava fornecendo aos banqueiros de investimento de sua empresa acesso às empresas com as quais eles estavam tentando fazer negócios. Quando os banqueiros de investimento visitavam algumas das principais empresas de Atlanta, os CEOs lhes diziam para passar primeiro por Taylor, porque ele era o relacionamento deles na empresa. Nunca vi tantos banqueiros de investimento humildes como quando estive em Atlanta. Se quisessem ter acesso, precisavam passar por Taylor, e, se um negócio fosse fechado com um dos clientes de Taylor, ele recebia um honorário pela indicação do banco de investimentos.

Serviço

Quando perguntaram a Taylor qual ele achava que era a diferença entre ele e outros consultores, sua resposta foi que ele havia sido "testado na estrada", no início da carreira, por alguns dos clientes mais interessantes e exigentes, como Ted Turner, que tinha muito dinheiro, mas também expectativas muito altas. À medida que o círculo de clientes e amigos de Taylor crescia em riqueza, também cresciam suas expectativas, e, em todos os casos, ele se mostrou à altura da ocasião. Na verdade, ele achava que seu maior valor para os clientes não era sua estratégia de investimento, embora a fizesse muito bem, mas o tipo de serviço que prestava aos clientes, como um escritório familiar.

Gestão de patrimônio

Embora Taylor gostasse de investir para os clientes, sua maior prioridade sempre foi o relacionamento. Ele passava muito mais tempo ajudando seus clientes com necessidades não relacionadas a investimentos do que com seus investimentos propriamente ditos. Atuava como um escritório familiar para seus clientes mais ricos, e, como resultado, eles faziam seus negócios de investimento com ele. Isso é típico do modelo de negócios de gestão de patrimônio.

Em geral, sua filosofia de investimento era conservadora. Taylor construiu grandes posições com empresas de alta qualidade, muitas das quais eram locais. Suas empresas favoritas eram quase monopólios que tinham altas barreiras de entrada. Ele comprava e mantinha e, normalmente, vendia apenas as posições perdedoras. Tinha um portfólio de baixa rotatividade e, na maioria dos casos, um relacionamento de investimento discricionário com seus melhores clientes. Sua principal abordagem para investimentos era a de valor. Sua filosofia era que, às vezes, não vender era a melhor gestão de investimentos que ele podia oferecer.

Taylor e sua equipe faziam eles mesmos a gestão de investimentos, pois ele achava que a maioria de seus maiores clientes queria que ele fosse o gestor do dinheiro. Por fim, delegou a parte de investimentos do negócio aos membros de sua equipe, que entendiam e seguiam sua filosofia e diretrizes de investimento. Devido à sua abordagem de escritório familiar, Taylor era o responsável por todas as necessidades financeiras de seus melhores clientes, indo além de seus investimentos.

A equipe

Quando me tornei gerente do escritório de Atlanta, em 1998, Taylor havia desenvolvido uma equipe de primeira classe. No entanto, precisou de 25 anos de formação de equipe antes de chegar ao seu "Esquadrão Classe A", que o apoiou e permitiu que ele alcançasse um negócio de US$ 15 milhões. Taylor reconheceu, no início da carreira, que, quanto mais pudesse interagir com pessoas ricas, mais bem-sucedido seria. Ele formou sua equipe para que pudesse fazer exatamente isso.

A primeira pessoa de sua equipe foi sua esposa, Shearon. Shearon o ajudou a encontrar e organizar seus prospects e o apoiou em qualquer outra tarefa em que ele precisasse de ajuda. Logo depois, Taylor compartilhou um assistente com outros quatro consultores, mas, à medida que seus negócios cresceram, ele acabou recebendo o apoio individual de que precisava.

Poucos anos depois de atingir US$ 1 milhão e ter seu próprio assistente, Taylor conheceu e contratou Ruthie Bolvig como sua assistente principal. Mais de vinte anos depois, Ruthie ainda é a principal assistente de Taylor. Ela era exatamente o que ele precisava. Seu papel fundamental foi permitir que ele saísse do escritório. Não importava onde Taylor estivesse, ela o protegia, cuidava do que podia e se certificava de que ele conseguisse falar com quem precisasse. Tudo é filtrado por Ruthie antes de chegar a Taylor.

O próximo membro importante da equipe foi Art, que Taylor conheceu por meio de seu envolvimento com o Buckhead Bank, em 1991. Art foi um dos banqueiros seniores que mais impressionaram Taylor, e, quando Art demonstrou interesse em trabalhar com ele, Taylor rapidamente lhe ofereceu um emprego. Art ganhava cerca de US$ 75 mil no banco, e Taylor lhe ofereceu US$ 60 mil e um bônus, dependendo do desempenho da equipe. Art aceitou o emprego e, nos dois primeiros anos, estava ganhando mais de US$ 400 mil.

Taylor achava que seu tempo era mais bem gasto com seus melhores clientes, mas, ao formar sua equipe, sabia que precisava estabelecer o processo de investimento e gerenciar as questões de pessoal. Ele não gostava do aspecto pessoal do negócio, e, por fim, Art assumiu essas funções. Art também trabalhava com os clientes que não faziam parte dos maiores de Taylor, mas que ele havia adquirido ao longo de seus muitos anos no negócio. Art repassava todas as mensagens telefônicas e cuidava do maior número possível de clientes; gerenciava a agenda de Taylor e lhe fornecia pontos de discussão para as reuniões. Art também se tornou um "escriba" para Taylor. Quando Taylor se reunia com seus maiores clientes, Art o acompanhava e fazia anotações, depois se certificava de que todas as etapas de acompanhamento fossem tomadas, e as promessas, cumpridas. Art evoluiu e se tornou o diretor de operações da equipe.

O próximo membro importante da equipe foi Austin, que havia impressionado Taylor como estagiário em 1996. Austin substituiu Art como escriba de Taylor para seus maiores clientes e acompanhava Taylor em suas reuniões, fazendo anotações sobre o acompanhamento necessário e garantindo que fosse feito. Taylor queria que seus maiores clientes se sentissem à vontade para trabalhar com Art e Austin, por isso ele os posicionou como seus sócios, o que facilitou o processo de construção de relacionamentos entre eles e seus melhores clientes.

Taylor designava Art ou Austin como apoio em seus relacionamentos com os clientes. Sempre que o cliente precisava de algo, Taylor envolvia Art ou Austin. Dessa forma, os clientes sabiam que eram Art ou Austin que faziam as coisas, e, em pouco tempo, eles simplesmente ignoravam Taylor e iam direto para um dos outros dois. Taylor, por sua vez, estava sempre disponível quando necessário, fosse para revisões trimestrais, fosse para participar de uma reunião.

A equipe acabou desenvolvendo um modelo formal de estratificação de clientes:

Platina	10 a 20 clientes importantes, US$ 100 milhões ou mais (Taylor)
Ouro	Próximos 40 clientes (Art e Austin)
Prata	Clientes de 50 a 200 (Art e Austin)
Bronze	Todas as outras contas, tamanho mínimo de US$ 2,5 mil em negócios (atribuídas a assistentes administrativos registrados)

Sempre que eu estava no escritório de Taylor, ele estava conversando com seus clientes, e raramente era sobre seus investimentos. Em vez disso, era sobre o que estava acontecendo em suas vidas. De acordo com minhas observações, Taylor dedicava 100% de seu tempo ao aspecto de relacionamento do negócio. Ele já havia colocado em prática o processo de investimento, e sua equipe estava ocupada com a execução. Isso lhe deixava muito tempo para construir relacionamentos.

A equipe era organizada verticalmente em torno do apoio a Taylor. Uma vez por ano, a equipe se reunia fora do escritório e analisava cada relacionamento com o cliente e traçava estratégias sobre como melhorar cada vínculo. Taylor tinha uma folha de pagamento de sete dígitos para sua equipe, além dos salários que sua empresa pagava a eles.

Taylor, de acordo com Art

Art Rollins trabalhou lado a lado com Taylor por mais de doze anos e tinha uma perspectiva melhor do que qualquer um sobre as qualidades de Taylor. De acordo com Art, Taylor tinha seis qualidades essenciais:

1) Ele era um "avarento do tempo", um profissional sem rodeios, que gastava seu tempo com as coisas certas.
2) Ele era capaz de comunicar conceitos complicados de uma maneira fácil de entender.
3) Ele era o networker por excelência.
4) Ele não se intimidava com muito dinheiro.
5) Seu foco estava no desenvolvimento de relacionamentos.
6) Ele tinha um foco intenso em metas e em alcançá-las.

De todas essas qualidades, a capacidade de Taylor de criar redes e se conectar com as pessoas era a mais poderosa. Ele tinha quatro paixões: sua família, a igreja, a caça e a filantropia. Concentrou suas habilidades de networking e marketing nessas paixões, e, de muitas maneiras, sua vida pessoal e comercial estavam interligadas. Taylor conseguiu abrir as portas para relacionamentos comerciais por meio de sua paixão desarmante por seus interesses mútuos. Ele tinha muita paciência ao transformar relacionamentos pessoais em relacionamentos comerciais, mas obtinha muito sucesso nessa transição.

Taylor era competitivo e orientado por objetivos. Quando trabalhou comigo, a única planilha de pontuação que lhe interessava era sua classificação nacional na empresa. Sempre queria ter certeza de que era o número um e tinha interesse em saber quem eram seus concorrentes. Era uma competição saudável que lhe dava a energia necessária para trabalhar com afinco. Esse espírito competitivo nunca comprometeu sua integridade, pois Taylor estava entre os consultores mais éticos com quem trabalhei.

Marketing

Taylor fazia marketing por meio de suas paixões: caça e filantropia. Sua abordagem consistia em entrar em uma sala e fazer a corte – com humor, contando histórias, fazendo conexões pessoais rapidamente, conectando-se a coisas que ele e seus clientes tinham em comum. Taylor estava sempre entretendo clientes e prospects, desenvolvendo esses relacionamentos por meio de eventos esportivos, viagens de caça e entretenimento, ao lado de sua esposa. Ele usava seu envolvimento em organizações filantrópicas para conhecer prospects abastados, estabelecer interesses mútuos e desenvolver esses relacionamentos. De acordo com Art, houve apenas uma ou duas ocasiões em que Taylor não converteu um relacionamento pessoal em um relacionamento comercial significativo.

Em 1991, Taylor realmente começou a alavancar seu relacionamento com Ted Turner e se tornou membro do setor de comunicação e mídia em Atlanta. Ele conquistou seu espaço nos círculos internos dos superafluentes do setor de comunicações. Mudou sua estrutura de negócios e começou a se concentrar em se tornar um *escritório familiar* para dez clientes importantes. A abordagem de escritório familiar significava aconselhar os clientes em todas as facetas de suas vidas, não apenas em seus investimentos. Ele havia transcendido de um consultor financeiro para um parceiro indispensável. Por exemplo, Taylor ajudou Ted Turner a organizar suas muitas e significativas contribuições filantrópicas, seus esforços antinucleares e suas vastas propriedades de terra. Ele tinha o mesmo tipo de relacionamento com a maioria de seus clientes importantes.

Com sua equipe formada, Taylor pôde dedicar esforços à construção de relacionamentos com algumas das pessoas mais ricas do país. Ele saía da cidade com mais frequência e ficava mais tempo fora do escritório do que dentro dele. Taylor estava se reunindo com pessoas como Bill Clinton e Bill Gates por meio de Ted Turner. Ele comprou um jato e contratou um piloto para acomodar sua necessidade de viajar para entreter seus prospects e clientes de fato, além de oferecer sua marca de serviços de escritório familiar.

Os empreendimentos de Taylor cresceram exponencialmente durante esse período, validando seu modelo de negócios. Em 1991, Taylor fez negócios no valor de US$ 1,8 milhão; em 2000, ele fez US$ 15 milhões.

Gerenciamento de tempo

Art descreve Taylor como um "avarento do tempo". Taylor nunca passava tempo com ninguém no escritório além de sua equipe. A única vez que os outros consultores do escritório o viam era quando ele entrava ou saía. Os outros consultores deduziam que ele era um fantasma, porque entrava sem fazer barulho e passava 100% do tempo no escritório falando ao telefone com seus clientes e prospects. Trabalhei com Taylor no mesmo prédio durante esses quatro anos e ele não sabia onde ficava meu escritório. Não é que não nos comunicássemos, mas é que eu sempre o visitava em seu escritório. Embora ele pegasse o telefone e me ligasse, Taylor tinha coisas demais para fazer para poder ir ao meu escritório.

Alguns de nossos colegas de trabalho o consideravam antissocial, mas a verdade era exatamente o oposto: ele era extremamente sociável, mas gastava essa energia com seus clientes e prospects, não com os outros consultores. Foi assim que conseguiu se manter fiel ao que era importante para ele: suas prioridades eram seus negócios e sua família, e ele não perdia tempo fazendo qualquer outra coisa.

Crescimento profissional

O crescimento profissional de Taylor veio mais de sua própria experiência de ver como as empresas bem-sucedidas eram construídas e administradas do que da obtenção de uma certificação profissional. Ao longo da carreira, ele se envolveu em muitos interesses de investimentos externos; como resultado, recebeu uma educação no mundo real sobre como as empresas bem-sucedidas eram construídas. Ele compartilhava essa compreensão e experiência com muitos de seus clientes bem-sucedidos e frequentemente atuava como consultor nas decisões de negócios que eles tomavam. Seu valor para eles ia além dos investimentos que recomendava e se estendia a seus conselhos sobre como poderiam administrar seus negócios de forma melhor e mais eficaz. Ele transcendeu a função de consultor financeiro e se tornou um parceiro "não oficial" de vários de seus clientes.

Fontes de indicação profissional

À medida que a reputação de Taylor em Atlanta crescia como um dos consultores financeiros mais proeminentes e visíveis da comunidade, não faltavam outros profissionais dispostos a lhe dar indicações. Em seu caso, o fato de se tornar um "pilar da comunidade" e trabalhar com muitos dos cidadãos mais proeminentes de Atlanta lhe deu grande vantagem, proporcionando reputação e credibilidade para que outros profissionais indicassem seus clientes a ele. Na maioria das vezes, ele desenvolvia relacionamentos com possíveis fontes de indicação ao conhecê-las da mesma forma que conhecia seus melhores clientes – por meio de amigos em comum e envolvimento em organizações sem fins lucrativos. No caso de Taylor, essa era uma estratégia de marketing indireta ou secundária, e não primária.

O lado pessoal

Eu estava compartilhando algumas das lições a serem aprendidas com Taylor em uma recente sessão de treinamento com consultores financeiros e me fizeram a pergunta: "Qual foi o preço pessoal que Taylor pagou para atingir seu nível de sucesso?". Para a surpresa do grupo, consegui responder "nenhum". Taylor é casado com sua esposa, Shearon, há mais de 35 anos. Juntos, eles criaram dois filhos, que também se deram muito bem, e ele é muito próximo a eles. Taylor conseguiu ser fiel a seus valores durante toda a carreira.

Uma grande parte do sucesso de Taylor foi sua merecida reputação de integridade. Ele nunca comprometeu sua integridade em prol dos negócios; as pessoas intuitivamente confiavam nele, e ele correspondia às expectativas para merecer sua confiança. Em trinta anos de atividade, fazendo tantos negócios quanto qualquer consultor financeiro já fez, ele teve um registro de conformidade impecável.

Em 2002, Taylor se aposentou da grande empresa nacional de serviços financeiros em que começou a trabalhar, após mais de trinta anos de serviço. Ted Turner lhe ofereceu um emprego como diretor de operações da Turner Enterprises. Taylor estava pronto para levar a carreira a um nível novo e diferente, depois de alcançar o "topo" de sua profissão. O legado de Taylor para os serviços financeiros continua vivo por meio de sua equipe, que agora é liderada por Art e Austin.

15

HENRY CAMP: DO BOM AO ÓTIMO

HENRY CAMP É UM CONSULTOR DE PRIMEIRA LINHA, mas o modo como atingiu esse nível é diferente do de qualquer outro consultor de primeira linha apresentado neste livro. Henry começou da mesma forma que a maioria dos grandes consultores, mas depois atingiu um platô que levou quinze anos para ser superado. Durante esse período, perdeu o foco e o impulso inicial. No final das contas, Henry conseguiu superar esses problemas e, quando retomou sua jornada em seu décimo quinto ano no negócio, acabou alcançando o status de consultor de primeira linha. Em um período de dez anos, ele aumentou seus negócios de US$ 700 mil para US$ 3,5 milhões e tinha bilhões de dólares em ativos corporativos sob gestão. Sua evolução ocorreu ao empregar os mesmos princípios de sucesso que nossos outros consultores de primeira linha compartilham.

A história de Henry deve servir de inspiração para qualquer consultor, mas especialmente para aqueles que se encontram em um platô e querem levar seus negócios para o próximo nível. Há quinze anos no mercado, Henry decidiu que queria deixar de ser um bom consultor para se tornar um excelente consultor. Sua história motivacional prova que é totalmente possível transcender da média para a grandeza nesse setor.

Conheça Henry Camp

Henry cresceu em uma pequena cidade nos arredores de Atlanta, Geórgia, e se formou na Auburn University, no Alabama. Casou-se durante a faculdade e conseguiu o primeiro emprego como banqueiro em

Atlanta, em meados da década de 1970. Henry tinha ambições maiores e começou a concentrar seu interesse no gerenciamento de títulos municipais para o banco. Quanto mais aprendia sobre o negócio de corretagem, mais se interessava por essa carreira. Ele mudou de carreira, deixando o setor bancário e transferindo-se para a E. F. Hutton em 1977.

Henry não recebeu nenhum treinamento formal de seu gerente ou da empresa. "Eles não sabiam o que eu estava fazendo, e eu não tinha nenhuma orientação", diz ele. "Mas o que eu tinha era medo: o medo de não poder sustentar minha esposa, que estava grávida do nosso primeiro filho. Esse medo me motivou a telefonar para muitas pessoas e pedir-lhes seus negócios. Comecei a prospectar em cidades pequenas porque achei que as pessoas de lá seriam mais amigáveis e eu poderia ter a chance de conversar com elas."

Henry teve a primeira oportunidade quando um de seus prospects ligou de volta para ele e fez um pedido de 20 mil ações da Southern Company. A confiança de Henry cresceu; ele não tinha medo de ligar para marcar reuniões com prospects cada vez maiores, e teve sucesso devido à sua disposição de encontrá-los pessoalmente. Ele construiu a base de seu negócio vendendo títulos municipais e ações de empresas de serviços públicos. Nas palavras de Henry, "Construí meu negócio indo ao encontro das pessoas, pedindo-lhes seus negócios e depois oferecendo-lhes títulos isentos de impostos. Naquela época, havia muitas emissões novas sendo lançadas. Descobri que nunca ofendia ninguém se perguntasse se queriam dar uma olhada em uma oferta de títulos municipais locais".

No primeiro ano, Henry fez US$ 100 mil em negócios, o que, mesmo para os padrões atuais, seria considerado um primeiro ano bem-sucedido. Entretanto, começou a ficar insatisfeito com a falta de orientação de sua empresa e decidiu mudar para outra grande companhia de serviços financeiros. Henry foi designado para um pequeno escritório em Atlanta e, basicamente, teve de começar do zero: muitos de seus maiores clientes já tinham contas com outros consultores na nova empresa.

Henry perseverou e começou a prospectar da mesma forma que fazia quando estava com Hutton e, mais uma vez, foi bem-sucedido. Nos seis anos seguintes, aumentou seu negócio para US$ 300 mil, mas começou a estagnar. A energia no escritório era negativa, e o surto de crescimento diminuiu.

Em pouco tempo, Henry perdeu a motivação inicial para expandir seus negócios. Ele tinha uma nova ideia de negócio e ia almoçar com alguns dos outros consultores em seu escritório, e, no final do almoço, eles tinham jogado tanta água fria em sua ideia que ele voltava para o escritório com os ombros caídos e não se dava ao trabalho de tentar a ideia. Ele diz: "O aspecto mental desse negócio é o mais importante. Seu subconsciente é muito poderoso, [e] pode ser poderoso para o lado positivo ou para o lado negativo. E eu deixei que ele fosse poderoso para mim no lado negativo".

Henry conseguiu um novo gerente que o desafiou diretamente. Ele disse a Henry que ele tinha talento para ser um grande produtor, mas não tinha um compromisso forte o suficiente para levar seu negócio ao próximo nível. Henry percebeu que estava muito em sua zona de conforto para se preocupar em ser um produtor de US$ 1 milhão. Percebeu que muitos de seus colegas eram agora mais bem-sucedidos do que ele. "Pensei que não poderia viver os próximos vinte anos sendo um fracassado, sem atingir as metas profissionais que eu sabia que era capaz de alcançar. Tinha que fazer algo a respeito, então fui conversar com meu gerente", lembra Henry. "Disse a ele que não me sentia bem com o que estava fazendo e que não sabia como sair dessa crise. Senti que tinha que ter orgulho do que estava fazendo e de mim mesmo."

Henry chegou à conclusão de que a única maneira de mudar suas circunstâncias era mudar a si mesmo, e essa mudança começou com sua mentalidade. Ele percebeu que, em quinze anos, havia se tornado um profissional de desempenho mediano; profissionalmente, estava em ponto morto, não desenvolvendo seus negócios no ritmo que era capaz: "Sempre acreditei que existem dois tipos de pessoas no mundo: as que sentem e as que fazem. As que sentem fazem as coisas quando têm vontade emocional de fazê-las. As que fazem decidem que têm um objetivo e são apaixonadas por ele, mas seu lado emocional não afeta suas ações. Eu precisava me tornar um fazedor".

Mais importante, Henry queria respeito profissional. Em suas palavras: "As pessoas me respeitavam, mas não me viam como um consultor de primeira linha. Eu via caras passando por mim todos os dias, tornando-se produtores de milhões de dólares, e eu não era um deles".

A transição

Algumas semanas depois de sua autoavaliação, o mesmo gerente procurou Henry e pediu que ele liderasse a iniciativa de planejamento financeiro do escritório. Henry havia encontrado a oportunidade de ter sucesso e melhorar sua posição no escritório, e a aproveitou. Trabalhou arduamente para motivar a si mesmo e aos outros consultores a apoiarem os esforços de planejamento financeiro do escritório, e a campanha colocou o escritório como um dos melhores do país. O gerente ficou tão impressionado com o trabalho de Henry que lhe ofereceu o cargo de gerente de vendas de produção. Henry aceitou o emprego e estava radiante com a sensação de sucesso; queria aplicar sua nova motivação em seus negócios, além de ser um gerente de vendas.

Um dia, seus amigos do escritório o convidaram para almoçar, como faziam quase todos os dias. Dessa vez, Henry respondeu: "Sabem de uma coisa? Pessoal, não vou almoçar com vocês. Quero levar meu negócio para o próximo nível e me tornar um produtor de US$ 1 milhão, e não posso almoçar com vocês porque não tenho tempo e nunca conversamos sobre nada positivo". Esse foi um evento marcante para

Henry, porque ele finalmente desabafou e fez a declaração. Os amigos de Henry não ficaram ofendidos; na verdade, eles entenderam seu novo compromisso, embora não estivessem prontos para fazer a mudança que Henry estava fazendo.

Depois de fazer essa declaração, ele sentiu que realmente tinha de ir em frente. Nos dois anos seguintes, o escritório se saiu extremamente bem sob a liderança de Henry, mas seu negócio não estava crescendo como ele queria. Seu novo desafio era o tempo: ser um excelente gerente de vendas significava que tinha menos tempo para desenvolver seu próprio negócio. Ele percebeu que, para alcançar US$ 1 milhão em negócios, teria de concentrar todo o seu tempo e energia no crescimento de sua empresa. Pediu demissão do cargo de gerente de vendas e disse ao seu gerente que precisava concentrar toda a sua energia em se tornar um produtor de sucesso.

A transformação

Henry percebeu que precisava sair da zona de conforto para levar seu negócio ao próximo nível. Ele estava nessa atividade havia vinte anos e tinha um negócio de US$ 700 mil, certamente bom, mas ainda não excelente. O primeiro passo que ele deu foi começar a visualizar a possibilidade de ser um produtor de US$ 1 milhão. Começou a se imaginar na sala do canto, a maior, ganhando o respeito de seus colegas e, mais importante, respeitando a si mesmo profissionalmente.

Em seguida, Henry estabeleceu novas metas para si mesmo, concentrando-se naquilo que realmente queria e acreditava. Ele teve que visualizar o que era necessário para chegar lá – ele teve que se visualizar atingindo suas metas. Henry começou a sentir a emoção de ser um produtor de US$ 1 milhão. Ele começou a repetir seu próprio mantra: *Eu sou um produtor de US$ 1 milhão, não há como não ser.* "Quando realmente acreditei em minha meta, não havia mais volta", diz.

Henry faturou US$ 975 mil em doze meses após ter se demitido do cargo de gerente de vendas, aumentando seus negócios em quase 50%. Fez isso "bloqueando e atacando", que é como ele se refere à boa administração do tempo e a um foco renovado na construção de seus negócios. Ele também fez três grandes mudanças no ano seguinte que fizeram uma diferença ainda maior.

Primeiro, Henry pediu para mudar o local onde se sentava no escritório; queria ficar ao lado do consultor mais bem-sucedido. Ele disse ao seu gerente: "Eu e ele fazemos negócios de forma totalmente diferente, mas simplesmente adoro o nível de energia e o entusiasmo do cara, e quero ficar ao lado dele". Henry passou os primeiros quinze anos da carreira sentado ao lado de pessimistas; agora queria estar ao lado de alguém que o levantasse todos os dias e o ajudasse a fazer mais negócios. Henry estava desenvolvendo a "mentalidade" de um grande produtor por meio de sua nova ética de trabalho, criando confiança, estabelecendo metas e concentrando sua energia. Um grande passo nessa direção foi afastar-se da negatividade e aproximar-se da influência positiva e da energia do consultor financeiro mais bem-sucedido do escritório.

Em seguida, contratou dois assistentes além do que a empresa oferecia. Essa mudança custou a Henry US$ 100 mil do seu bolso. "As pessoas acharam que eu estava absolutamente louco", diz ele, "que não estava fazendo negócios suficientes para justificar essa despesa. Mas eu lhes dizia que não sou um produtor de US$ 975 mil; sou um produtor de US$ 2,5 milhões. Se eu aumentar meus negócios em US$ 700 mil no próximo ano, terei dinheiro mais do que suficiente para pagar dois assistentes e ainda sobrará bastante."

A decisão de Henry de gastar uma quantia tão grande "do próprio bolso" é um exemplo claro da lição do princípio de sucesso da orientação de longo prazo. Henry estava olhando para dois ou três anos no futuro e estava disposto a gastar dinheiro no curto prazo com a "aposta" de que seu investimento seria compensado no longo prazo, com um aumento significativo nos negócios. Esse foi outro exemplo da mentalidade do consultor sênior que demonstra visão, confiança e disposição para correr riscos.

Por último, Henry adicionou um jovem consultor à sua crescente equipe. Henry notou que esse consultor, do outro lado de seu escritório, estava trabalhando arduamente e percebeu que ele era muito bom ao telefone; era ótimo em prospecção. De acordo com Henry, "eu sabia que não conseguiria ser um produtor de US$ 2,5 milhões sozinho, então contratei esse jovem consultor para fazer parte da minha equipe". Henry disse a seu novo sócio que seu trabalho era colocá-lo na frente de investidores afluentes, porque Henry sabia que, se conseguisse ficar diante deles, faria negócios. Seu novo sócio fazia o *cold calling* inicial, marcando reuniões para Henry com prospects afluentes. Ele também fazia ligações para trazer prospects para os seminários periódicos que Henry estava ministrando. Com esse novo parceiro agora fazendo parte de sua equipe, Henry pôde finalmente fazer o que todos os nossos melhores consultores fazem, que é passar a maior parte do tempo com seus melhores clientes e desenvolver relacionamentos com prospects afluentes. A lição da "equipe" estava sendo implementada como parte da transformação de Henry em um consultor de primeira linha.

Henry começou a trabalhar sua carteira existente com os centros de influência que tinha como clientes. Um de seus clientes era um importante agente de seguros. Eles mantinham um excelente relacionamento, então Henry disse a esse cliente: "Sabe, estou realmente motivado a aumentar meu negócio, e a única maneira de fazê-lo é conquistando novos clientes. Se você encontrar alguma pessoa rica, gostaria que a apresentasse a mim". Como esse cliente não estava interessado no lado de investimento do negócio, ele começou a enviar alguns prospects realmente fortes para Henry. Ao mesmo tempo, Henry começou a ligar para vários CPAs com quem havia feito negócios no passado e disse-lhes que precisava da ajuda deles. Ao ser proativo e aproveitar a boa vontade que já havia criado com essas fontes de indicação, ele estava começando a implementar a lição da "rede de indicação profissional".

Henry implementou o networking com os clientes que já tinha, aproveitando seu bom relacionamento com eles para que o apresentassem a pessoas que achavam que ele deveria conhecer e poderia ajudar. Henry havia feito um bom trabalho ao investir o dinheiro deles em investimentos conservadores que tiveram um bom desempenho ao longo do tempo. Ele havia construído uma boa reputação e um bom relacionamento com seus clientes, e nem todos eram ricos, mas acreditavam em Henry. Quando começou a pedir indicações, eles o atenderam. "Meus clientes que permaneceram comigo por vinte anos teriam ficado envergonhados de não me dar uma indicação quando finalmente comecei a pedir", diz ele. Por fim, ele abordou seu maior cliente, um relacionamento multimilionário que adquiriu em seus primeiros anos, para que lhe enviasse indicações. Henry havia feito um bom trabalho ao investir seu dinheiro, e eles haviam desenvolvido um bom relacionamento. Certa vez, esse cliente disse à esposa de Henry: "Tenho certeza de que há pessoas na empresa de Henry que podem ser mais inteligentes do que ele, mas ele me manteve longe de problemas ao longo dos anos e tivemos bons retornos, e isso significa mais para mim do que qualquer outra coisa". Henry sempre seguiu a lição de se concentrar no relacionamento; ele simplesmente nunca havia aproveitado esses bons relacionamentos antes. No entanto, estava sentado em uma mina de ouro de boa vontade e, quando começou a cavar, o que descobriu acabou sendo inestimável.

Henry descobriu alguns insights importantes durante sua transformação que foram essenciais para seu crescimento contínuo. Ele começou a entender como a alavancagem nesse negócio está ligada ao tamanho do relacionamento e, por isso, concentrou-se cada vez mais em relacionamentos maiores. Nas palavras de Henry, "Dei todas as minhas contas pequenas, duzentas ou trezentas delas, para dois jovens. Segui a teoria de que eu precisava doar a parte inferior de minha carteira para crescer para o próximo nível". Como todos os grandes consultores, ele descobriu o princípio de sucesso da "alavancagem do tamanho" e descobriu que menos clientes, porém mais afluentes, de fato se traduzem em mais negócios. Tão importante quanto isso, ele descobriu que o foco em menos clientes lhe dava mais tempo para ser proativo em seus esforços de marketing.

Ele também percebeu a importância do gerenciamento do tempo. Henry nunca havia prestado atenção em como gastava seu tempo, mas agora estava obcecado por isso. "Percebi que o que eu fazia com as 24 horas de cada dia era a parte mais importante do meu sucesso", diz ele. "Como eu gerenciava essas 24 horas determinaria se eu seria um produtor de US$ 1 milhão ou de US$ 2 milhões. Então, comecei uma nova política: nunca saía para almoçar, a menos que fosse com um cliente ou prospect. Se eu não tivesse um compromisso com um cliente ou prospect, comia em minha mesa e falava ao telefone enquanto comia. Quando chegava ao escritório, não queria perder o ritmo ou o foco. Treinei meus colegas, amigos e clientes para não desperdiçarem meu tempo, e fiz isso de forma inofensiva. Tornei-me um especialista em não deixar que as pessoas roubassem meu tempo. Você pode imaginar entrar no escritório de um advogado, sentar-se e dizer 'vamos conversar por uma hora'? Ele se aproximaria e bateria o ponto; [os advogados] não deixam que você roube o tempo deles." Como todos os grandes consultores, Henry estava se tornando um mestre do princípio de sucesso do gerenciamento de tempo, fazendo valer cada minuto de cada dia. Ele descobriu que, ao longo do ano, manter um cronograma rígido e organizado teve um impacto significativo em seu sucesso.

Henry percebeu, por meio desse processo, que precisava fazer mudanças radicais para melhorar radicalmente seus negócios, dizendo:

"Você não faz pequenas mudanças e dobra seus negócios; você faz grandes mudanças e dobra seus negócios". No terceiro ano de sua transformação, Henry faturou US$ 2,5 milhões, triplicando seus negócios em três anos. Ele havia atingido e superado todas as suas metas, mas tinha só iniciado sua transformação.

Como se tornar um especialista

O catalisador para o início da etapa seguinte de sua carreira foi a capacidade de Henry de transformar uma situação ruim em algo bom. Henry conseguiu fazer com que uma companhia hipotecária de alto potencial, que havia tido problemas com sua empresa no passado, entrasse para sua lista de clientes. Na verdade, ele herdou esse cliente depois que o consultor que havia aberto essa conta foi demitido da companhia. Henry visou os dez principais funcionários dessa empresa de hipotecas e começou a desenvolver relacionamentos com eles. Além de garantir essas contas individuais, estabeleceu a meta de fazer mais negócios com a empresa. Houve desafios nesse relacionamento, devido a problemas anteriores. Mas ele permaneceu com eles, cultivou o negócio e acabou conseguindo a conta comercial maior. Por fim, essa empresa se transformou em um cliente muito significativo.

Por meio dessa experiência, Henry desenvolveu sua expertise no trabalho com executivos de empresas e na prestação de serviços corporativos. Assim como muitos de nossos principais consultores, Henry havia se apoiado na lição da especialização. Ele começou sem saber nada sobre serviços corporativos, mas, por meio do processo de cultivar, nutrir e desenvolver esse cliente problemático em uma conta significativa, tornou-se um especialista em serviços corporativos.

Ao mesmo tempo, outra equipe bem-sucedida de seu escritório também começou a desenvolver relacionamentos corporativos com empresas de Atlanta. Essa segunda equipe foi fundamental para ajudar uma grande companhia privada a abrir seu capital, e eles acabaram obtendo o plano 401(k) e o plano de opções de ações da empresa. Essa mesma equipe também foi apresentada a outra organização privada que estava abrindo o capital. Dessa vez, eles não conseguiram obter a subscrição, mas no processo foram selecionados para lidar com o plano de opções de ações depois que a empresa abriu o capital.

A segunda equipe conhecia Henry de seus tempos de gerente de vendas e o respeitava pela transformação que ele fez em seu próprio negócio. Eles também sabiam que ele havia desenvolvido um nível de especialização em serviços corporativos. Por isso, pediram a Henry e seu sócio que se juntassem à sua equipe. Henry concordou que, juntos, eles poderiam formar a melhor equipe de serviços corporativos do país – o que acabou acontecendo.

O negócio foi fechado, a divisão dos negócios foi determinada e as responsabilidades foram atribuídas. Henry e um dos sócios seniores da outra equipe se concentraram no lado dos serviços corporativos do negócio, enquanto os dois sócios restantes se concentraram nos executivos e em outros clientes afluentes. Henry e seu novo sócio identificaram empresas privadas de alto potencial e empresas públicas já existentes e começaram a apresentar o negócio de remuneração de ações e opções de ações. Eles logo se tornaram líderes nacionais. Melhor ainda, seus negócios explodiram.

A equipe se baseou muito em pesquisas, concentrando-se em grandes empresas. Henry e seu sócio começaram a participar de reuniões comerciais do setor e perceberam que todo ano havia duas grandes conferências sobre planos de opções de ações. Eles participavam, ficavam em seu estande e conversavam com pessoas de todas essas empresas. Inevitavelmente, o diretor de RH de uma grande companhia de capital aberto passava por lá e dizia: “Sabe, em algum momento do próximo ano, mais ou menos, provavelmente vamos procurar opções diferentes para nossos planos; no momento, a ABC Financial está administrando nosso plano”. E Henry dizia: “Representamos a Financeira XYZ e adoraríamos ter a oportunidade de lhe mostrar o que nossa empresa tem a oferecer". Henry descobriu que não era tão difícil conseguir uma entrevista, porque era por isso que as pessoas estavam participando dessas feiras do setor – para procurar fornecedores em potencial. Depois de conseguirem a reunião e descobrirem as necessidades do prospect e compartilharem seus conhecimentos, Henry e seu sócio continuavam a falar com ele como se fosse um prospect individual, e, na maioria dos casos, devido a seus conhecimentos e especialização, com o tempo conseguiam o negócio.

Henry e seu sócio identificavam executivos seniores e faziam *cold callings* para eles usando o seguinte roteiro:

> "Sr./Sra. Executivo Sênior, meu nome é Henry Camp e cogerencio uma equipe em Atlanta que é um grupo de nicho dentro de nossa empresa XYZ Financial chamado serviços de consultoria corporativa e institucional. Nosso foco é o negócio de compensação de ações, e somos uma das equipes mais experientes de nossa empresa no atendimento ao mercado de serviços corporativos. Gostaria de ter a oportunidade de me apresentar a você pessoalmente para que, se você algum dia estiver procurando outro fornecedor, saiba sobre nós, nossa experiência e nossas ofertas."

Devido à sua experiência e especialização, eles foram bem-sucedidos em conseguir indicações e, por fim, em fazer negócios com muitas das principais empresas do país.

A equipe de Henry se destacou por ser incansável no trabalho para tornar sua equipe o melhor grupo de serviços corporativos do país. Eles se reuniam toda semana durante três anos para desenvolver seu modelo de serviços corporativos. Eles tinham uma declaração de missão e uma estrutura de fluxograma da equipe; tinham todos os processos institucionalizados em seu negócio. Também aprenderam a aproveitar os especialistas de sua empresa, especialmente durante as apresentações para as corporações. Henry e sua equipe conheciam os serviços corporativos bem o suficiente para fazer as apresentações e apresentar seus serviços, mas, quando essas apresentações se tornavam técnicas e havia centenas de perguntas, eles precisavam contar com os especialistas da empresa para muitas das perguntas técnicas.

O resultado final

Henry sempre teve potencial para ser um consultor de primeira linha, mas, como acontece com as pessoas, ele se distraiu com os obstáculos do negócio. Ele perdeu a motivação porque havia atingido um nível de conforto financeiro e se deixou influenciar pelas muitas forças negativas que podem existir nesse negócio. Enquanto nos primeiros anos ele era proativo, logo estava apenas reagindo às necessidades de seus clientes. Consequentemente, Henry passou por um hiato de quinze anos em sua tentativa de ser um consultor de primeira linha, mas, por fim, sua mentalidade de consultor de primeira linha emergiu e seu orgulho e autoconfiança superaram sua complacência. Henry acabou produzindo US$ 3,5 milhões e foi reconhecido como um dos melhores consultores de sua empresa.

Se você ficou frustrado por saber que seu negócio não está à altura de seu potencial e acredita que é capaz de fazer muito mais negócios, então a história de Henry contém muitas lições sobre como reacender e desenvolver seu potencial latente de "consultor de primeira linha". Mesmo que você nunca tenha experimentado o platô a que Henry chegou na carreira ou esteja apenas começando no negócio, a história dele ilustra como as lições dos melhores consultores podem funcionar quando aplicadas ao desenvolvimento de um negócio de serviços financeiros melhor e mais lucrativa.

16

O DESAFIO DOS ATIVOS

O PROPÓSITO DESTE LIVRO é permitir que você aprenda com nossos principais consultores e implemente suas melhores práticas, levando seu negócio a um nível significativamente mais alto. Agora você deve estar familiarizado com as estratégias que definem as treze lições e entender como nossos principais consultores as implementaram em seus próprios negócios. Seus exemplos pessoais destacaram especificamente muitas das táticas que funcionaram para eles.

A palavra tática vem de um termo militar usado para descrever "as medidas que precisam ser tomadas para executar o plano estratégico". Com muita frequência, o treinamento em nosso setor se concentra apenas na estratégia. Este capítulo lhe fornecerá informações sobre as táticas necessárias para dar vida às treze estratégias.

A ideia por trás do Desafio dos Ativos foi desenvolvida por um gerente regional com quem trabalhei em 2006. Ele acreditava que, ao definir uma meta de ativos alta e identificar e treinar consultores altamente motivados, seria possível atingir uma meta de US$ 50 milhões em negócios. Fui recrutado para fazer parte da equipe de treinamento e recebi a tarefa de montar um processo tático.

Ao longo daquele ano, vi muitos consultores atingirem essa meta após seguirem o treinamento que fornecemos. Essas técnicas de treinamento foram então validadas por minhas entrevistas com nossos quinze principais consultores, muitos dos quais, de forma consistente, geraram pelo menos US$ 50 milhões em novos ativos líquidos a cada ano. É por isso que acredito que qualquer consultor que domine os princípios de sucesso e essas estratégias específicas pode gerar novos ativos líquidos significativos nos doze meses seguintes à leitura deste livro. Tudo o que você precisa fornecer é a motivação para implementar as estratégias táticas descritas neste capítulo.

Uma ressalva para o Desafio dos Ativos é que sua meta deve ser baseada no tamanho dos ativos investíveis de seu cliente médio. O montante de ativos trazidos a cada ano dependerá do nível de experiência dos consultores e do tamanho mínimo dos clientes com os quais eles trabalham. Nenhum de nossos principais consultores começou com clientes mínimos de US$ 1 milhão ou mais.

Essas estratégias táticas devem ajudá-lo a obter pelo menos doze novos clientes afluentes por ano. Por exemplo, se o seu tamanho mínimo de ativos é atualmente de US$ 250 mil, e a média de novos clientes trazidos é de US$ 500 mil, e doze novos clientes forem adquiridos em um período de doze meses, isso resultaria em US$ 6 milhões em novos ativos de clientes. Seguindo as táticas para trazer novos ativos de clientes existentes (que serão descritas mais adiante neste capítulo), você deve conseguir trazer mais US$ 6 milhões, totalizando US$ 12 milhões em novos ativos.

No entanto, se um consultor tiver um mínimo de US$ 500 mil para novos clientes e o tamanho médio da conta for de US$ 1 milhão, e o consultor adquirir doze novos clientes, então o total de ativos para novos clientes seria de US$ 12 milhões. Esse valor, combinado com táticas para trazer novos ativos de US$ 12 milhões de clientes existentes, significa que eles poderiam alcançar um Desafio dos Ativos de US$ 25 milhões. Para aqueles que têm um tamanho mínimo de US$ 1 milhão para novos clientes e o tamanho médio da conta é de US$ 2,5 milhões e eles adquirem doze novos clientes, então o total de ativos para novos clientes seria de US$ 30 milhões. Combine esse valor com táticas para obter US$ 20 milhões de clientes existentes e eles poderão atingir US$ 50 milhões em novos ativos.

Estratégia tática nº 1: indicações de clientes

As indicações são a segunda estratégia mais eficaz para atrair clientes milionários e a estratégia número um que os consultores financeiros usam para adquirir novos clientes. Embora a maioria dos consultores dependa de indicações não solicitadas de seus clientes, eles geralmente ficam surpresos e frustrados por não receberem tantas indicações quanto acham que merecem. Não se trata de uma questão de falta de vontade do cliente: como eu disse anteriormente, as pesquisas com clientes geralmente indicam que os clientes satisfeitos estão muito dispostos a fornecer indicações. O problema é que muitos clientes simplesmente não pensam em fornecer indicações, embora possam estar dispostos a fazê-lo. Outra questão é que os clientes podem acreditar que seu consultor está muito ocupado para aceitar novos clientes.

A tática para implementar melhor essa estratégia é desenvolver e implementar um plano proativo de indicações em seu negócio. Não basta apenas pedir uma indicação; a próxima etapa é facilitar as apresentações para os clientes. Os clientes precisam ser informados de que você está procurando indicações. Eles também precisam de sua ajuda para ensiná-los a identificar e apresentar a você uma indicação.

Outro aspecto dessa tática é ter a mentalidade certa, conforme discutido ao longo deste livro. Todos os nossos melhores consultores acreditam em si mesmos e estão confiantes de que são os melhores do ramo no que diz respeito a ajudar os clientes a atingirem suas metas de investimento. Os melhores consultores não pedem, eles *se oferecem* para ajudar seus amigos, familiares e colegas de trabalho. De muitas maneiras, eles se sentem como missionários financeiros, não como vendedores. Eu o incentivaria a adotar a mesma mentalidade de "oferecer ajuda", e não "pedir" indicações.

O fundamento para que essa estratégia tática funcione é ter clientes satisfeitos. Se seus clientes estiverem satisfeitos, essas táticas funcionarão; se não estiverem, a estratégia fracassará. Os motivadores da satisfação e retenção de clientes serão abordados mais adiante neste capítulo, e esses motivadores devem ser implementados em uma estratégia de retenção para que a tática de indicações de clientes funcione.

Faça com que uma oferta de indicação seja parte de sua "agenda", usando os exemplos de roteiros de indicação proativos fornecidos no Capítulo 6 sobre *Práticas recomendadas de marketing* ou desenvolvendo seu próprio roteiro. Mais importante do que as palavras do roteiro é que uma solicitação proativa de indicação seja feita a cada cliente pelo menos uma vez por ano e que a mentalidade correta seja empregada. Quando o método de indicação de agenda proativa é usado com cada cliente em combinação com eventos para clientes, você está facilitando para que cada cliente o apresente a outras pessoas abastadas que ele conhece. Mais uma vez, recomendo a realização de pelo menos doze eventos para clientes por ano; esses eventos devem ser uma combinação de diversão e sessões de estratégia de investimento.

Todas as fontes de indicação em potencial devem ser lembradas de forma profissional sobre os mínimos de seu novo cliente. Você pode usar a seguinte frase: "Sr./Sra. Prospect, ao pensar nas pessoas que mais podemos ajudar, descobrimos que somos mais eficazes com pessoas que têm ativos investíveis de pelo menos __________".

LIÇÕES USADAS NA ESTRATÉGIA TÁTICA Nº 1

- *Mentalidade:* tenha confiança em si mesmo e em sua capacidade de fazer uma diferença positiva com clientes afluentes.
- *Orientação de longo prazo:* estabeleça a meta de incorporar um processo de indicação proativo com cada cliente uma vez por ano.
- *Marketing:* aplique as táticas de indicação de clientes e de eventos para clientes.

- *Compromisso com o serviço:* a maioria dos clientes se tornará "fã alucinado" se houver um compromisso real com o atendimento proativo ao cliente.
- *Gestão de patrimônio:* a maioria dos clientes afluentes prefere o processo de gestão de patrimônio, e é mais provável que indique pessoas para consultores que usem essa abordagem.
- *Gerenciamento do tempo:* dedique blocos de tempo específicos todo dia para implementar um processo proativo de indicação e eventos para clientes.

RESULTADOS DA ESTRATÉGIA TÁTICA N° 1

Essa estratégia deve gerar pelo menos doze indicações qualificadas por ano, das quais pelo menos quatro devem se transformar em clientes. O total de ativos desses novos clientes deve estar na faixa de US$ 1 milhão a US$ 10 milhões, dependendo do tamanho mínimo dos novos clientes.

Estratégia tática n° 2: rede de referências profissionais

Os milionários geralmente encontram consultores financeiros por meio de seu contador e/ou advogado. Devido à importância das decisões relacionadas a finanças e à incerteza do resultado, os investidores ricos serão muito cuidadosos ao estabelecer um novo relacionamento de investimento e, portanto, contarão com a confiança e a credibilidade do relacionamento existente com seu contador e/ou advogado. Como mencionei no Capítulo 7 sobre *Redes de referência profissional,* são necessárias dez indicações de influenciadores para obter uma fonte de indicação.

Em média, um consultor de alto nível tem pelo menos três fontes diferentes de referências de influenciadores. Essa deve ser sua meta. Para atingir esse objetivo, você precisará se reunir pessoalmente com trinta influenciadores diferentes, usando o processo de acompanhamento descrito no Capítulo 7. Tanto o processo de indicação quanto o de acompanhamento são necessários para que essa estratégia funcione. Para encontrar esses influenciadores, comece com os CPAs e advogados de seus próprios clientes. Essa estratégia tática requer paciência e muito trabalho inicial para desenvolver a confiança da fonte de indicação, mas a recompensa vale muito a pena.

LIÇÕES USADAS NA ESTRATÉGIA TÁTICA N° 2

- *Especialização:* compartilhar sua especialização e experiência com uma possível fonte de indicação o tornará uma indicação atraente.
- *Gestão de patrimônio:* o processo de gestão de patrimônio terá alto nível de apelo para fontes de indicação profissional e levará a indicações reais.
- *Orientação de longo prazo:* é necessário estabelecer uma meta para se reunir com trinta possíveis fontes de indicação para criar uma rede de três profissionais que fornecerão indicações de forma consistente. Esse processo requer paciência e uma orientação de longo prazo, pois pode levar de doze a dezoito meses até que você receba a primeira indicação.
- *Gerenciamento do tempo:* é necessário um compromisso real com o tempo investido nesse processo para que ele funcione. É necessário programar um horário toda semana para implementar essa estratégia.

RESULTADOS DA ESTRATÉGIA TÁTICA N° 2

A taxa de conversão para transformar uma indicação de um influenciador em um cliente é de pelo menos 80%. Essa taxa é alta porque os influenciadores geralmente fazem indicações em situações de "dinheiro em movimento" ou quando seus clientes precisam de um consultor. Se cada um de seus três influenciadores fornecer duas indicações qualificadas por ano, o resultado deverá ser a adição de pelo menos quatro novos clientes afluentes anualmente. Dependendo do tamanho mínimo do seu novo cliente, você deve gerar entre US$ 1 milhão e US$ 10 milhões em novos ativos totais.

Estratégia tática nº 3: eventos para clientes

Os eventos para clientes oferecem uma maneira perfeita de permitir que seus clientes o ajudem. A maioria dos clientes "fãs alucinados" está disposta a indicar seu consultor financeiro, mas um dos maiores desafios para eles é encontrar nomes de pessoas para indicar. Organizar eventos divertidos em torno dos seus interesses externos é uma ótima maneira de conhecer os amigos deles. A maioria das pessoas se associa a outras pessoas que gostam das mesmas atividades externas, têm a mesma idade e status econômico semelhante. Convidar os clientes para um evento de clientes de que eles gostariam de participar e incentivá-los a trazer um amigo com interesses semelhantes é uma maneira não ameaçadora de fazer com que seus clientes se apresentem.

A segunda parte da equação do evento do cliente é ter sessões de estratégia de investimento programadas regularmente. Nessas sessões, você deve apresentar uma visão geral do ambiente atual do mercado e como os investidores podem se posicionar melhor, além de apresentar uma visão geral do seu processo de gestão de patrimônio. O motivo pelo qual essas sessões são tão importantes é que elas proporcionam uma transição fácil entre o relacionamento pessoal e o comercial. A sessão de estratégia de investimento se torna um "ponto de encontro" no qual amigos pessoais, prospects e novas indicações podem ser apresentados à sua abordagem de gestão de patrimônio de uma forma não ameaçadora. O Capítulo 6 aborda em detalhes as táticas que devem ser empregadas no uso eficaz de eventos para clientes como estratégia de marketing.

LIÇÕES USADAS NA ESTRATÉGIA TÁTICA Nº 3

- *Mentalidade*: a organização de eventos para clientes requer planejamento estratégico, energia e uma sólida ética de trabalho.
- *Compromisso com o serviço*: os clientes devem ser "leais" e "felizes" para querer ajudar seu consultor, e, para que isso aconteça, o consultor deve estar comprometido em fornecer um atendimento ao cliente excepcional e proativo.
- *Foco no relacionamento*: desenvolver relacionamentos com prospects em eventos para clientes não é apenas o objetivo, é um requisito para a implementação bem-sucedida dessa estratégia.
- *Gestão de patrimônio*: o processo de gestão de patrimônio deve ser apresentado nas sessões de estratégia de investimento.

RESULTADOS DA ESTRATÉGIA TÁTICA Nº 3

Essa estratégia tática deve ser usada em conjunto com a estratégia de indicação de clientes e, se implementada, deve aumentar o número de clientes afluentes adquiridos em 50%, aumentando o número de quatro para seis. Dependendo do tamanho mínimo de seus clientes, essa estratégia tática deve resultar em ativos incrementais entre US$ 1 milhão e US$ 5 milhões.

Estratégia tática nº 4: marketing de nicho

O marketing de nicho é a maneira mais eficaz de comercializar serviços financeiros. Ele se baseia no conceito de que os consultores financeiros são "*insiders*" ou fazem parte do grupo de nicho para o qual estão fazendo marketing. Esse método de marketing exige uma imersão no nicho de mercado visado e o desenvolvimento de uma especialização.

Depois de identificar seu nicho de mercado-alvo e adquirir o conhecimento especializado, há duas maneiras principais de alavancar sua especialização. Uma delas é por meio de *warm calling,* e a outra é o networking. O *warm calling* envolve ligar para pessoas afluentes em seu nicho de mercado e estabelecer uma conexão com elas, compartilhando sua especialização e experiência e fornecendo referências. A tática de networking consiste em colocar-se no lugar certo para conhecer pessoas afluentes em seu nicho de mercado. Trata-se de comparecer, discursar e participar de feiras, conferências e reuniões de associações em seu nicho de mercado. Significa identificar quem são os centros de influência e os líderes em um nicho de mercado local e, em seguida, estabelecer relacionamentos com essas pessoas. As táticas específicas de nicho de mercado estão detalhadas no Capítulo 6.

LIÇÕES USADAS NA ESTRATÉGIA TÁTICA N° 4

- *Especialização:* o desenvolvimento de uma especialização é um requisito para ser um profissional de marketing de nicho eficaz.
- *Orientação de longo prazo:* crie e implemente uma visão clara do nicho específico em torno do qual você deseja desenvolver seu negócio.
- *Desenvolvimento profissional:* quanto mais alto for o nível de especialização obtido, mais difícil será para os outros competirem em seu nicho.
- *Gerenciamento do tempo:* essa estratégia tática exige que se reserve um tempo para o marketing e para o crescimento profissional contínuo, a fim de desenvolver sua experiência.

RESULTADOS DA ESTRATÉGIA TÁTICA N° 4

A implementação dessa estratégia tática deve resultar em pelo menos quatro novos clientes em doze meses. Dependendo do nicho de mercado e dos requisitos de tamanho mínimo, a estratégia deve resultar em novos ativos anuais de US$ 1 milhão a US$ 10 milhões.

Estratégia tática nº 5: lugar certo, com as pessoas certas

No setor imobiliário, a localização é tudo. Esse mesmo conceito se aplica a uma estratégia de marketing bem-sucedida para consultores financeiros. O marketing "lugar certo, com as pessoas certas" foi a estratégia de marketing número um usada por nossos principais consultores e, especificamente, significa colocar-se na posição de conhecer pessoas afluentes, desenvolver relacionamentos com essas pessoas e fazer a transição efetiva de um relacionamento pessoal para um relacionamento comercial. Desenvolver as falas de transição corretas é a chave para que essa estratégia funcione. Essas falas de transição são fornecidas nos capítulos 5, 6 e 8. As táticas específicas sobre como fazer essa estratégia funcionar estão descritas no Capítulo 6: *Melhores práticas de marketing*.

LIÇÕES USADAS NA ESTRATÉGIA TÁTICA Nº 5

- *Mentalidade:* a primeira etapa da implementação dessa estratégia é determinar os melhores lugares para encontrar e ter acesso a investidores afluentes. Você também precisa ter a confiança necessária para abordá-los quando estiver no lugar certo.
- *Foco no relacionamento:* uma das etapas de implementação mais importantes é desenvolver relacionamentos com as pessoas afluentes que você conhece, estando nos lugares certos.
- *Orientação de longo prazo*: o desenvolvimento desses relacionamentos pessoais leva tempo.
- *Gerenciamento do tempo:* reserve tempo para se envolver de forma intrínseca nas muitas oportunidades que seu estilo de vida e interesses proporcionam.

RESULTADOS DA ESTRATÉGIA TÁTICA Nº 5

Dentro de doze meses após a implementação dessa estratégia, a transição entre o relacionamento pessoal e o comercial deve começar e resultar em pelo menos quatro novos clientes afluentes por ano. Isso deve se traduzir em US$ 1 milhão a US$ 10 milhões em novos ativos, dependendo do seu tamanho mínimo e do nível de acesso que você consegue obter dos investidores afluentes.

Estratégia tática nº 6: liderança sem fins lucrativos e de interesse externo

Essa estratégia foi abordada em detalhes no Capítulo 8. Desenvolver relacionamentos com pessoas afluentes que estejam envolvidas com organizações sem fins lucrativos e depois fazer a transição, com o tempo, de um relacionamento pessoal para um relacionamento comercial com eles é a base sobre a qual essa estratégia tática é construída. Entretanto, pode levar um ano ou mais até que seu primeiro cliente afluente seja adquirido.

LIÇÕES USADAS NA ESTRATÉGIA TÁTICA Nº 6

- *Mentalidade:* para essa estratégia, é necessário trabalhar duro, ser um comunicador eficaz, ter muita energia e uma forte ética de trabalho.
- *Alavancagem do tamanho:* as pessoas mais ricas de uma comunidade geralmente estão envolvidas em organizações sem fins lucrativos.
- *Orientação a longo prazo:* encontrar investidores ricos por meio do envolvimento em organizações sem fins lucrativos é uma técnica de marketing eficaz, mas exige paciência.
- *Gerenciamento do tempo:* recomenda-se assumir uma posição de liderança em pelo menos duas organizações sem fins lucrativos. A maior parte do trabalho para essas organizações ocorrerá após o horário comercial.

RESULTADOS DA ESTRATÉGIA TÁTICA Nº 6

Para cada organização sem fins lucrativos da qual você participa, você deve esperar adquirir pelo menos dois novos clientes afluentes dentro de doze a dezoito meses. Devido ao compromisso de tempo necessário para assumir um papel de liderança nessas organizações sem fins lucrativos, a maioria de nossos principais consultores limitou seu envolvimento de liderança a não mais do que duas organizações diferentes. Espere adicionar entre US$ 1 milhão e US$ 10 milhões em ativos totais se as táticas descritas no Capítulo 8 forem seguidas. O tamanho médio do novo cliente tem mais a ver com o perfil e o custo de entrada da organização do que com seu tamanho mínimo atual.

Estratégia tática nº 7: mais ativos de clientes existentes

Obter mais ativos dos clientes atuais será o mais fácil que você conseguirá. A relação de confiança já foi construída, e, se seus clientes estiverem satisfeitos, eles serão receptivos a uma discussão sobre como trazer ativos retidos. Pesquisas com clientes têm demonstrado consistentemente que a maioria dos clientes tem tanto dinheiro retido afastado de seus consultores quanto com eles. Já vi milhões de dólares em ativos serem trazidos em um curto período de tempo porque foram descobertos novos ativos de clientes existentes e porque um consultor mostrou aos clientes por que fazia sentido para eles transferir esses ativos.

Russ Alan Prince valida minhas próprias observações e experiências sobre ativos retidos de clientes no livro *Cultivating the Middle-Class Millionaire* (Cultivando o milionário de classe média). Esse livro é baseado em pesquisas com clientes milionários e revela as seguintes informações:

- Entre os clientes milionários fiéis, 94% têm grande probabilidade de dar mais ativos ao seu consultor principal nos próximos doze meses.

- Os clientes milionários fiéis transferiram, em média, US$ 376 mil de novos ativos nos últimos doze meses para seu consultor principal.
- Pouco mais de um quarto – 26% – dos milionários tem todos os seus ativos com um único consultor; quanto maior o patrimônio líquido, menor a porcentagem de ter apenas um consultor.
- Apenas 12% dos clientes milionários foram solicitados por seu consultor a investir mais ativos nos últimos doze meses.
- Entre os consultores financeiros, 81,6% acreditam que possuem todos os ativos de seus clientes milionários.

O problema é que a maioria dos consultores não sabe como perguntar e não tem um processo proativo em seu negócio para descobrir e adquirir os ativos retidos de seus clientes. A Estratégia Tática nº 7, quando implementada, resolverá ambos os problemas.

A primeira etapa é a descoberta de quais ativos são mantidos em reserva. Essa conversa não deve ser uma reunião separada, mas parte de uma sessão anual de planejamento/revisão na qual você posiciona a importância de saber sobre os ativos retidos. Todos os anos, você deve iniciar essa conversa para que possa ser atualizado sobre quaisquer novos ativos que possam ter entrado. Essa conversa pode ocorrer inicialmente durante uma revisão trimestral, se você quiser iniciar essa estratégia antes da revisão anual.

Você pode explicar facilmente que, a menos que tenha conhecimento de todos os ativos do cliente, é impossível alocar os ativos que você está investindo atualmente. Os ativos externos devem ser levados em conta para a alocação correta que corresponda à tolerância ao risco do cliente. O cliente deve ser lembrado de que 90% do sucesso do portfólio pode estar relacionado à alocação adequada de ativos. Aqui está um exemplo de como você pode levantar essa questão:

> "Sr./Sra. S, se eu estiver fazendo meu trabalho corretamente, meu relacionamento com o senhor deve ir além de apenas aconselhá-lo sobre os ativos que possui em nossa empresa. Como você sabe, a alocação de ativos é uma parte essencial do nosso processo de gestão de patrimônio, e estou certo de que os ativos que você possui comigo estão alocados adequadamente. Entretanto, preciso ter uma ideia de como os ativos que você tem comigo se relacionam com a alocação de ativos que você tem em outros lugares. Isso me dá a perspectiva e o contexto que me permitem fazer o melhor trabalho possível para você. Também gostaria de incentivá-lo, caso se sinta confortável, a considerar a consolidação de todos os seus ativos comigo, para que eu possa incluir tudo em nosso processo de gestão de patrimônio e simplificar sua vida financeira. Vamos parar um minuto e permitir que eu construa seu balanço patrimonial."

Uma vez que os ativos retidos sejam divulgados, você poderá determinar exatamente qual é a oportunidade total para ativos adicionais dos clientes existentes. Deve-se desenvolver uma estratégia para cada cliente a fim de trazer os ativos de fora.

A estratégia, juntamente com os ativos retidos, deve ser colocada no arquivo do cliente para ser consultada ao longo do ano. Você pode manter uma planilha de ativos retidos, registrando o progresso feito ao longo do ano. Esse é um exemplo perfeito do poder de um processo diário proativo que, com o tempo, fará uma diferença significativa em sua carreira. O contato mensal ou as revisões trimestrais são a oportunidade de executar a estratégia e explicar por que os ativos retidos devem ser gerenciados pelo consultor.

Exemplos de por que os clientes devem consolidar todos os seus ativos podem incluir:

- Melhores relatórios
- Alocação total de ativos

- Simplicidade para o cliente
- Taxas mais baixas
- Oportunidade de produtos e serviços adicionais

Se você tratar os ativos "retidos" de seus clientes como se estivessem com você e aconselhá-los adequadamente, terá sucesso em trazer esses ativos para seu negócio.

LIÇÕES USADAS NA ESTRATÉGIA TÁTICA Nº 7

- *Mentalidade*: a orientação para metas é importante ao usar essa estratégia: entre 30% e 50% dos novos ativos devem vir da sua capacidade de manter o foco nesse objetivo.
- *Foco no relacionamento*: para que essa estratégia funcione, os clientes devem ser leais e estar dispostos a divulgar e, eventualmente, transferir os ativos retidos.
- *Gestão de patrimônio*: a alocação de ativos é uma parte fundamental do processo de gestão de patrimônio e fornece a base lógica para a criação de um balanço total dos ativos de um cliente, incluindo os ativos retidos.
- *Gerenciamento do tempo*: os componentes de descoberta, implementação e rastreamento dessa estratégia levam tempo, mas provavelmente é o uso mais eficiente do tempo que um consultor pode fazer.
- *Compromisso com o serviço*: se os clientes sentirem que estão sendo cuidados, eles estarão dispostos a transferir os ativos retidos.

RESULTADOS DA ESTRATÉGIA TÁTICA Nº 7

Os resultados dessa estratégia serão baseados principalmente no número de clientes afluentes e no total de ativos atualmente sob gestão. A meta deve ser trazer pelo menos 20% do total de ativos retidos a cada ano. Se for implementada adequadamente, essa estratégia tática deverá ser responsável por 30% a 50% dos novos ativos captados.

O intervalo, dependendo de seus ativos totais atuais e do número de clientes, deve ser entre US$ 6 milhões e US$ 20 milhões ou mais por ano de ativos adicionais.

Estratégia tática nº 8: expansão de produtos e serviços

Oferecer vários produtos e serviços faz parte do processo de gestão de patrimônio que nossos principais consultores utilizam. Os detalhes dessa estratégia foram apresentados no Capítulo 11, mas a principal técnica envolve o desenvolvimento de uma lista de possíveis oportunidades de expansão de produtos e serviços. Os clientes afluentes querem um "balcão único" e apreciam um consultor financeiro que ofereça uma ampla gama de produtos e serviços adequados às suas necessidades. Expandir os produtos e serviços financeiros que cada cliente afluente possui é uma situação em que todos saem ganhando, tanto o cliente quanto o consultor. Essa filosofia realiza três coisas importantes:

- Simplifica a vida do cliente pelo fato de todas as necessidades financeiras da pessoa serem tratadas por um único consultor.
- Aumenta os negócios do consultor.
- Mantém o cliente vinculado ao consultor.

Minha experiência demonstrou que, se os clientes tiverem cinco ou mais produtos e serviços diferentes, farão três vezes mais negócios do que os clientes com apenas dois ou três produtos. Também há evidências de que os clientes com seis ou mais produtos e serviços diferentes têm uma taxa de retenção quase perfeita (99%).

Do ponto de vista tático, essa estratégia pode ser implementada da seguinte forma:

- Determine a quais produtos e serviços financeiros seus clientes devem estar expostos.
- Comprometa-se a aprender sobre os produtos e serviços selecionados.

- Exponha os clientes aos produtos e serviços selecionados por meio de seu sistema de contato mensal.
- Estabeleça um sistema de rastreamento interno para garantir que cada cliente seja exposto a pelo menos seis produtos e serviços apropriados diferentes.
- Desenvolva um volume mínimo de negócios que cada cliente deve fazer a cada ano. Desenvolva uma estratégia para os clientes que fazem menos do que o mínimo, expondo-os a uma ampla gama de produtos e serviços diferentes.

LIÇÕES USADAS NA ESTRATÉGIA TÁTICA Nº 8

- *Mentalidade*: estabeleça uma meta para expandir o número de produtos e serviços de cada cliente para seis novos produtos. Essa meta afetará diretamente a forma como você aumenta seus negócios e como toma decisões para manter os clientes existentes.
- *Crescimento profissional*: a disposição de expor os clientes a diferentes produtos e serviços que não sejam de investimento (por exemplo, seguros, fundos de poupança para a faculdade, relacionados a serviços bancários) exige que o consultor financeiro adquira conhecimento sobre esses diferentes tipos de contas.
- *Compromisso com o serviço*: os clientes fiéis estarão dispostos a fazer mais negócios e consolidar todas as suas necessidades financeiras com um único consultor.
- *Gestão de patrimônio*: a integração de todas as necessidades financeiras do cliente em um plano abrangente é o núcleo do processo de gestão de patrimônio.

RESULTADOS DA ESTRATÉGIA TÁTICA Nº 8

Se você se comprometer a oferecer aos seus clientes uma gama completa de diferentes produtos e serviços financeiros, isso pode resultar em um aumento total de negócios de 5 a 10 pontos-base (bps) do total de ativos sob gestão. O valor dos pontos-base dependerá do número total de ativos que você possui. Quanto maior o número total de ativos, menor será o aumento do ponto-base. Entretanto, um aumento de 10 pontos-base em uma base de ativos total de US$ 100 milhões poderia gerar um adicional de US$ 100 mil em negócios. Quanto maior for a riqueza de cada cliente individual, mais significativo poderá ser o aumento dos negócios. A meta é que cada cliente tenha seis diferentes produtos e serviços financeiros adequados.

Estratégia tática nº 9: o contato mensal com o cliente

O processo de ligar para cada cliente significativo de forma proativa, pelo menos uma vez por mês, vincula todas as diferentes estratégias táticas. O objetivo do contato mensal é aumentar a satisfação do cliente e dar ao consultor a oportunidade de executar as outras estratégias táticas.

A cada ano, cada um de seus clientes deve receber oito contatos mensais, três contatos trimestrais e uma revisão anual. Esse cronograma pode ser mais bem cumprido se você puder gerenciar seus negócios dentro de uma faixa de cem clientes totais. Há quatro objetivos para cada contato:

1) Reconecte-se com o cliente desde o último contato – normalmente em nível pessoal.
2) Analise o portfólio de investimentos do cliente no contexto do mercado atual e do plano de longo prazo.
3) Execute uma estratégia tática para alavancar o marketing (ou seja, o processo de indicação de clientes, sua rede de influenciadores, convite para eventos de clientes, estratégia de novos ativos ou expansão).
4) Pergunte se há "mais alguma coisa" na mente do cliente.

O contato mensal proativo é o principal fator relacionado à estratégia de retenção de clientes que é descrita em mais detalhes no Capítulo 12. O exemplo de roteiro a seguir mostra como você pode envolver seus clientes sem parecer redundante mês após mês (ao ler o roteiro, você verá como as diferentes partes dele atingem os quatro objetivos).

Roteiro de contato mensal proativo

"Olá, Sr./Sra. Cliente, aqui é Joe Johnson. Gostaria de entrar em contato com você para lhe dar uma atualização sobre seu portfólio de investimentos. Este é um horário conveniente? Que bom.

"Antes da atualização do portfólio, lembro que você me disse que sua família tinha programado férias no Havaí no mês passado. Como foi? *(Reconexão)*

"Seu portfólio parece bom, e, desde nossa última conversa, não tenho nenhuma recomendação adicional a fazer. Como mencionei em nossa última conversa, esperamos uma grande volatilidade no curto prazo, mas acho que estamos bem posicionados para tirar proveito do mercado, pois acredito que ele começará a se recuperar no final do ano. Você tem alguma dúvida ou preocupação em relação ao seu portfólio de investimentos? *(Análise de investimentos)*

"Eu também gostaria de convidá-lo para uma partida de golfe [ou qualquer outra atividade de interesse externo] no final deste mês em [forneça detalhes de horário e local]. Durante nossa revisão anual, mencionei que queria convidá-lo para alguns eventos divertidos como uma forma de passar mais tempo com você, mas também para ter a oportunidade de conhecer pessoas que você acha que eu deveria conhecer como prospects, que também gostariam de jogar golfe. Essa seria apenas uma oportunidade para eu conhecer seu convidado e ver se há uma possível conexão. Você se lembra de alguém que poderia convidar para se juntar a nós? *(Alavancagem de marketing)*

"Há mais alguma coisa em sua mente que ainda não discutimos e com a qual eu poderia ajudá-lo, ou sugestões sobre como poderíamos melhorar qualquer aspecto de nossos negócios com você? *(Pergunta 'Qualquer outra coisa')*"

A revisão anual é uma versão significativamente ampliada do contato mensal, e essa reunião deve incorporar os seguintes tópicos:

- Metas de longo prazo, objetivos e revisão da tolerância a riscos
- Análise e recomendações de portfólio e alocação de ativos
- Discussão sobre gerenciamento de passivos
- Revisão da proteção de ativos
- Planejamento patrimonial
- Balanço patrimonial, alocação de ativos
- Feedback do serviço
- Parceria entre CPA e advogado de patrimônio
- Referências – oferecer ajuda
- Perguntas e outros problemas
- Próximas etapas

LIÇÕES USADAS NA ESTRATÉGIA TÁTICA Nº 9

- *Mentalidade*: é necessário ter uma mentalidade voltada para metas para manter um consistente contato mensal proativo com os principais clientes afluentes.
- *Compromisso com o serviço*: o contato mensal e as revisões trimestrais e anuais são as principais táticas para alavancar o relacionamento existente com o cliente para o crescimento dos negócios.
- *Foco no relacionamento*: os clientes afluentes querem saber que você se preocupa com eles além de seus investimentos. O vínculo em nível pessoal pode ser mais bem alcançado no início ou no final de uma conversa. Esse vínculo pessoal é importante para seus clientes e deve fazer parte da estrutura de contato mensal.

- *Gestão de patrimônio*: o contato mensal é o momento ideal para apresentar e expor os clientes a diferentes produtos e serviços que são apropriados para expandir os relacionamentos.
- *Gerenciamento do tempo*: com o número ideal de cem clientes afluentes, você precisará se comprometer a entrar em contato com cinco a seis clientes diferentes por dia. Se você calcular a média do tempo extra necessário para as revisões trimestrais e anuais, haverá um compromisso de tempo de duas a três horas por dia.

RESULTADOS DA ESTRATÉGIA TÁTICA Nº 9

Essa estratégia tática une todas as outras estratégias e é o catalisador que impulsiona os resultados de todas as estratégias. Por si só, fazer contato mensal com o cliente não agrega ativos ou negócios, mas sem essa estratégia os resultados das outras não aconteceriam. O contato regular também contribui para o desenvolvimento do relacionamento com seus clientes e para que todos eles alcancem o cobiçado status de "fã alucinado".

Estratégia tática nº 10: retenção de clientes

Clientes altamente afluentes são muito difíceis de conseguir para que você não tenha uma estratégia de retenção. Já vi muitos consultores que fizeram um bom trabalho na aquisição de novos clientes afluentes, mas não tinham clientes satisfeitos e leais, de modo que acabaram perdendo tantos clientes quanto os que trouxeram. O Capítulo 12 analisa a importância de um compromisso com o serviço e fornece os detalhes do desenvolvimento e da manutenção de uma boa estratégia de retenção de clientes. O ponto importante para o Desafio dos Ativos é que esses são ativos líquidos, não novos ativos. Os ativos líquidos significam os ativos perdidos subtraídos dos novos ativos obtidos. A aquisição de US$ 25 milhões em novos ativos e a perda de US$ 15 milhões em clientes existentes pode transformar um Desafio dos Ativos de US$ 25 milhões em um Desafio de US$ 10 milhões.

Os quatro fatores de retenção são:

- Contato proativo com o cliente (mensal)
- Expansão de produtos e serviços
- Bom desempenho em relação às metas
- Resolução de problemas

LIÇÕES USADAS NA ESTRATÉGIA TÁTICA Nº 10

- *Mentalidade*: muitos consultores têm metas de ativos e negócios, mas os melhores consultores também têm metas de retenção.
- *Foco no relacionamento*: é preciso dedicar tempo aos seus clientes para mantê-los satisfeitos e transformá-los em clientes fiéis.
- *Compromisso com o serviço*: o serviço proativo transforma o serviço comum em um serviço extraordinário, e é isso que é necessário para manter os clientes afluentes.
- *Gestão de patrimônio*: clientes afluentes com seis ou mais produtos e serviços diferentes com você terão uma taxa de retenção extremamente alta.
- *Equipe*: o associado do cliente desempenha um papel fundamental na prestação de serviços excepcionais a seus clientes afluentes.
- *Orientação de longo prazo*: o atendimento ao cliente não resulta em negócios de curto prazo, mas é essencial para o crescimento de longo prazo.
- *Gerenciamento do tempo*: é preciso investir tempo no relacionamento com os clientes para que eles fiquem satisfeitos e, por fim, sejam fiéis.

RESULTADOS DA ESTRATÉGIA TÁTICA Nº 10

O objetivo dessa estratégia é não perder clientes ou ativos existentes ou, pelo menos, perder o menor número possível. Os únicos números que contam são os números líquidos (ganhos menos perdas). O desgaste de alguns clientes é inevitável, mas a meta é perder menos de 5% ao ano.

Estratégia tática nº 11: gerenciamento do pipeline de prospects

As estratégias táticas para a aquisição de novos clientes e ativos afluentes colocarão qualquer consultor na frente de prospects. Entretanto, sem um gerenciamento eficaz dos prospects no pipeline, esses prospects não se transformarão em novos clientes.

A situação ideal é quando um consultor se reúne com prospects e eles concordam em fazer negócios imediatamente. Para nossos melhores consultores, isso acontece com frequência devido à qualidade das indicações de clientes e de sua rede de influenciadores. No entanto, mesmo os melhores consultores não fecham todos os seus prospects após a primeira reunião. A primeira reunião deve ser um processo de descoberta, não uma apresentação. A segunda reunião seria para apresentar um curso de ação recomendado, com base na descoberta de informações fornecidas na primeira reunião. Se, durante as duas primeiras reuniões, o prospect não tomar as medidas necessárias para se tornar cliente, o nome do cliente entrará no pipeline de prospects.

Depois que o consultor insere um prospect qualificado (após pelo menos uma reunião) no pipeline de prospects, ele deve se comprometer a entrar em contato com o prospect pelo menos uma vez por mês. Esses contatos mensais devem ser semelhantes aos contatos mensais com um cliente existente, pois você tratará esses prospects como se eles já fossem seus clientes. Os quatro componentes desses contatos são:

1) *Reconexão (pessoal ou relacionada a investimentos)*: o componente de reconexão pode ser o resultado de algumas informações relevantes enviadas ao prospect com antecedência.
2) *Revisão do mercado e discussão da estratégia de investimento*: a análise de mercado é uma atualização da visão do consultor

sobre a estratégia de investimento atual, adaptada aos ativos do prospect.

3) *Recomendações feitas e próximas etapas*: recomendação é o que o consultor sugere que o prospect faça em seguida. Os exemplos podem variar desde aconselhar o prospect a fazer um investimento específico até estender um convite para um seminário de investimento ou um evento social, ou um convite para criar um plano financeiro.
4) *Resumo (conversa sobre "mais alguma coisa")*: o resumo consiste em revisar as próximas etapas e perguntar ao prospect se há algo mais em mente que você ou o consultor atual não tenham abordado.

Se os prospects acreditarem que você está comprometido com eles, que fornecerá um processo de gestão de patrimônio superior e que os atenderá melhor do que o consultor atual, eles farão negócios com você. Sua meta é posicionar-se como a segunda opção mais forte para todos os prospects em seu pipeline. Não há concorrência para a posição de número dois, e, com o tempo, o consultor atual do prospect frequentemente cometerá um erro, abrindo a porta para o consultor que tem um processo sólido de gerenciamento de pipeline.

LIÇÕES USADAS NA ESTRATÉGIA TÁTICA Nº 11

- *Mentalidade*: a confiança, a assunção de riscos e a definição de metas fazem parte da geração da motivação para manter contato com os prospects. Como existe a possibilidade de rejeição no processo de acompanhamento, é necessário um alto nível de motivação.
- *Marketing*: a aquisição de novos clientes afluentes não acontecerá sem um processo sólido de acompanhamento do pipeline de prospects.

- *Alavancagem do tamanho:* a melhor maneira de expandir seus negócios é continuar a atualizar seu pipeline de prospects em relação ao tamanho dos prospects nele contidos.
- *Foco no relacionamento:* a construção de relacionamentos é a pedra angular de um bom sistema de acompanhamento de prospects. Se um bom relacionamento for construído, em quase todos os casos o negócio virá em seguida.
- *Orientação de longo prazo:* o motivo pelo qual não há concorrência para o segundo lugar é que a maioria dos consultores não está disposta a dedicar o tempo necessário para desenvolver um bom relacionamento com os prospects. Na maioria dos casos, quanto mais rico for o cliente, mais tempo precisará ser investido no desenvolvimento do relacionamento.
- *Gerenciamento do tempo:* o gerenciamento do pipeline de prospects exige um compromisso de tempo. Se houver cinquenta prospects no pipeline, será necessário entrar em contato com dois ou três por dia, o que significa cerca de uma hora de tempo diário. Esse contato deve ser uma das maiores prioridades.

RESULTADOS DA ESTRATÉGIA TÁTICA Nº 11

Essa é uma estratégia de apoio para as outras estratégias táticas de aquisição. Sem um processo eficaz de gerenciamento de pipeline, as outras estratégias de aquisição não resultarão em tantos clientes e ativos novos. Um bom processo de acompanhamento de prospects fará a diferença para que você atinja sua meta do Desafio dos Ativos.

Estratégia tática nº 12: gerenciamento de tempo

Como você viu nas listas anteriores, o gerenciamento do tempo é parte integrante de cada uma das estratégias táticas. A incorporação das estratégias táticas em suas práticas diárias não deve exigir mais tempo, mas requer a realocação do tempo. A recomendação para consultores experientes é que pelo menos 50% de seu tempo seja dedicado à execução das estratégias táticas. Esse tempo deve ser dividido quase igualmente entre as estratégias do cliente e de marketing.

Lembre-se de que não existe um dia perfeito, e qualquer programação ideal será interrompida. O segredo é tentar cumprir sua programação 80% do tempo. O conceito mais importante aqui é que a manhã é reservada para atividades proativas, enquanto a tarde é mais para atividades reativas. Para novos consultores com menos clientes, o tempo de contato com o cliente deve ser substituído por contatos de marketing e compromissos. Mesmo para o consultor mais experiente, a construção de relacionamentos com clientes existentes e prospects afluentes é a atividade mais importante que pode ser realizada, e todo o resto pode ser delegado, especialmente depois que o processo de gestão de patrimônio e de investimento for estabelecido.

Os pilares do gerenciamento de tempo são a delegação, a priorização e o bloqueio de tempo. Se todas essas técnicas de gerenciamento de tempo forem utilizadas, conforme descrito no Capítulo 13, então, como consultor financeiro, você terá mais tempo em seu dia para executar essas estratégias táticas.

LIÇÕES USADAS NA ESTRATÉGIA TÁTICA Nº 12

- *Mentalidade:* o cumprimento das metas estabelecidas dependerá de como o tempo é gasto.
- *Marketing:* é preciso dedicar tempo todos os dias ao marketing para criar um negócio bem-sucedido de longo prazo.
- *Foco no relacionamento:* 50% de cada dia deve ser gasto com clientes e prospects.
- *Compromisso com o serviço:* o contato proativo regular com os clientes é um requisito para criar clientes satisfeitos e fiéis.

- *Equipe:* ter uma equipe forte para apoiá-lo permitirá que você passe a maior parte do tempo com clientes e prospects.

RESULTADOS DA ESTRATÉGIA TÁTICA Nº 12

Essa é uma estratégia de apoio que está ligada a todas as outras. Os resultados das outras estratégias seriam significativamente menores sem um bom gerenciamento do tempo. O modo como você gasta seu tempo é o maior determinante de uma carreira de serviços financeiros bem-sucedida.

A tabela de pontuação

Quando todas as estratégias táticas e as lições dos principais consultores são reunidas e implementadas, o Desafio dos Ativos anual pode ser alcançado.

AQUISIÇÃO DE NOVOS CLIENTES AFLUENTES E ATIVOS

Estratégia	Ativos adquiridos	Aquisição de novo cliente
ESTRATÉGIA TÁTICA Nº 1 Referências de clientes	US$ 1-10 milhões	4 clientes
ESTRATÉGIA TÁTICA Nº 2 Rede de indicação profissional	US$ 1-10 milhões	4 clientes
ESTRATÉGIA TÁTICA Nº 3 Eventos de clientes	US$ 1-5 milhões	2 clientes
ESTRATÉGIA TÁTICA Nº 4 Marketing de nicho	US$ 1-10 milhões	4 clientes
ESTRATÉGIA TÁTICA Nº 5 Lugar certo, pessoas certas	US$ 1-3 milhões	2-4 clientes
ESTRATÉGIA TÁTICA Nº 6 Liderança sem fins lucrativos	US$ 1-5 milhões	2-4 clientes
ESTRATÉGIA TÁTICA Nº 7 Mais ativos de clientes existentes	US$ 6-20 milhões	n/a

TOTAL	**US$ 12-63 milhões**	**18-22 clientes**
Provisão para perdas (5% ou menos)	**(US$ 1-10 milhões)**	**(5 clientes)**
TOTAL LÍQUIDO	**US$ 11-53 milhões**	**13-17 clientes**

Independentemente de seu próprio Desafio dos Ativos ser de US$ 10 milhões ou US$ 50 milhões, as estratégias táticas devem ser vistas como as ferramentas que, se usadas, resultarão em um aumento de seus ativos. O número de novos clientes e ativos de cada uma das estratégias poderia ser muito maior. Utilizei números de aquisição de clientes afluentes e de ativos que eu estava confiante de que poderiam ser alcançados e vi os melhores consultores excederem em muito, usando uma combinação das lições dos melhores consultores e das estratégias táticas que compartilhei neste livro. Definir um Desafio dos Ativos a cada ano será uma etapa importante para levar seu negócio ao próximo nível, mas a implementação das estratégias táticas será o fator determinante de seu sucesso ou fracasso em atingir suas metas.

* * *

Espero que este livro o tenha inspirado. Como nossos principais consultores podem atestar, pessoas altamente motivadas podem criar negócios comerciais extraordinários no setor de serviços financeiros. Espero, também, que você tenha mais do que apenas inspiração e que tenha uma visão mais clara e um roteiro a seguir para levar sua empresa ao próximo nível e, um dia, tornar-se um consultor de primeira linha.

